21 世纪高职高专旅游服务与管理专业工学结合系列教材

旅游企业财会基础

主　编　何艳琳

中国物资出版社

图书在版编目（CIP）数据

旅游企业财会基础/何艳琳主编．—北京：中国物资出版社，2012.5
（21世纪高职高专旅游服务与管理专业工学结合系列教材）
ISBN 978－7－5047－4227－8

Ⅰ.①旅…　Ⅱ.①何…　Ⅲ.①旅游企业—会计—高等职业教育—教材　Ⅳ.①F590.66

中国版本图书馆CIP数据核字（2012）第063909号

策划编辑　张利敏　　　　责任印制　何崇杭　王　洁
责任编辑　田慧莹　　　　责任校对　孙会香　饶莉莉

出版发行　中国物资出版社
社　　址　北京市丰台区南四环西路188号5区20楼　　邮政编码　100070
电　　话　010－52227568（发行部）　　010－52227588转307（总编室）
　　　　　010－68589540（读者服务部）　　010－52227588转305（质检部）
网　　址　http://www.clph.cn
经　　销　新华书店
印　　刷　中国农业出版社印刷厂
书　　号　ISBN 978－7－5047－4227－8/F·1721
开　　本　787mm×1092mm　1/16
印　　张　16.25　　　　版　　次　2012年5月第1版
字　　数　406千字　　　印　　次　2012年5月第1次印刷
印　　数　0001—3000册　　定　　价　29.80元

21 世纪高职高专旅游服务与管理专业工学结合系列教材编审委员会

出版说明

为了编写这套教材，中国物资出版社筹备的“21世纪高职高专旅游服务与管理专业工学结合系列教材编审委员会工作会议”第一次会议和第二次会议先后在杭州和北京召开，会议贯彻以职业技能训练为中心任务、以工学结合为体系的现代化高职教育教材编写理念，探索具有旅游服务与管理专业特色的工学结合的教材编写模式，搭建了企业管理人员与一线教师交流的平台。

工学结合的教材应该根据具体的专业所属的行业领域和职业岗位（群）的任职要求，参照相关的职业资格标准，按照职业岗位编排教材体系与实训项目内容，从而使教材有效地体现知识与职业岗位的一体化。这样的教材必然具备两个特点：一是必须由企业人员参与教材编写，体现校企合作、工学结合；二是必须与相关职业资格标准相结合。

那么，旅游服务与管理专业工学结合的教材应该是怎样的?

旅游服务与管理专业工学结合的教材应该是以岗位（群）为依据划分项目，再将项目分解成任务，并且具体地讲解完成任务所需要的步骤，从而同时实现技能目标和知识目标。它不同于传统的“实训教程”，也不等于众多小模块的拼凑，更不是简单地将“章”变“项目”，“节”变“任务”。而是将系统的知识与技能有机地结合起来表述，有严格的项目、任务分解依据，读来既轻松又不失严谨。

本系列教材还配有电子教学资料，包括电子教案、教学指南、课时建议、练习题答案、实训设置期末考试A、B试卷等，能够为老师授课和学生学习提供诸多便利，起到小型“资料库”的作用，欢迎登录中国物资出版社网站（http：//www. clph. cn）进行下载，同时将本书最后一页填好传真回我社索要密码即可使用电子教学资料。

本系列教材从策划伊始到问世，都伴随着策划人的详尽调研、行业专家的认真解惑和编写老师的严谨耕耘，并具备如下特点：

1. 通俗易读，深浅有度。理论知识广而不深，基本技能贯穿教材的始终。图文并茂，以例释理的方法得到广泛的应用，十分符合职业院校学生的学习特点。

2. 工学结合的编写思路。一方面注重企业的参与，另一方面注重与相关职业资格标准相结合。

3. “套餐式”教材，电子教学资料请专业人士制作。现代化的手段可以帮助丰富和发展传统的教材。

4. 兼顾老师授课和学生学习。教材不仅设置电子教学资料从而，减少老师备课的工作量，还在内容安排上兼顾了可读性，使学生能够自主学习。

“21世纪高职高专旅游服务与管理专业工学结合系列教材”符合职业教育的教学理念和发展趋势，能够成为广大教师和学生教与学的优秀教材，同时也可以作为旅游业管理人员、相关从业人员的自学读物。

前　言

旅游业的迅猛发展，对旅游企业管理提出了更高要求，同时对旅游人才的要求也不断提高。旅游人员不仅需要掌握必备的旅游知识，同时还应该掌握相关的会计知识，以适应加强旅游企业管理与核算的要求，规范旅游企业的会计行为，以适应不断发展的经济需要。

在我国，旅游企业主要包括旅行社、饭店（宾馆、酒店）、度假村、游乐场等各类服务性企业。会计作为企业管理工作的重要组成部分，也越来越显示出它的重要性。为了培养出能较好地适应旅游企业发展需要的会计人才，本书在编写中将旅游企业经营活动及会计核算的特点紧密结合，以新的《企业会计准则》和《企业会计制度》为依据，参照财政部颁布的《旅游、饮食服务企业会计制度》和《旅游、饮食服务企业财务制度》的规定编写。编写过程中基于会计工作过程和旅游企业对会计工作所需知识的要求建立体系，在注重教材基础性功能、知识的系统性与关联性的前提下，力求内容简明、重点突出，阐述会计的基本理论、基本知识和基本核算方法，精选例题，以适应非会计专业学生学习会计知识之需。

本书由六个项目、十六个任务组成，全面、系统、有重点地介绍了不同性质、不同业务特点的旅游企业会计核算的方法与实务，特别是对旅行社和旅游饭店典型业务核算进行了重点阐述，突出了旅游业的特点。每个项目由学习目标、任务导入、任务分析、知识准备、任务实施和任务总结构成。此外，针对所学内容，大部分任务结束后都设置了实训项目和复习思考题，以帮助学习者和阅读者学习、复习和自我检查学习效果，力求做到通俗易懂和易于掌握。本书可作为旅游高职教育、中等财经专业学校以及在旅游企事业单位从事旅游经济管理人员的培训教材或参考书。

本书由何艳琳任主编，负责拟定编写大纲和确定内容结构，并负责总纂、修改和定稿；孙美琴任副主编。本书分为六个项目，十六个任务，分别由北京农业职业学院何艳琳、李长山，北京京北职业技术学院冯永烨和广州白云工商高级技工学校孙美琴编写。其中项目一、项目五由何艳琳编写；项目二和项目三由冯永烨编写；项目四由孙美琴编写；项目六由李长山编写。

在本书编写过程中，尽可能依据我国会计理论相关的最新成果，同时参考了相关教材、许多同行的研究成果以及一些专家学者的有关论著，在此谨致谢意！由于编写时间仓促和水平所限，难免存在疏漏和不足之处，恳请同行专家、学者和广大读者提出批评和建议，以利于今后改进（可以通过电子信箱 heyL0946@sina.com 与作者联系）。

编　者

2012 年 1 月

目　录

项目一 认识旅游企业

学习目标

◆知识目标

1. 了解一般企业和旅游企业组建的基本条件及企业分类。
2. 了解旅游企业的主要经营部门。
3. 熟悉旅游企业的基本经营业务及经营特点。

◆能力目标

在了解旅游企业的主要经营部门的基础上，熟悉旅游企业的基本经营业务及特点，对旅游企业有一定的认知。

任务一 了解旅游企业组建

任务导入

某院校学生王想、于同希望毕业后到旅游企业就职，并渴望从事会计工作，他们应该如何去实现自己的想法？你如果与王想和于同拥有同样的想法，应该如何去做？

任务分析

王想、于同要实现到旅游企业从事会计工作的想法，可以先从了解旅游企业及旅游企业的业务特点入手，再进一步学习会计基础知识，有利于他们较好的掌握会计专业知识和技能。

知识准备

一、了解一般企业的组建及类型

在市场经济中，企业是指从事生产、流通和服务等经济活动，通过满足社会需要来达

到赢利目的，具有法人资格，实行自主经营、独立核算的经济实体组织。

1. 组建企业的基本条件

一般而言，人力、物力和财力，即人才、场地、资金，是组建企业必不可少的条件，即物质条件。

(1) 所谓人才，应包括管理人员、技术人员和一般员工。

(2) 企业场地，组建任何一个企业必须有一定的办公活动场所，企业在注册并办理营业执照时，必须清楚地注明企业经营地址，这是注册企业的必备条件之一。

(3) 企业资金，是企业活动的前提。在企业经营初期，需要企业自筹资金，租场地，买材料，购设备等，资金显得格外重要。筹资途径只有两种：一是自己投资或请求他人投资；二是向亲朋好友或银行借钱，取得创业需要的资金。

2. 企业组建完成的标志

对新开办的企业是否已组建完成，该如何确认呢？鉴于不同组织形式的企业其组建完成的标志有所不同，现以有限责任企业为例说明如下：

(1) 有一套合法的行政审批证件：工商营业执照正本和副本；国家税务局税务登记证正本和副本；地方税务局税务登记证正本和副本；组织机构代码证正本和副本；银行存款的基本账户；发票购买证；会计账簿购买证等。

(2) 有一套完整的企业印鉴：企业公章；企业法人章；财务专用章；税务专用章；合同章专用章；部门专用章；管理人员私章等。

(3) 有规范的会计凭证、账簿：银行结算票据；发票（国税、地税）；会计专用账簿（总账、日记账、明细账）等。

此外，合法的经营场地和能够胜任企业运转的管理机构也是企业组建完成的必备要素。

3. 一般企业的类型

(1) 按企业财产的构成分。

① 独资企业，是指一个人出资独自经营的企业，是最简单、最早出现的企业组织形式。企业完全由个人所拥有和控制，企业的组织简单，经营灵活，效率较高。企业发展与成败取决于个人资金来源与个人决策。

② 合伙企业，是由两个人以上共同出资、共同经营的无限责任企业。合伙企业的设立较为容易，只要经过合伙人同意，签订合伙经营合同，企业就可以成立。如合伙人同意解散，企业就可以终止。合伙企业较独资企业在一定程度上提高了企业的决策能力，但权力中心不突出，决策分散，决策速度较慢。

③ 公司企业，是指以赢利为目的，由多数人出资，依公司法组织登记成立的企业，也是现在最为流行的企业组织形式。

(2) 按企业的法律资格分。

① 法人企业，是指具有法人资格的企业。它是依法定形式设立，作为权力主体，具有权力能力和行为能力，承担有限财产责任。多数国家法律都规定：有限责任公司与股份有限公司是法人企业。

② 非法人企业，又称自然人企业，是不具有法人资格，在法律上不能作为权力主体

的企业。非法人企业不能脱离其出资人而独立。在西方国家，通常把独资企业与合伙企业看成是非法人企业。

（3）按所有制性质分。

① 国有企业，是由政府独家投资并委派人员经营的企业。我国的国有企业有两种情况：一是由中央政府投资的，原称国营企业；二是由省以下政府投资的，称为地方国营企业。其财产属于全民所有，国家代表全民的利益，行使生产资料所有权。

② 集体企业，是指财产属于劳动群众集体所有的企业。

③ 私有企业，是由民间个人提供全部资金的企业。如个体企业、私营企业。

（4）按现代产业分类概念分。

① 第一产业企业，指农业、林业、牧业、渔业及矿业采集等行业中直接从自然界获取物质资料的企业。

② 第二产业企业，指从事工业产品制造的企业，以第一产业企业的产品为原料，经过进一步加工来满足人们的需要，如机器制造业、建筑企业等。

③ 第三产业企业，也称服务性企业，是指为第一、第二产业部门提供服务的企业，如公用事业类企业（供电、运输、邮电等企业）、金融保险企业、商业企业、旅游服务企业等。

二、了解旅游企业及类型

旅游业是以旅游资源为凭借、旅游设施为条件，为旅游者的活动提供多种服务的综合性产业。根据联合国的《国际标准产业分类》以及对从事旅游业经营的具体经营部门加以分析，旅游业主要由三部分构成，即旅行社部门、交通客运部门和以饭店为代表的住宿业部门，属于这三个部门的企业因而也构成了三种主要类型的旅游企业。

在旅游产业中，直接和专门经营旅游业务的企业，主要包括旅行社、饭店等。

（一）旅行社企业

旅行社指经过国家旅游主管部门和工商行政管理部门批准，依法登记从事招徕、组织和接待旅游者等活动，为旅游者提供相关旅游服务，开展国内旅游业务、入境旅游业务或者出境旅游业务的企业法人。

招徕、组织和接待旅游者提供的相关服务，主要包括：安排交通、住宿、餐饮、观光游览、休闲度假、旅游咨询和旅游活动设计等服务。旅行社还可以接受旅游者委托，提供代订交通客票、代订住宿和代办交通、住宿、餐饮、会议、观光游览、休闲度假等事务的旅游服务；接受机关、事业单位委托，为其差旅、考察、会议、展览等公务活动，提供代办交通、住宿、餐饮、会议等事务的旅游服务；接受企业委托，为其商务活动、奖励旅游等，提供代办交通、住宿、餐饮、会议、观光游览、休闲度假等事务的旅游服务。

（二）旅行社的分类

由于不同国家和地区旅行社行业的发展水平和经营环境不同，世界各国和各地区在旅行社的分类上有很大的区别。

1. 西方国家旅行社的分类

欧美国家常见的划分法有三分法和二分法。三分法是按业务范围将旅行社划分为旅游经营商、旅游批发商和旅游零售商。二分法则是将旅行社划分为旅游批发商和旅游零售商，忽略了旅游经营商和旅游批发商的差别。

（1）旅游批发商

旅游批发商是一种从事旅游产品的生产、组织、宣传和旅行团批发业务的旅行社组织或旅游公司。批发业务是指旅行社根据自己对客源市场需求的了解和预测，在选定旅游或度假目的地的基础上，根据旅游者的需求和相关部门的实际情况设计旅游产品，成批量地分别订购有关交通运输公司、饭店、旅游景点等各类有关旅游产品和服务；然后将这些单项产品和服务组合成为不同的包价旅游线路产品或包价度假集合产品；最后通过一定的销售途径向旅游消费者出售。一般交给零售商去推销，而不直接向公众出售旅游产品。

（2）旅游经营商

旅游经营商是指以设计组合旅游产品为主，也兼营一部分零售业务的旅行社。他们的旅游产品大部分由零售商出售，有时也代售其他旅游经营商的产品。

（3）旅游零售商

旅游零售商（或旅游代理商）是指直接向个人或社会团体宣传和推销旅游产品，具体招徕旅游者，有的也负责当地接待的主要经营零售业务的旅行社。旅游零售商是联系旅游经营商和旅游批发商与旅游者之间的桥梁与纽带，其收入全部来自销售佣金。

值得一提的是旅游批发商与旅游经营商之间的区别。旅游批发商一般不从事零售，而旅游经营商则经常通过其零售机构销售旅游产品；旅游批发商通常通过购买并组合现成的服务形成新的包价，而旅游经营商通常设计新产品并提供自己的服务；旅游批发商一般不从事实地接待业务，而旅游经营商则相反。

2. 我国旅行社的分类

根据市场分工不同，我国旅行社可分为组团旅行社和地方接待旅行社。

（1）组团旅行社。

组团旅行社（简称组团社）是指接受旅游团（者）或海外旅行社预定，制订和下达接待计划，并可提供全国陪同导游服务的旅行社。组团社是与旅游者签订旅游合同的旅行社。

(2) 地方接待旅行社。

地方接待旅行社（简称地接社）是指接受组团社的委托，按照旅游接待计划委派地方陪同导游人员，负责组织安排旅游团（者）在当地参观游览等活动的旅行社，具体落实客人的吃、住、行、游、购、娱等一系列的项目。对于一般的常规旅游团来讲，安排比较简单且标准化，而随着现在游客要求的不同，地接社负责的项目也逐渐在增加。

（三）旅行社组建的基本条件

我国的旅行社被国家工商局列为特许经营的行业，实行双重注册。建立旅行社需要经过酝酿、准备和申办三个阶段。酝酿阶段主要了解旅游业的大环境，调查竞争对手，建立协作网络；准备阶段主要涉及资金筹措，确定经营场所、名称、形象和标志设计，招聘培训员工，购置办公设施和用品，收集和订阅资料，建立预订系统和相关制度；申办阶段主要进行营业许可的申办，注册登记，办理税务登记以及建立旅行社分支机构等。

旅行社应当依法设立，依照《旅行社条例》和《旅行社管理条例实施细则》的规定，设立旅行社必须具备的条件是：

1. 有固定的营业场所

《旅行社条例》中规定其经营场所应当符合下列要求。

(1) 申请者拥有产权的营业用房，或者申请者租用的、租期不少于1年的营业用房；

(2) 营业用房应当满足申请者业务经营的需要。

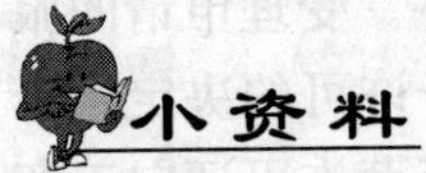
小资料

旅行社营业场所的选择

旅行社必须拥有固定的营业场所。所谓“固定的营业场所”，是指在较长的一段时间里能够为旅行社所拥有或使用，而不是频繁变动的营业场所。除了拥有固定的营业场所外，无论国际旅行社还是国内旅行社，都必须具备“足够的营业用房”，即拥有适合本旅行社发展所必需的营业用房。旅行社的营业场所必须符合旅行社业务发展与经营的需求。

旅行社的营业场所是设立旅行社时可以自行控制的一个因素，它是影响旅行社设立的内部因素。旅行社营业场所的选择对其今后的发展以及经营管理有着至关重要的作用。

美国空中交通协会（ATC）就旅行社的选址作了如下规定：

(1) 旅行社不能设在家中，必须设在公众出入方便的商业区并保证正常的营业时间；

(2) 旅行社不能与其他业务部门合用办公室，而且必须有独立的出口；

(3) 如果饭店没有直接通向街道的通道，那么旅行社就不能设在饭店内。

美国旅游学者帕梅拉·弗里蒙特（Pamela Fremont）根据自己的实践经验，就旅行社的选址问题提出如下见解：

(1) 旅行社应该设在繁华的商业区，以便吸引过往行人；

(2) 旅行社营业场所应该有足够的停车场地，便于公众停留；

(3) 尽量避免选择旅行社林立的地区，以减少竞争压力；

(4) 旅行社应该选择中等收入家庭相对集中的地区，且附近有较大规模的企业，以便吸引人们参加旅游；

(5) 旅行社营业场所以底楼为好，以方便顾客。

对旅行社来说，具备区位条件良好的经营地点是构成旅行社市场经营优势的一个重要因素。一位旅行社经理曾经说过：“只要具备三样重要的东西，即地点、地点、地点，就可开办一家旅行社。”此话虽然不够全面，但也能反映出旅行社选址的重要性。首先，对顾客来讲，地点方便是他们选择旅行社的一个主要标准；其次，对旅行社而言，经营地点的优劣是业务成功的重要前提条件。因此，旅行社通常会选择在城市或城镇中心建立自己的营业场所，而较少选择郊区和偏僻的小镇。

（资料来源：倪慧丽．旅行社经营管理实务［M］．人民邮电出版社，2006.）

2. 有必要的营业设施

《旅行社条例》中规定其营业设施应当至少包括下列设施、设备。

(1) 两部以上的直线固定电话；

(2) 传真机、复印机;

(3) 具备与旅游行政管理部门及其他旅游经营者联网条件的计算机。

3. 有不少于30万元的注册资本

申请设立旅行社，经营国内旅游业务和入境旅游业务的，应当向所在地省、自治区、直辖市旅游行政管理部门提出申请，并提交符合上述条件的相关证明文件。受理申请的旅游行政管理部门应当自受理申请之日起20个工作日内作出许可或者不予许可的决定。予以许可的，向申请人颁发旅行社业务经营许可证，申请人持旅行社业务经营许可证向工商行政管理部门办理设立登记；不予许可的，书面通知申请人并说明理由。

旅行社取得经营许可满两年，且未因侵害旅游者合法权益受到行政机关罚款以上处罚的，可以申请经营出境旅游业务。

旅行社应当自取得旅行社业务经营许可证之日起3个工作日内，在国务院旅游行政主管部门指定的银行开设专门的质量保证金账户，存入质量保证金，或者向作出许可的旅游行政管理部门提交依法取得的担保额度不低于相应质量保证金金额的银行担保。

经营国内旅游业务和入境旅游业务的旅行社，应当存入质量保证金20万元；经营出境旅游业务的旅行社，应当增存质量保证金120万元。质量保证金的利息属于旅行社所有。旅行社每设立一个经营国内旅游业务和入境旅游业务的分社，应当向其质量保证金账户增存5万元；每设立一个经营出境旅游业务的分社，应当向其质量保证金账户增存30万元。

(四) 旅游饭店企业

饭店是发展旅游业的物质基础和反映旅游接待能力的重要标志。我国《旅游饭店星级的划分与评定》(GB/T 14308—2003) 国家标准中指出：旅游饭店是能够以夜为时间单位向游客、客人提供配有餐饮及相关服务的住宿设施。国家旅游局人事劳动教育司主编的《饭店管理概论》一书将饭店定义为：饭店是以有形的空间、设备、产品和无形的服务效用为凭借，投入到旅游消费领域中，具有一定独立性的资本或资金动作的经济实体。

旅游饭店企业主要指以出租客房、大厅、会议室和综合服务设施等的使用价值为主，同时生产饮食产品，为旅游者提供食宿、购物和服务的综合性较强的企业。

1. 旅游饭店的类型

旅游饭店的类型很多，但其划分并无统一的标准，常见的类型有：

(1) 根据饭店所处地区划分，可分为城市饭店、城镇饭店、内地饭店、沿海饭店、山地饭店或乡村饭店等。

(2) 根据与交通设施的关系划分，可分为汽车饭店、火车饭店、机场饭店、码头饭店等。

(3) 根据饭店设施与服务方式划分，可分为旅游饭店、公寓饭店、自助餐饮饭店等。

(4) 根据饭店主要客人下榻的目的划分，可分为商务饭店、度假饭店、会议饭店、旅游饭店等。

(5) 根据饭店的规模划分，可分为大型饭店、中型饭店、小型饭店等，这主要以饭店的客房间数或床位数为根据，而大小饭店客房数目的多少，又由其地区与饭店结构来确定。

(6) 根据饭店的档次或等级划分，可分为高档饭店、中档饭店、低档饭店、豪华饭店、经济饭店，一星级至五星级饭店等。

(7) 根据经营管理方式划分，可分为独立（或单体）饭店、连锁饭店等。

(8) 根据饭店企业的经济类型划分，可分为国有饭店、民营饭店、内资饭店、外资饭店、合资饭店等。

2. 主要类型饭店的特点

(1) 用途不同的饭店。

① 商务饭店，位于中心地区，接待商务客人、旅游客人和因为各种原因作短暂停留的其他客人。在配置上，必须具有带浴室的单间房、双人房、套房；有直通国内一些主要城市、世界上一些主要国家和地区的主要都市的直通电话及总机服务、有电脑订房、Telex服务、中央空调、中央音响、闭路电视、中央消防系统；有各种类型的餐厅及宴会场所，会议场所及娱乐设施；有 24 小时送餐服务，24 小时洗衣服务等。

② 度假饭店，顾名思义，它是为旅游度假者而建的。它必须建在交通方便的风景名胜地区，如海滨、海岛、著名山区、森林、温泉附近。它一般开辟有各种娱乐体育项目，拥有良好的沙滩和泳场；有良好的滑雪、溜冰场；有高尔夫球场和运动场。人们可在这里游泳、晒太阳、滑雪、溜冰、骑马、打球、划艇、玩风帆，尽情享受度假之乐。这种饭店受季节影响较大。

③ 会议型饭店，通常设在大都市和政治、文化中心或交通方便的游览胜地，设置足够的多种规格的会议厅或大的多功能厅，具备各种规格的会议设备，如多媒体设备、音响设备、同声传译设备、灯光设备等。这种饭店主要接待各种会议团体，能够提供高效率的专业接待服务。

(2) 所有权管理不同的饭店。

① 独立经营饭店，是指个人独资或政府投资并委任经理独立经营的饭店。

② 合作经营的饭店，是指由两个以上投资者合作兴建并联合经营的饭店，利润除还本付息外，按双方或几方投资额或协议进行分配。

③ 连锁经营的饭店，是一个总公司以同一个商标在不同的国家和地区拓展其相同的风格或水准来进行经营管理的饭店。

(3) 规模大小不同的饭店。

一般来说，饭店规模的大小以房间数或床位数来确定。

① 大型饭店，房间数应在 600 间以上。

② 中型饭店，房间数应在 300～600 间。

③ 小型饭店，房间数应在 300 间以下。

(4) 根据建筑投资费用划分的饭店。

① 经济型饭店，按国际惯例每个标准客房的建筑投资为 2 万～4 万美元、建筑面积为 25 平方米的饭店，可以称为经济型饭店。

② 舒适型饭店，一般来说，每个标准客房的建筑投资在 4 万～6 万美元、建筑面积为 36 平方米左右的饭店，可称为舒适型饭店。它服务的人群主要是工薪阶层的家庭游客以及对住宿要求不高的商业人士。

③ 豪华型饭店，它是指每个标准客房的建筑投资在 8 万～10 万美元、建筑面积为 47 平方米左右的饭店。为有经济实力的家庭客人以及商务人士提供全面、周到的服务和舒适、具有文化品位的饭店设施。

说明：有关旅游饭店的组建条件和程序由学生调查完成，在此不作介绍。

以学习小组为单位，首先通过网络等渠道了解被调查的旅行社或旅游饭店的类型及相关信息；其次利用课余时间到各旅行社或旅游酒店进行调查，重点了解旅行社和旅游酒店组建条件及企业类型，从而对旅行社或旅游酒店初步形成认识；再次通过仔细阅读《旅行社条例》或旅游饭店相关管理规定，并结合实地调查等形式，对你所了解到的旅行社或旅游饭店组建的基本条件和企业类型进行总结归纳，形成对旅行社或旅游饭店初步认识，在班内汇报。

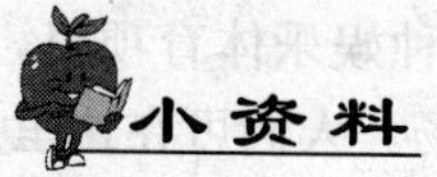

著名旅游网站

- 携程旅游网（在线旅游预订专业网站）
- e 龙旅行网（专业旅游饭店预订）
- 同程网（最好的中文旅游交易平台）

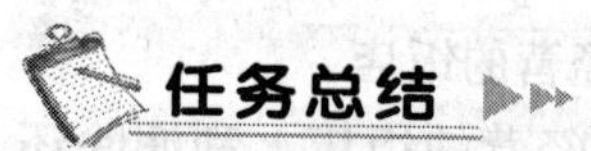

通过对旅行社或旅游饭店组建情况的调查对其形成初步认识，这样将有助于后面学习的理解和掌握。这个学习任务主要是通过调查的形式来增强学生对旅游企业的认识，了解其组建的条件和企业类型，以利于后面的学习，特别是对会计六要素的理解。

任务二　了解旅游企业经营

王想和于同通过调查与学习了解了旅游企业组建的条件和企业类型，接下来他们对旅游企业的经济业务产生了浓厚的兴趣，到底旅游企业都在做些什么呢？是如何经营的？经营上有哪些特点？请你帮助他们解决这些疑惑。

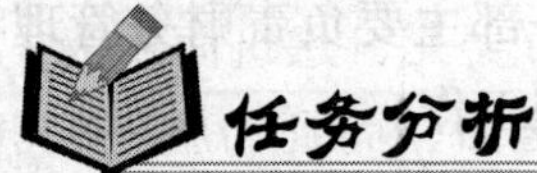

要了解旅游企业的经济业务及经营特点，必须对旅游企业经营情况进行调查，了解被调查的旅行社或旅游饭店企业的主要营业部门具体业务情况和工作流程等相关信息，了解其日常经营活动，特别是经营活动中资金的运行情况，了解旅游企业经营特点。

一、了解旅游企业的主要经营部门

（一）旅行社的主要经营部门

目前，一般旅行社主要经营部门设置，按业务运营环节设置，主要有市场部、外联部、计调部、接待部、票务部等；此外，旅行社的职能部门主要有人事部、财务部、办公室等。

1. 市场部

市场部主要负责旅游市场营销，客源招徕等工作。

2. 外联部

外联部主要负责对外联络业务，包括旅游产品设计、促销和销售等职能。其主要任务是将获得的各种旅游信息资料有机地组合成旅游产品，并将旅游产品销售给旅游中间商或旅游者。

3. 计调部

计调部主要负责旅游接待的落实，保证旅游活动的正常进行。即负责与相关的旅游服务供应部门或其他旅行社签订旅游合作协议，负责向外联部提供相关旅游服务部门的服务信息，负责旅行社客流情况统计和各采购单位情况的统计工作。统一调控、统一谈价，以争取批量优惠，并以此约束外联和导游的行为。

4. 接待部

接待部是旅行社的利润中心，与外联部对应设置的部门，专门从事接待。按照具体接待计划安排导游，帮助旅游者完成旅游活动。

5. 票务部

票务部是保证团队票务，对外营业，扩大服务范围。

不同类别和不同规模的旅行社企业主要经营部门的设置也有所不同，如中国国际旅行社（洛阳）主要设置了入境旅游接待、中国公民旅游和行政管理三大部门。入境旅游接待部门下设欧洲、美大部、日本一部/二部、国际部、综合部、亚洲部等部门，主要组织接待海外旅游者、港澳台同胞及侨胞到中国境内参观旅游；中国公民旅游部门下设国内部、地联部、出境一部和出境二部等部门，主要组织接待洛阳市民和国内旅游者到洛阳周边及国内其他省市参观旅游，组织洛阳市民出境旅游、代办护照及港澳通行证。行政管理部门下设办公室、财务部、票务中心、行李队和值班室，主要负责旅行社的行政后勤保障，预订散客、团体的飞机票、火车票，接送团队客人的行李，夜间及节假日值班。

旅行社的职能部门中，人事部主要负责人力资源管理工作；财务部主要负责财务管理工作；办公室主要负责内务、文秘、协调、后勤服务等多项日常管理工作。

（二）旅游饭店的主要经营部门

在《美利坚百科全书》中对饭店有如下定义：饭店是装备完好的公共住宿设施，它一般都提供膳食、酒类以及其他服务。旅游饭店作为一个综合性的服务企业，其基本经营活动以提供餐饮、住宿、娱乐及商品销售等服务为主，其主要经营部门有前厅部、客房部、餐饮部、商品部、娱乐部和其他部门。

1. 前厅部

前厅部主要包括总服务台、总服务台办公室、值班经理台、门厅保卫等部门。负责房间预订、现订、安排客房、办理住宿手续；设立宾客账卡，登记发生费用，结清账款；回答客人问讯，接待留言，提供叫醒服务；负责贵重物品保管、行李寄存、钥匙管理、邮件收发；了解外汇牌价、提供外币交换业务；负责与旅行社、航空公司、铁路、汽车公司、游览及娱乐公司的联系，为宾客提供票务服务；编制各类营业报表，负责各类业务资料的收集汇总，建立宾客档案，处理宾客投诉，负责门厅人流的疏导，协助客人运送行李。它是饭店活动的指挥、调度中心，饭店进行内外联系的枢纽。

2. 客房部

客房部主要包括客房及各楼层服务台（或服务中心）。负责宾客迎送服务；清扫整理房间；提供房内用餐服务，供水服务；同时还为客人提供各类代办服务。它是饭店的主体，集中反映饭店的规模、等级，是客人在饭店逗留时间最长的功能区。

3. 餐饮部

餐饮部主要包括西餐厅、咖啡厅、自助餐厅、宴会厅、酒吧、特色餐厅及厨房。提供中西菜食、地方风味菜、快餐、酒水饮料，满足客人饮食方面的需要。

4. 商品部

商品部主要经营具有纪念性、特色的商品以及日常必备用品和食品等。

5. 娱乐部

娱乐部主要包括歌舞厅、KTV、棋牌室、球类部、游泳池等。

6. 其他部门

其他部门主要指保证前台工作正常进行的后台服务部门，主要包括洗衣房、工程部、供应部等。洗衣房主要负责洗熨客人的衣物，前台各业务部门使用的棉织品及饭店职工的工作服；工程部主要负责建筑物及各类设施、设备的维修、管理；供应部主要负责购置、储存、保管、发放各部门开展正常业务联系所需要的设备，低值易耗品及餐饮部的食品原材料。

在旅游饭店经营过程中，餐饮部是唯一生产实物产品的部门，并且生产、销售和服务同时发生，形成直接入口的餐饮制品，直接供应给客人就地消费；客房部是以出租客房和提供客房服务为游客提供服务，形成旅游饭店主要经济收入的主要部门，具有销售的时间性和重复使用性等特点；前厅部是酒店业务活动的中心和酒店联系的纽带，具有接触面广、政策性强、业务复杂以及影响全局的特点，最终决定着客人对酒店的总体评价，直接影响酒店的整体形象；商品部所经营的商品具有民俗性、简便性、小型化等特点；娱乐部

门通过各项设备、服务项目为客人提供休闲娱乐活动；洗涤部门通过技术加工和服务性劳动为住店客人、城市居民、内部职工服务。

二、熟悉旅游企业的基本经营业务

（一）旅行社的基本经营业务

旅行社是旅游业的媒体，是旅游者与旅游饭店、餐馆、车船企业、娱乐部门联系的一条纽带。旅行社的主要业务是招待、联系、安排接待等一系列服务工作。

旅游经营业务是指组织旅游者外出旅行，并为其提供交通、食、宿、导游等业务。而具体担负对旅游者的招徕、联系、接待、安排等项服务工作，并收取一定费用的专门机构（或企业）就是各种形式的旅行社。各旅行社在类别、业务规模和目标市场等各方面的不同，决定了其业务的差异。旅行社的经营业务内容大体可分为两类：一是组团招徕；二是导游接待。旅行社由此也分为组团社和接团社。旅行社接待外地旅行社送来的旅行团时就被称为接团社，当组织客人到外地旅游时就被称为组团社。随着我国旅游业的蓬勃发展，一个旅行社可能既是组团社，又是接团社。

组团社，就是准许与境外旅行商社联系组织旅游者入境旅游的旅行社，也称为国际旅行社。组团业务是我国境内的旅行社通过境外的旅行商社组织当地旅行者来华旅游的行为。

接团社，是负责旅行团队接待工作的旅行社，也称为国内旅行社。接团业务是接团社按照旅行团活动计划提供导游、住宿、用餐、交通、购物、娱乐等一条龙服务的行为。各地接团社是按照旅行团的活动计划在不同地点提供服务，并通过向旅游者提供一系列服务工作取得收入。

组团、接团业务作为一种经营活动同其他经营活动一样，在经营中要实行严格的成本核算，合理定价，讲求经济效益，积极参与旅游市场竞争，提高市场占有率，获取更大的经济效益。

按价格分类的旅行社产品

旅行社产品按价格分类，可分为组团包价、散客包价、零包价、半包价、小包价、单项服务收费和特殊服务收费等旅游形式。

1. 组团包价旅游，也称全包价旅游，其费用一般包括房费、综合服务费、国内城市间交通费及专项附加费四部分。由旅游经营商有计划、有组织地将游客组成团体进行旅游，这种方式可以降低游客在出境旅游时遭遇的风险。

2. 散客包价旅游，又称“个别旅游”，是指其旅游日程、线路等由旅游者自己选定，然后再由旅行社作某些安排，如交通、住宿等。其优点是灵活、自由、可选择性强。

3. 零包价旅游（组合旅游），是一种独特的产品形态，多见于旅游发达国家。参加这种旅游的旅游者必须随团前往和离开旅游目的地，但在旅游目的地的活动是完全自由的，形同散客。参加零包价旅游的旅游者可以获得团体机票价格的优惠，并可由旅行社统一办

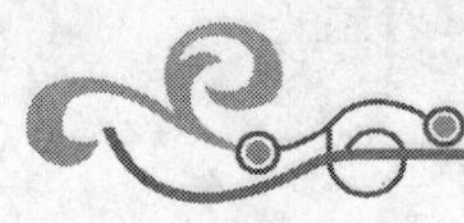

理旅游签证。

4. 半包价旅游，指在组团包价中扣除午、晚餐费用，以降低直观价格，同时也可更好地满足游客在用餐方面的要求。

5. 小包价旅游，要求旅游者预付的费用包括房费、早餐、接送服务、城市间交通以及旅行社的手续费，其他旅游费在旅游的过程中现付。

6. 单项服务收费旅游，又称为委托代办费旅游，即旅行社受国内外旅游者委托，提供其所需要的某种旅游服务的收费旅游。旅行社提供的单项委托服务主要有：翻译导游费；抵离接送费；代办签证、延期签证费；代订饭店、交通票、联系参观等。

（二）旅游饭店的基本经营业务

旅游饭店的客房部、餐饮部和商品部等部门，以提供住宿、餐饮和购物等服务开展的基本经营活动来满足游客需求，并不断改善在前厅、娱乐、康乐和其他业务等方面的服务，以满足游客日益增长的需求。

客房是旅游饭店向游客提供的最主要产品之一，客房部通过向客人销售客房并提供与此相关的系列服务，取得重要的收入来源。经济型饭店是以客房服务为主的，客房出租收入约占整个饭店营业收入的90%以上。国内星级饭店一般都有配套设施，客房出租收入所占比例各不一样，高的约占整个饭店营业收入的70%，低的也占到50%左右。

餐饮部承担着餐饮服务和餐饮推销两方面的任务，具备生产和推销两方面的功能，这也是由餐饮服务生产和销售同时性的特点所决定的。餐饮服务可分为接待、销售和销售控制三方面的活动，要求餐厅工作人员分工明确，密切配合，才能提供最佳服务，获取营业利润。目前，经营好的饭店，其饮食收入可达到饭店总收入的60%以上。

三、熟悉旅游企业的经营业务特点

（一）旅行社经营业务的特点

旅行社是连接游客和旅游地的纽带，是促进旅游饭店和交通业发展的重要链条。旅行社是旅游业的三大支柱产业的核心产业，是以赢利为目的，为旅游者提供服务的中介机构，由于其服务对象、经营范围、经营内容的特殊性而具有与其他行业不同的特点。其经营业务具体表现为提供旅游服务，同时具有以下特点。

1. 提供服务无固定场所

旅行社在为游客提供服务时，不需要为客人提供服务设施。旅游过程中的游、购、娱、食、宿、行各环节都依赖其他行业的支持，如交通服务设施及交通工具大多依靠民航、铁路、公路和出租汽车企业；食宿依靠饭店、餐馆；参观游览依靠各地的名胜古迹和秀丽的风光。

2. 少量资金即可开展业务

旅行社在开展业务时，组团社可以向国外旅行社收取一定金额的预付款；接团社可以定期与组团社结算房费、餐费、车费等。因此，只要组织得当，少量的流动资金即可开展业务活动。

3. 组团社和接团社业务紧密

旅行社在提供服务过程中，组团社与接团社业务结合紧密，互相依存，互为条件，在时间上互相衔接，以按照预定计划完成旅游服务项目，达到互利互惠，形成长期合作。

（二）旅游饭店经营业务的特点

旅游饭店所提供的商品是旅游者所需要的产品和服务的总和，具有特殊使用价值。旅游饭店经营业务综合表现为服务性、综合性、波动性和文化性等几个方面的特点。

1. 服务性

旅游饭店经营活动的本质是借助已有的物质设施向游客提供多方位服务，使游客在无形服务过程中最终得到一种服务效用和体验。因此，旅游饭店的经营活动，必须以游客的存在为前提，以游客的入住饭店为始点，离开为终点完成服务的过程。

2. 综合性

旅游饭店业务的综合性，指饭店不仅要满足游客的物质需要，还要满足游客的精神需求，因此要求饭店必须设施配套、功能齐全、项目丰富、服务优良，同时饭店内部能协调配合，以便建立一个综合性的服务系统。

3. 波动性

旅游饭店经营业务综合性的特点，使其必然受到多种因素的影响，表现为经营的不稳定。最基本的影响因素有社会政治因素（国家政策、社会秩序和外交关系）、经济因素（国家经济发展速度，商品经济发达程度，人们消费水平等）、当地旅游资源吸引力、季节性影响和交通状况等。

4. 文化性

旅游饭店的文化特性主要体现在有形的物质文化与无形的精神文化两个方面。有形的物质文化主要表现在具有文化艺术氛围的建筑造型、功能设计、装饰风格、环境烘托和艺术画廊、音乐厅、表演展览厅等文化娱乐设施，以及有民族文化和西洋文化的形式等物质产品；无形的精神文化主要表现在物质文化和服务活动等意识，以及经营活动中的经营思想和管理文化。

小资料

一般企业的经营过程

以制造企业为例，企业进入正常生产经营阶段，围绕供、产、销三个环节，一定会发生一系列经营活动。

（1）资金筹集过程：企业通过各种渠道筹集资金，包括接受投资者投入和向债权人借入的资金，其表现形式为货币资金。

（2）供应过程：企业为进行生产经营需要采购各项物资，如用货币资金购进生产产品所需的生产资料（如原材料等），其表现形式为储备资金。

（3）生产过程：企业对购进的原材料等物资进行加工。正在加工中的产品称为在产品，其表现形式为生产资金；在产品生产完工后转入产成品仓库，称为产成品，其表现形

式为成品资金。

(4) 销售过程：企业销售产成品以满足广大消费者的需要，同时收回资金。收回的资金一方面重新投入生产，另一方面参与社会分配，退出企业。

任务实施

以学习小组为单位，通过网络、图书等渠道了解被调查的旅行社或旅游饭店的部门构成及经营情况，通过分工协作，到各旅行社或旅游酒店进行经营情况调查，重点了解旅行社的外联部、计调部、旅游接待部及财务部等部门，或旅游酒店的餐饮部、客房部、酒店商场、财务部等部门的具体业务情况和工作流程，了解旅游企业日常经营中资金运行情况，并进行归纳总结与汇报，进一步增加对旅行社或旅游酒店的认识。

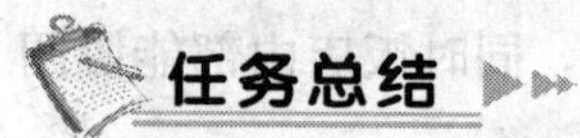

任务总结

通过对旅行社和旅游酒店主要营业部门的具体业务情况和工作流程等相关信息调查，归纳总结与汇报，进一步增强学生对旅游企业的认识，帮助学生对后面内容学习的理解和掌握。这个学习任务主要是通过调查形式增强学生对旅游企业主要经营部门业务情况的认识，了解其经营过程中业务流程，以有助于学生对资金运作的认识和理解，为后面的业务学习打下基础。

实训项目

【实训目标】

了解旅游企业部门设置，熟悉旅游企业的经营活动情况。

【内容与要求】

1. 通过查阅相关资料，了解旅游企业部门的具体设置及其所从事的经营活动。

2. 通过参观调查旅游企业，了解旅游企业部门设置及其所从事的经营活动。

【组织与实施】

1. 分组查阅资料，分析整理。

2. 确定实地调查对象、地点，分组到企业参观调查，进行相关调查。

3. 组织学生讨论并作总结报告，进行课堂汇报。

【评价标准】

1. 调查资料具体，翔实并有针对性。

2. 调查汇报清晰，能确实反映企业经营活动情况。

复习思考题

一、填空题

1. 在市场经济中，企业是指从事生产、流通和________等经济活动，通过满足社会需要来达到________目的，具有法人资格，实行自主经营、________的经济实体组织。

2. 企业组建完成要有一套合法的行政审批证件，包括工商营业执照正本和副本；________登记证正本和副本；________登记证正本和副本；组织机构代码证正本和副本；________；发票购买证；会计账簿购买证等。

3. 企业组建完成要有的印章包括企业公章；________；________；税务专用章；________；部门专用章；管理人员私章等。

4. 旅游饭店经营过程中，________是唯一生产实物产品的部门，并且________、________和________同时发生，形成直接入口的餐饮制品，直接供应给客人就地消费。

5. 旅游饭店中的商品部所经营的商品具有________、________、________等特点。

二、选择题

1. 企业组建完成的标志包括（ ）。

A. 有一套合法的行政审批证件　B. 有一套完整的企业印鉴
C. 有规范的会计凭证、账簿　D. 有合法的经营场地和相应的管理机构

2. 旅行社依照《旅行社条例》和《旅行社管理条例实施细则》的规定，设立旅行社应当具备的条件有（ ）。

A. 有固定的营业场所　B. 有必要的营业设施
C. 不少于 30 万元的注册资本　D. 不少于 50 万元的注册资本

3. 建立旅行社需要经过（ ）三个阶段。

A. 酝酿阶段　B. 准备阶段　C. 申办阶段　D. 建设阶段

4. 旅游饭店经营业务的特点具有（ ）。

A. 服务性　B. 波动性　C. 综合性　D. 文化性

三、简答题

1. 简述组建企业的基本条件。
2. 简述我国旅行社的分类。
3. 简述旅行社的基本经营业务及特点。

项目二　认识会计与会计工作

◆知识目标

1. 了解会计的产生与发展。
2. 掌握会计的概念。
3. 理解会计的职能和会计的对象。
4. 了解会计机构的设置和会计职业的要求。

◆能力目标

能够理清经济活动中资金运动的来龙去脉，会计算经营活动成果；能够理解会计机构设置的基本要求、会计岗位设置的种类和会计从业人员的基本要求，能够为从事会计职业作简要的规划。

任务一　认知会计

小刘原来是某家公司的职员，现在公司要精简机构，小刘面临着三种选择：

其一：仍然在原机构工作，但工资减半，年收入只有 12 000 元左右。

其二：下岗再就业，以其目前的能力，可在某快餐厅找到工作，月收入 800 元。

其三：下岗，自己创业。

公司规定，职工主动要求下岗的，可享受每月 250 元的生活补贴。

经斟酌再三，小刘决定选择第三条路：自己当老板，在一处旅游风景区开一家小餐厅。下面是小刘餐厅开业第一个月的营业情况：

(1) 购买餐厅的日常用品 3 600 元；

(2) 支付半年的房租 30 000 元；

(3) 购入各种原料 30 000 元，当月领用 20 000 元的原料；

(4) 分配并支付雇员的工资 7 000 元；

(5) 支付本月的水电费 3 000 元；

(6) 计算并支付本月应交营业税金 3 096 元；

(7) 本月取得营业收入总计 46 300 元。

根据以上资料，请对小刘的选择作出评价。

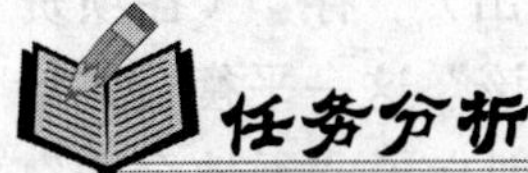

小刘的选择对吗？需要通过对三个方案中收入、支出及其结果进行比较，然后作出决策。这就要运用到相关的会计知识，需要通过认识、了解会计以后，进一步学习会计相关原则和会计核算方法。

知识准备

一、认识会计

(一) 会计的产生与发展

会计是适应人类社会生产实践和经济管理需要而产生，并随着生产的发展而发展。会计活动最早产生于旧石器时代的中晚期。随着人类生产实践活动而变得越来越复杂，为了记录和计算人类生产活动的成果和劳动耗费，做好分配，更好的控制生产活动，提高生产效率，会计活动和生产活动分离开来，具体表现如图 2－1 所示。

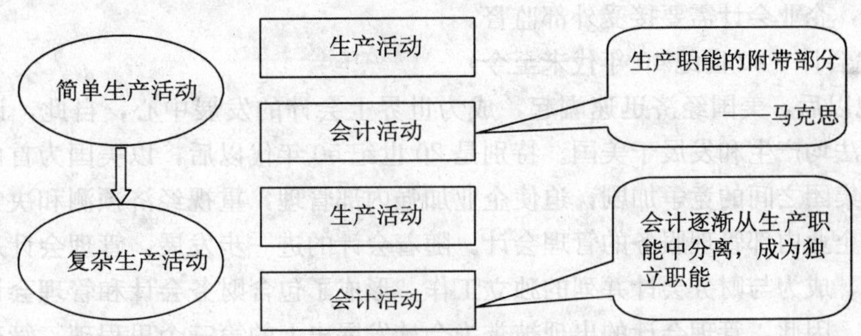

图 2－1　生产活动和会计活动关系

认识会计的发展和变化有利于对会计的理解。会计源于实践和管理的需要必然是为实践服务，帮助人们更好的管理生活和生产实际。从会计的萌芽开始至今，会计发展的历史大约经历了以下三个阶段。

1. 古代会计（大约从旧石器时代的中晚期到封建社会末期）

在原始社会，生产者在工作之余采用“结绳记事”“刻木记事”等方法计算收入和支出。随着奴隶制国家的建立，当会计成为国家行为时，产生了“官厅会计”记录官府的财政收入与支出活动。在我国，“会计”两字最早出现于西周。清朝学者焦循在《孟子正义》一书中这样解释会计：“零星算之为计，总合算之为会”。西汉时期，

官府和民间都已有了会计账簿；唐宋时期创造了“四柱结算法”，元代传入民间，经过不断加工完善，形成了众所周知的“四柱清册”。所谓“四柱”，即旧管、新收、开除、实在，通过“旧管＋新收－开除＝实在”的平衡公式进行结账，交代所经管财产的来龙去脉。明末清初，由于手工业和商业经济较为繁荣，在民间曾流行“龙门账”，将全部账户划分为四大类，即“进”（各项收入）“缴”（各项支出）“存”（各项资产）“该”（各项负债及业主垫资）四大类，运用“进－缴＝存－该”这一平衡公式计算盈亏，如果两边计算的盈亏数相等，即为合了龙门。清朝后期又创立了“天地合账”，对每一笔经济业务都从“来源”和“去向”两个方面登记，属于中式复式记账法，这种方法在我国一直沿用到20世纪上半叶。

2. 近代会计（从1494年巴其阿勒簿记著作的公开出版到20世纪40年代末期）

1494年意大利数学家、会计学家卢卡·巴其阿勒（Luca Pacioli）的著作《算术、几何、比及比例概要》一书在威尼斯出版，标志着近代会计的开始。巴其阿勒书中专门阐述了复式计账的基本原理，使其在世界上绝大多数国家得到推广，这是会计发展史上第一个里程碑。到了18世纪，英国工业革命促进了社会生产力的飞速发展，为了提高产品价格上的竞争力，企业必须降低产品成本，于是出现了以计算和控制产品成本为目标的成本会计。同时，生产规模的扩大和所需投资的增加，出现了股份公司制，企业的经营权和所有权相分离。股东和债权人主要通过企业会计报表来了解企业的财务状况和经营成果，因此要求由独立的第三方对企业的会计资料进行审查验证，以确保会计报表的客观性和公正性，于是出现了专门以查账为职业的会计师。1854年在苏格兰成立了第一个会计师协会——爱丁堡会计协会，这是会计发展史的第二个里程碑。会计内容由记账、算账发展到报账和查账，企业会计需要接受外部监督。

3. 现代会计（20世纪40年代末至今）

20世纪以后，美国经济迅速崛起，成为世界上会计的发展中心，自此，许多现代会计理论和方法均产生和发展于美国。特别是20世纪50年代以后，以美国为首的资本主义国家各垄断集团之间的竞争加剧，迫使企业加强内部管理，重视经济预测和决策，于是出现了专门为企业内部管理服务的管理会计。随着会计的进一步发展，管理会计从传统会计中分离出来，成为与财务会计并列的独立工作，形成了包含财务会计和管理会计两大领域的现代会计。因此，管理会计的出现被誉为会计发展史上的第三个里程碑。管理会计带动传统的财务会计核算由手工操作发展到电算化，使会计核算方法产生了飞跃。

由于历史原因，我国会计发展比较缓慢。因此，从1992年起我国进行了全面的会计改革，颁布了企业会计准则、企业财务通则以及分行业的企业会计制度和财务制度，使之更适合我国经济体制改革的需要。这一系列改革，使我国会计理论和实务获得了前所未有的发展，走上与国际会计惯例趋同的道路，使会计真正成为世界通用的商业语言。

综上所述，会计是由于经济管理的客观需要而产生和发展起来的，在现代社会形成一种商业语言。随着社会生产力的发展，会计也经历了一个从简单到复杂，从低级到高级的发展过程，同时会计的职能也逐渐丰富起来。会计的发展过程如图2-2所示。

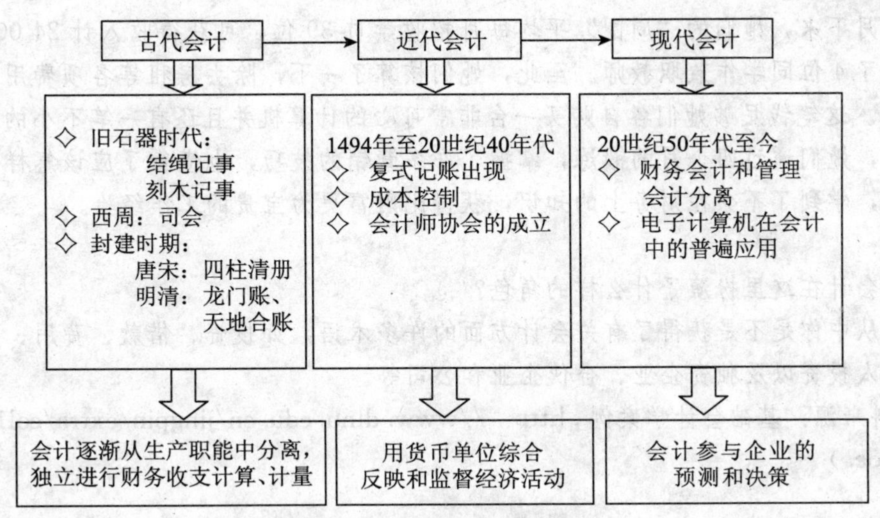

图 2－2　会计的发展过程

（二）会计的概念

旅游企业是营利性的经济组织和社会经济的基本单位，需要比较所费和所得，计算盈亏，采取措施提高经济效益，会计是企业活动中必要的组成部分。对于会计的认知，可归纳为以下几种不同的观点：第一，会计以货币为主要计量单位，是一种计量技术；第二，会计能综合反映经济活动的过程和结果，是一种信息系统；第三，会计对经济活动具有促进、控制、考核和指导作用，是一种管理活动；第四，会计是旨在将具有或至少部分具有财务特征的交易事项，以具有意义的方式且用货币表示，予以记录、分类及汇总，并解释由此产生的结果，是科学、能力和技巧结合的一种艺术。

练一练 2－1：

你能用 4 000 元（人民币，下同）或不足 4 000 元成功地创办一个企业吗？不管你相信与否，这的确能够做到。刘月娟是北京一所著名美术学院的学生，和其他大学生一样，她也常常为了补贴日常花销而不得不去挣一些零用钱。最初，她为了购买一台具有特别设计功能的计算机而烦恼。尽管她目前手头仅有 4 000 元。可决心还是促使她决定于 2008 年 12 月开始创办一个美术培训班。她支出了 320 元在一家餐厅请朋友吃饭，帮她出主意，又吸取她曾经在一家美术培训班服务兼讲课的经验。接着她向一个师姐借款 4 000 元，以备租房等使用。她购置了一些讲课所必备的书籍、静物，并支出一部分钱用于装修画室，并为她的美术培训班取名为“周围”。然后她又支出 100 元印制了 500 份广告宣传单，用 100 元购置了信封、邮票等。8 天后她已经有了 17 位学员，规定每人每月学费 1 800 元，并且找到了一位较具能力的同学作合伙人。她与合伙人分别为“周围”的发展担当着不同的角色（合伙人兼做“周围”的会计和讲课教师），并获取一定的报酬。至 2009 年 1 月末，她们已经招收了 501 个学员，除了归还师姐的借款本金和利息 5 000 元、抵消各项必需的费用外，各获得讲课、服务等净收入 30 000 元和 22 000 元。她们用这笔钱又继续租房，扩大了画室面积，为了扩大招收学员的数量，她们甚至聘请了非常有经验的教授、留学归国者作了两次免费讲座，为下一步“周围”的发展奠定了非常好的基础。

四个月下来，她们的“周围”平均每月招收学员 39 位，可获得收入计 24 000 元，她们还雇用了 4 位同学作兼职教师。至此，她们核算了一下，除去房租等各项费用，共获利 67 800 元。这笔钱足够她们各自购买一台非常可心的计算机并且还有一笔不小的节余。更重要的是，她们通过四个月的锻炼，掌握了许多营销的技巧，也懂得了应该怎样与人合作与打交道，学到了不少在财务上的知识，获得比财富更为宝贵的工作经验。

思考：

(1) 会计在这里扮演了什么样的角色？

(2) 从中你是不是获得了有关会计方面的许多术语，如投资、借款、费用、收入、盈余、投资人投资以及独资企业、合伙企业和公司等。

（资料来源：基础会计学案例 . http：//www. dlnu. edu. cn/jingpin/extra/col166/1198635462. doc. ）

为了帮助初次接触会计的人更好的理解会计，能够从会计工作角度了解会计的具体内容，会计的定义可概括为：以货币为主要计量单位，对一定时期内可持续经营的企业、事业、机关、团体等单位的经济活动进行全面、系统、连续的记录、计算和分析，向有关各方提供会计信息，促使单位提高经济效益的一种经济管理活动。

(1) 货币计量。企业存在的厂房、机器设备、库存现金、存货、专利或非专利技术等是企业从事日常经营活动的前提，大量错综复杂的经济业务中必然涉及上述有形或无形的资产，由于资产的形态不同，可采用的计量方式也多种多样。为了全面反映企业的生产经营活动，会计核算客观上需要一种统一的计量单位作为会计核算的计量尺度。会计核算选择货币作为会计核算的主要计量单位，反映企业生产经营活动的全过程。

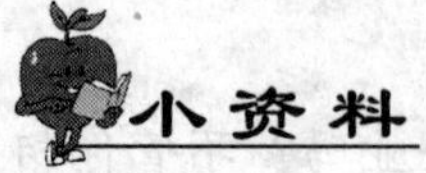

货币计量

在有些情况下，统一采用货币计量也有缺陷，某些影响企业财务状况和经营成果的因素，如企业经营战略、研发能力、市场竞争力等，往往难以用货币来计量，但这些信息对于使用者决策来讲也很重要，为此，企业可以在财务报告中补充披露有关非财务信息来弥补上述缺陷。

(2) 会计期间。在持续经营假设下的会计主体的经营活动，根据企业管理的需要被人为地划分相等的时间单位，以便对企业的经营状况及时进行反映。经营活动被人为划分为相等的时间单位，称为会计期间或会计分期。会计期间的划分是为了定期向相关决策者提供财务信息。会计人员通过对一定会计期间内的收入和支出的计算，确定财务成果，编制财务报表，以便企业内部管理人员以及外部的利害关系人及时了解企业的经营状况。会计期间分为年度和中期。中期是指短于一个完整的会计年度的报告期间。会计期间的密度由年度向半年度、季度和月度的发展产生了特殊的中期报告。

(3) 持续经营。企业会计确认、计量和报告应当以持续经营为前提。持续经营是指假

设企业在可以预见的将来，不会面临破产和清算，而是持续不断地经营下去。即企业拥有的各项资产能在正常的经营过程中耗用、出售或转换，承担的债务也能在正常的经营过程中清偿，经营成果会不断形成，这样核算的必要性是不言而喻的。持续经营假设明确了会计核算的时间范围。企业能够对资产按取得时的实际成本计价，按期收回应收款，并按照自己的承诺偿还所负担的债务，对多期受益的费用支出进行分摊等，都是以持续经营为前提的。具体如图 2-3 所示。

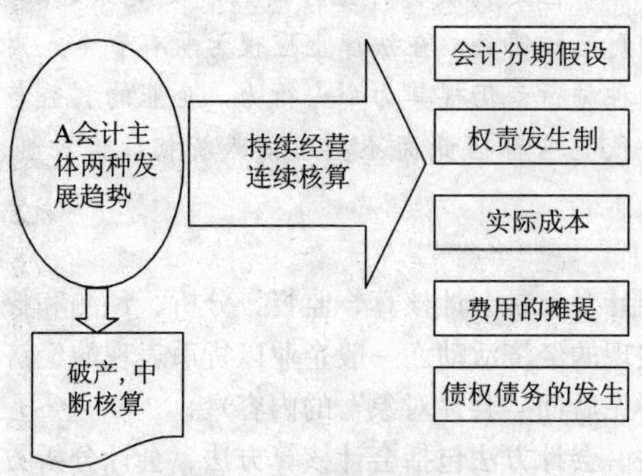

图 2-3　会计持续经营示意

在持续经营和破产情况下企业经济业务的会计处理方法完全不同。例如：在持续经营状况下固定资产价值核算为几万元，但在破产情况下可能只有几千元。况且，在一般情况下，持续经营的可能性总比停业清算大得多，尤其是现代化大生产和经营客观上要求持续，所以，会计应立足于持续经营。

（4）会计主体。会计主体指的是会计核算服务的对象，还可表述为会计人员进行核算（确认、计量、记录、报告）所站的立场及空间活动范围界定。会计核算工作首先应明确为谁核算的问题，这是因为会计的各种要素，例如，资产、负债、收入、费用等都是同特定的经济实体，即会计主体相联系的，一切核算工作都是站在特定会计主体立场上进行的。会计只记录本主体的账，只核算和监督本主体所发生的经济业务。如果主体不明确，资产和负债就难以界定，收入和费用便无法衡量，以划清经济责任为准绳而建立的各种会计核算方法的应用便无从谈起。因此，在会计核算中必须将该主体的财务活动与其他经济实体的财务活动严格区分开，企业的所有者及债权人，以及企业的管理人员和企业会计报表的其他使用者，才有可能从会计记录和会计报表中获得有价值的会计信息，从而做出是否对企业进行投资或改进企业经营管理的决策。具体如图 2-4 所示。

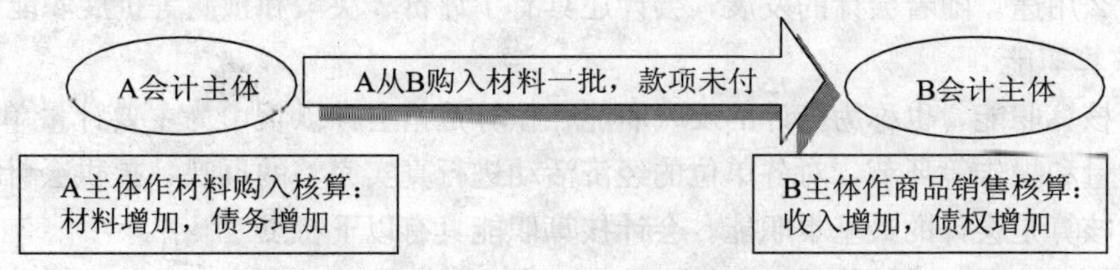

图 2-4　会计主体示意

小资料

会计主体与法人关系

会计主体与经济上的法人不是一个概念。作为一个法人，其经济必然是独立的，因而法人一般应该是会计主体，但是构成会计主体的并不一定都是法人。比如，从法律上看，独资及合伙企业所有的财产和债务，在法律上应视为所有者个人财产延伸的一部分，独资及合伙企业在业务上的种种行为仍视其为个人行为，企业的利益与行为和个人的利益与行为是一致的，独资与合伙企业都因此而不具备法人资格，但独资和合伙企业都是经济实体、会计主体。

（5）会计对象。会计对象是会计核算、监督、分析、预测和控制的内容，即社会再生产过程中主要以货币表现的经济活动。一般企业以货币表现的经济活动具体表现为资金的投入、运用和退出（详见后面“会计对象”的内容）。

（6）会计核算方法。会计方法包括会计核算方法、会计分析方法和会计预测、决策方法等。会计核算是会计的基本环节，会计分析、会计预测和决策等都是在会计核算的基础上，利用会计核算资料进行的。会计核算方法是对会计对象（能够以货币反映的企业经济活动）进行完整的、连续的、系统的核算和监督所应用的方法，主要包括以下几个方面（具体内容详见以后章节的讲述）：①经济业务发生后，先要取得合法凭证，并编制成记账凭证；②根据设置的账户，按复式记账方法登记账簿；③根据账簿记录进行成本计算、财产清查，在账实相符的基础上编制财务报告。

（7）会计目标。会计目标是指会计活动所要达到的目的，即会计要为哪些人服务，提供哪些会计信息，具体是指向财务会计报告使用者提供与企业财务状况、经营成果和现金流量等有关的会计信息，反映企业管理层受托责任的履行情况，有助于财务会计报告使用者作出经济决策。会计主要为投资者、债权人、债务人、政府有关部门、企业经营管理者和企业职工等主体服务，他们是会计信息的使用者。不同使用者对会计信息的需求不同，会计人员在设计和编制企业会计报表时必须考虑信息的实用性，以满足不同使用者的需要。

二、熟悉会计的职能

会计核算和监督是会计的基本职能，是会计在经济管理中具有的功能，即会计能干什么，有什么用途。随着会计的发展，会计还具有了评价、决策和预测等扩展职能。

1. 核算职能

会计核算职能，也称为会计的反映职能。核算是指会计以货币为主要计量单位，通过确认、计量和报告等环节，对各单位的经济活动进行真实完整的反映，提供会计信息的过程。会计核算是会计的最基本职能。会计核算职能具有以下特点。

（1）会计除主要采用货币量度外，辅之以实物量度和劳动量度，核算各单位的经济活

动，为经济管理提供数据资料。

(2) 随着商品经济的发展和市场竞争的日趋激烈，会计不仅要核算过去，而且要控制现在，预测未来，为管理部门进行经济决策提供依据。

(3) 会计核算资料具有全面性、系统性和连续性的特点。全面性是指会计对所有的经济活动都要进行确认、计量、记录和报告，不得遗漏；系统性是指会计所提供的核算资料是相互联系的，既有分类资料，又有汇总资料；连续性是指对经济活动的核算要按其发生的时间顺序进行。

(4) 会计核算随着物质条件的改善而进一步演化，电子计算机技术在会计反映中开始应用。

2. 监督职能

会计监督职能，也称为会计控制职能，是指会计具有按照一定的目的和要求，利用会计核算职能所提供的经济信息，对企业和行政事业单位的经济活动进行控制，使之达到预期目标的功能。会计监督职能主要具有以下特点。

(1) 会计主要利用货币计量指标进行监督，考核经济活动效果。例如：通过收入、费用、利润等指标，可以审查企业的收支活动，考核企业的经营成果；通过资产、负债、所有者权益指标，可以审查企业资产的使用是否合理，资产的来源是否合法，从而考核企业的财务状况。

(2) 会计监督的依据是国家的法律、财经制度，以及企业内部的财务管理制度、计划、定额等。根据这些依据审查会计资料，可以保证会计信息质量和经济活动的合法性与合理性。

(3) 会计监督贯穿于企业经济活动的始终，包括事前监督、事中监督和事后监督。事前监督是指在经济活动开始前，审查经济方案的可行性；事中监督是指对正在进行的经济活动进行审查，纠正其偏差，使之按照预定的目标和要求进行；事后监督是指利用会计数据对已完成的经济活动进行分析和评价，以便以后改进工作。

会计核算职能和监督职能是密切联系、相辅相成的。核算是监督的基础，而监督是为了保证核算更真实完整。

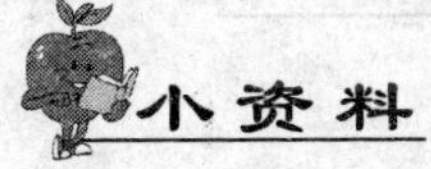

会计的扩展职能

随着企业经济管理发展，会计提供的信息不仅局限于对过去事项的记录，转而更多的为企业的管理者提供评价和决策信息，甚至能够预测企业未来发展趋势。由此，会计职能还有三个扩展职能，包括评价经营业绩、参与经济决策和预测经营前景。

1. 评价经营业绩

评价经营业绩主要是指利用会计核算信息，采用一定的评价指标和方法，集合企业经营计划、预算和其他相关信息，分析、比较、评价经济活动状况及业绩。评价的主要指标包括：偿债能力、营运能力、获利能力、发展能力等指标；评价的主要方法包括比较分析法、比率分析法、趋势分析法和因素分析法等。

2. 参与经济决策

会计参与的经济决策主要包括：对企业具体会计目标的会计方法、程序和会计工作组织等的合理抉择；会计人员采用特定的数量方法和信息系统，分析比较不同方案，协助负责人选择最优方案，参与不同层次的决策活动。

3. 预测经营前景

会计预测主要是运用特定的经济计量方法，依靠原有的会计信息，对未来的资金运动发展趋势和可能性进行预测。

会计评价职能是会计决策和预测职能的基础，只有做好会计评价职能，企业才能作出科学的决策和预测。因此以会计核算和监督为基础，辅以评价、预测和决策，会计活动提供的信息为企业的发展壮大提供了重要的保障。

三、熟悉会计的对象

（一）会计对象的含义

会计对象是会计核算、监督、分析、预测和控制的内容，即社会再生产过程中主要以货币表现的经济活动。旅游企业生产经营过程中以货币资金反映的经济活动，就是旅游企业的会计对象，具体表现为资金的运动。

（二）旅游企业中的会计对象

旅游企业经营活动中的会计对象，即企业的经济活动，具体表现为资金投入、资金运用（资金循环与周转）和资金退出的过程。旅游企业会计对象如图 2-5 所示。

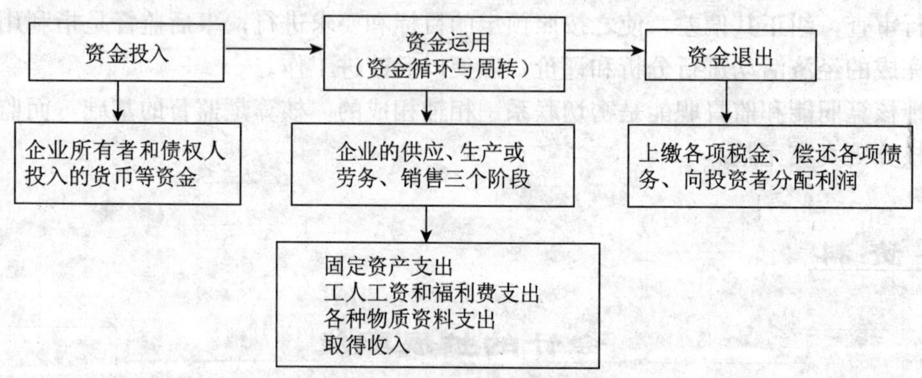

图 2-5　旅游企业资金运动

资金投入：资金从两条渠道（投资者投入、向金融机构借入）进入旅游企业后，通过经济活动的形式就开始了运动。

资金运用，即资金的循环与周转：旅游企业的货币资金在经营活动中，不断通过供应、流通（或生产或提供劳务）、销售（储备资金→生产资金形成的资金→货币资金），又回到货币资金状态，这样周而复始运动的过程，就是资金在企业内部的循环与周转。旅游饭店企业经营活动的主要内容就是以一定的方式和来源获得相应的物质资料，如房屋设

施、机器设备、交通工具等，招募相应数量和素质的员工；企业组织其员工运用各种物质资料，向旅客提供旅游、食宿、娱乐等丰富多彩的产品和服务。企业通过这些产品和服务，向旅客收取酬劳，取得货币收入，同时由于提供产品和服务而发生各种耗费和支出，如消耗物质资料、支付员工工资及其他有关费用，并由此获取利润。

资金退出：企业筹集的资金中的资本金在一定条件下要退回，即退出企业。

(1) 旅游饭店企业生产经营活动中（例如：加工菜肴等）资金的运动，包括资金投入、资金的周转和资金退出过程，其中资金周转包括采购、生产和销售过程，具体如图 2－6 所示。

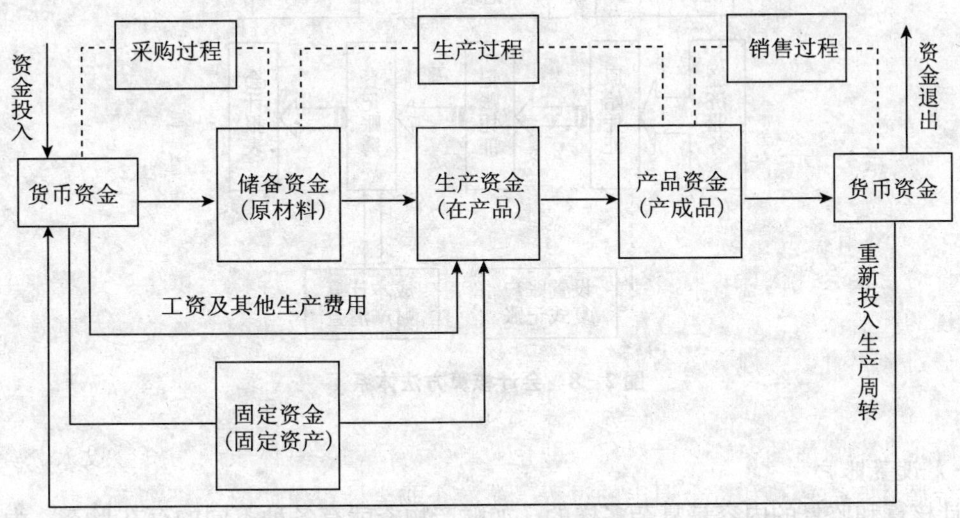

图 2－6　旅游饭店企业生产经营活动资金运动

(2) 旅游企业商品流通活动中资金的运动，包括资金投入、资金周转和资金退出过程，其中资金周转一般只分为采购过程和销售过程，具体如图 2－7 所示。

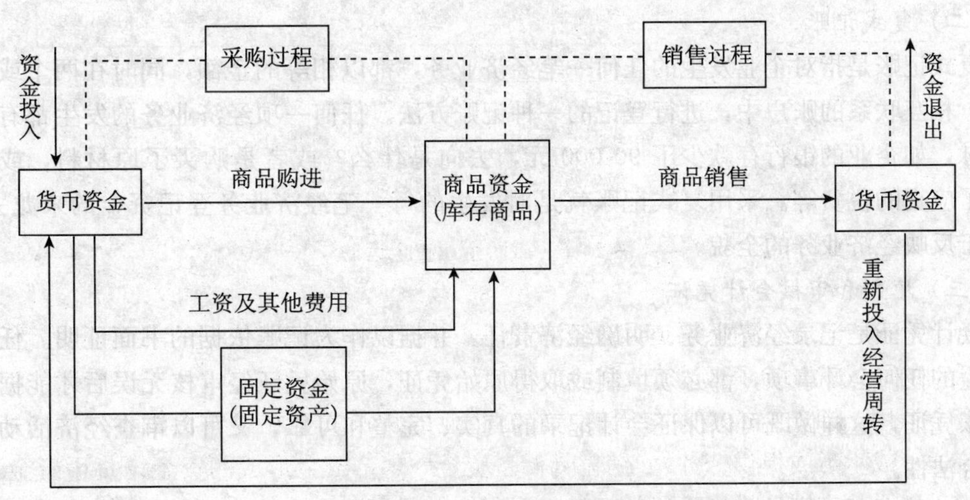

图 2－7　旅游饭店企业商品流通活动资金运动

四、了解会计核算方法

会计核算方法是对会计对象（能够以货币反映的企业经济活动）进行完整的、连续的、系统的核算和监督所应用的方法，主要包括：设置账户、复式记账、填制和审核会计凭证、登记账簿、成本计算、财产清查和编制会计报表七种方法。这七种方法各自有其具体规定，又相互联系，形成了会计核算方法体系，具体如图 2-8 所示。

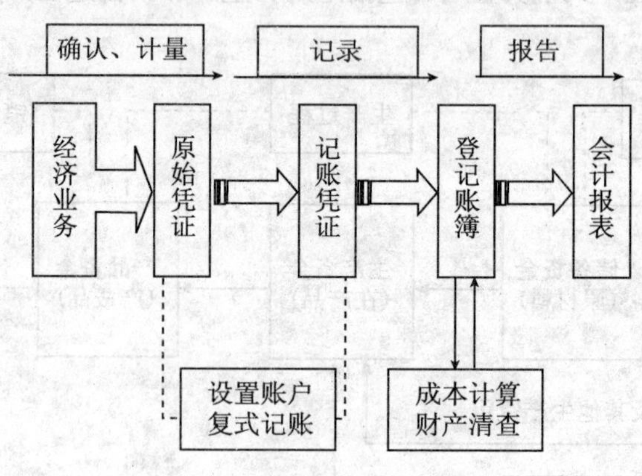

图 2-8　会计核算方法体系

（一）设置账户

会计核算和监督的内容是复杂多样的，如财产物资就有各种不同的存在形态，为了取得这些财产物资所需的资金也来自不同的渠道，有银行贷款，有投资者投入等。为了对它们进行系统的核算和监督，就必须对其进行科学的分类，事先将其划分为若干个分类核算的项目即会计科目，并在账簿中为每一个会计科目开设一个具有一定结构内容的账户，以便通过账户分门别类地登记各种经济业务，从而取得所需要的各种不同性质的会计信息。

（二）复式记账

复式记账是指对企业发生的任何一笔经济业务，都以相等的金额，同时在两个或两个以上、相互联系的账户中，进行登记的一种记账方法。任何一项经济业务的发生都有其来龙去脉，如企业的银行存款少了 90 000 元，去向是什么？或者是购买了原材料，或者是上交了应交的税费等。采用复式记账就是对发生的每一笔经济业务登记资金的来龙去脉，以便于反映经济业务的全貌。

（三）填制和审核会计凭证

会计凭证是记录经济业务、明确经济责任，并据以作为记账依据的书面证明。任何单位发生的任何会计事项，都必须填制或取得原始凭证，原始凭证经审核无误后才能据以填制记账凭证，这样做既可以保证会计记录的真实、完整和可靠，又可以审查经济活动合理性和合法性。

（四）登记账簿

账簿是具有一定格式、相互联结的账页组成的簿籍。登记账簿就是根据审核无误的会

计凭证，用复式记账的方法，将经济业务的内容连续、系统、全面地记录在账页上的一种专门方法。通过登记账簿能够了解经济活动发生、发展和变化的全过程。

（五）成本计算

成本计算是按照一定的成本计算对象来归集已发生的各项费用，从而确定该成本计算对象的总成本和单位成本的一种专门方法。成本计算是企业经济核算的中心环节。正确地进行成本计算，也是企业正确地计算利润的前提。

（六）财产清查

财产清查就是通过盘点实物、核对账目，查明各项财产物资和往来款项的实有数，以保证账实相符的一种专门方法。通过财产清查可以加强管理，保护财产物资的安全、完整，并加速资金周转，挖掘财产物资的潜力。

（七）编制会计报表

编制会计报表是根据账簿记录，以特定的表格形式反映某一会计主体在一定时期内的财务状况和经营成果的一种专门方法。编制会计报表，就是在账簿记录的基础上对会计核算资料的进一步加工和整理。

以上七种方法构成了一个完整的会计核算方法体系，在实际工作中，必须彼此联系、相互配合地加以运用。一般地说，在经济业务发生后，首先，要根据发生的经济业务内容取得或填制会计凭证并加以审核；其次，按照规定的会计科目，在账簿中开设账户，并根据审核无误的记账凭证，运用复式记账法登记账簿，同时，对生产经营过程中发生的各项费用进行成本计算，通过财产清查对财产物资的实存数与账存数加以核对；最后，在账实相符的基础上编制会计报表。

五、了解会计信息的质量要求

会计信息质量要求方面的原则都是为了保证会计信息的质量而提出的，它包括以下几个原则。

（一）真实性原则

真实性原则是指企业应当以实际发生的交易或者事项为依据进行会计确认、计量和报告，如实反映符合确认和计量要求的各项会计要素及其他相关信息，保证会计信息真实可靠、内容完整。这就要求会计核算资料所反映的财务状况和经营成果必须是真实的、正确的和全面的。所谓真实是指一方面企业登记的经济业务本身是客观存在的；另一方面据已登记会计业务的所有入账、列入报表的资料，都必须有足以证明它确系事实的客观依据。例如：当饭店购进原材料入账时，必须取得供货单位开出的发票，用以证明该批材料的品种、数量、价格的客观真实性。所谓正确是指在单位的生产经营活动中，凡是按照政策、法令、制度和规定办理的收入和支出，通过会计记录、反映，既是真实的，又是正确的；反之，违反政策、法令、制度和规定的收支业务，尽管是客观存在的事实，但是不正确，对此会计人员要进行监督，拒绝办理。所谓全面，即其所包括的内容是一定时期的全部经济活动。但是，在会计实务中有时也无法完全避免一定程度的主观判断，例如：固定资产计提折旧时要考虑资产原价、使用年限、清理费用和残值四个因素，除第一个因素是客观实际的，后三个因素都有一定程度的主观判断，因而计提的折旧费用就不一定完全符合客

观实际。但会计人员对此种情况，应尽可能取得间接证据，说明其所作的某些主观判断是接近实际的，务必将主观成分降到最低限度。

（二）相关性原则

相关性原则是指企业提供的会计信息应当与财务会计报告使用者的经济决策需要相关，以有助于财务会计报告使用者对企业过去、现在或者未来的情况作出评价或者预测。例如：企业的投资者关心企业的赢利状况，以此来了解投资者权益的报酬水平；债权人关心企业的资金运用情况，以此来了解企业近期的偿债能力和债权人资本受到的保障程度等情况。经营者需要全面了解本单位的生产和消耗、收入和盈亏等状况，借以改善经营管理，提高经济效益。因此会计信息应当兼顾各方需要。

（三）明晰性原则

明晰性原则是指会计记录和会计报表都应当清晰明了，便于理解和利用。清晰性原则对于会计信息的使用者来说是至关重要的，所以会计核算要尽量使会计信息通俗易懂，简单明了。对于企业重要的经济业务，在报告时还应用规范的文字和语言加以说明，以便于经营决策。

（四）可比性原则

可比性是指同一企业不同时期发生的相同或者相似的交易或者事项，应当采用一致的会计政策，不得随意变更。确需变更的，应当在附注中说明。不同企业发生的相同或者相似的交易或者事项，应当采用规定的会计政策，确保会计信息口径一致、相互可比。可比性有两个方面的要求：一方面是同一企业在不同会计期间的会计资料的计算和处理方法应前后一致。这是因为对同一类会计事项，可能有几种不同的计算和处理方法，用不同的方法计算和处理同一类会计事项，就可能得出不同的结果，这就会对企业财务状况和经营成果产生不同的影响，会计指标在不同的会计期间就会前后缺乏可比性。这就要求企业结合本身具体情况选用一种方法后，就应始终一贯地使用下去，不宜随意变更。但这也只是要求在一定时期内相对稳定，而不是绝对不能变动，如必须变动，应在财务情况说明书中加以说明，以便于信息使用者分析、比较；另一方面是不同企业对相同或者相似的交易或者事项，应当采用相同的会计政策，确保会计信息口径一致、相互可比，保证不同所有制之间、不同部门之间、不同行业之间提供的会计指标口径一致、相互可比，从而满足国家综合平衡和加强企业经营管理的需要。

（五）实质重于形式原则

实质重于形式原则是指企业应当按照交易或者事项的经济实质进行会计确认、计量和报告，不应仅以交易或者事项的法律形式为依据，这样能够保证会计信息真实可靠，能够如实反映经济业务的实际情况。企业发生的交易或事项在多数情况下，其经济实质和法律形式是一致的，但在有些情况下也会出现不一致。例如，企业以融资租赁方式租入固定资产，虽然从法律形式来讲，企业并不拥有其所有权，但是由于租赁合同中规定的租赁期都相当长，接近于该资产的使用寿命；租赁期结束时承租企业有优先购买该资产的选择权；在租赁期内承租企业有权支配该资产并从中受益等。所以，从其经济实质来看，企业能够控制融资租入固定资产所创造的未来经济利益。依据实质重于形式原则，在进行会计确认、计量和报告时，企业应将以融资租赁租入的固定资产视为企业的资产，反映在企业的

资产负债表上。

（六）重要性原则

重要性是指会计报表在全面反映企业财务状况和经营成果时，如企业财务报告中提供的会计信息的省略或者错报会影响信息使用者作出的经济决策，该信息就具有重要性。重要性原则要求企业对重要的经济业务或事项应分别核算，单独反映，并在财务报告中作重点说明；对于次要的会计事项可适当简化处理。

重要性是一个相对概念，重要性原则的应用需要职业判断，企业应当根据其所处环境和实际情况，从企业规模大小、企业性质等方面进行判断。由于严格的会计程序和详细的会计处理手续是需要耗费很大的精力和财力的，在会计数据上区分重要与不重要，对不重要的事项允许作例外的灵活处理，是为了遵循“利益>成本”的原则，避免会计处理得不偿失，提高核算的经济效果。

（七）谨慎性原则

谨慎性原则也称稳健性原则，是指企业在会计核算中应尽可能减少经营者的风险负担，在符合会计政策的前提下应当充分考虑企业风险，尽量低估企业的资产与收益，对可能发生的损失与费用则要算足。在市场经济环境下，企业的生产经营活动面临着许多风险和不确定性，例如应收款项的可收回性、固定资产的使用寿命、售出存货可能发生的退货或者返修等。但是谨慎性原则的应用也不允许企业设置秘密准备，如果企业故意低估资产或者收入，或者故意高估负债或者费用，少计收益，多计损失，偷漏税收，将谨慎性作为隐瞒利润、调节赢利水平的手段，将不符合会计信息的可靠性和相关性要求，损害会计信息质量，扭曲企业实际的财务状况和经营成果，从而对使用者的决策产生误导。

（八）及时性原则

及时性原则是指企业对于已经发生的交易或者事项，应当及时进行会计确认、计量和报告，不得提前或者延后。日常发生的会计事项，及时处理是至关重要的，只有及时进行确认、计量和报告，才能及时提供各种会计指标，有利于有关部门迅速发现经营管理中的问题，及时采取改进经营管理的措施。否则，时过境迁，补救无方，会计将失去其在经营管理中应有的作用。

六、了解会计确认、计量和报告的基础

会计确认、计量和报告的基础，简称会计基础，它是确定一段经营期间收入和费用的标准。企业在持续的生产经营过程中，不断取得收入，也不断发生费用，将收入和费用相配比后，就可以计算出经营期间的财务成果。但会计分期核算要求划清本期与非本期的界限，这就出现了收入和支出的收支期和归属期不一致的问题。收支期是指收到收入和支付费用的会计期间；归属期是指应获得收入和应负担费用的会计期间。因此，在会计上就有两种方法可确认本期的收入和费用，即收付实现制和权责发生制。

收付实现制，又称实收实付制，或称现金收付制。它是以收入或费用是否实际收到或支付为标准来确认收入和费用的一种会计处理方法。收付实现制主要应用于我国不以赢利为目的的行政单位和事业单位的非经营业务。

权责发生制，又称应收应付制，或称应计制。它是以收入或费用是否应该归属本期为

标准来确认各期收入和费用的一种会计处理方法。我国营利单位的会计核算以权力和责任的发生与否为标准来确认收入和费用。凡是当期已经实现的收入和已经发生或应当负担的费用，不论款项是否收付，都应当作为当期的收入和费用入账；凡是不属于当期的收入和费用，即使款项已在当期收付，也不应当作为当期的收入和费用入账。

案例：蓝天旅游饭店 2012 年 1 月发生如下经济业务：

（1）支付本月水电费 450 元。

（2）预付下季度保险费 600 元。

（3）本月负担房屋租金 300 元，尚未支付。

（4）本月应负担（下月支付）的借款利息 80 元。

（5）支付上月负担的修理费 100 元。

（6）计提本月设备折旧费 750 元。

（7）本月应计佣金收入 560 元。

（8）收到上月提供劳务收入 240 元。

（9）本月销售商品，并收到货款 1 500 元。

（10）销售商品 900 元，货款尚未收到。

按照权责发生制和收付实现制确认的收入和费用如下表所示。

权责发生制和收付实现制确认的收入和费用表　　　单位：元

业务序号	权责发生制		收付实现制	
	收　入	费　用	收　入	费　用
1		450		450
2				600
3		300		
4		80		
5				100
6		750		
7	560			
8			240	
9	1 500		1 500	
10	900			
合　计	900	750	741	100

由上表可以看出，同样的经济业务，两种不同确认方法下确认的收入和费用是不相同的。目前，我国行政单位采用收付实现制，事业单位除了经营业务采用权责发生制外，其余业务也采用收付实现制；而企业单位的会计则以权责发生制为确认收入和费用的基础。

七、了解会计的计量基础

会计计量是对企业会计要素的记账金额和在报表及附注中反映的金额所作的原则规定。它要求企业在对会计要素进行计量时，一般应当采用历史成本；采用重置成本、可变现净值、现值和公允价值计量的，应当保证所确定的会计要素金额能够取得并能可靠计量。

1. 历史成本

在历史成本计量下，要求资产按照购买时支付的现金或者现金等价物的金额，或者按照购买资产时所付出的对价的公允价值计量。负债按照因承担现时义务而实际收到的款项或者资产的金额，或者承担现时义务的合同金额、或者按照日常活动中为偿还负债预期需要支付的现金或者现金等价物的金额计量。

练一练 2－2：

企业 2011 年 2 月支付 10 000 元购入一批甲材料，到 4 月末结存甲材料 300 元，但因市场价格变动，该材料价值可达 600 元，于是，企业将甲材料的成本由 300 元改为 600 元，您认为这种做法是否正确？为什么？

2. 重置成本

在重置成本计量下，要求资产按照现在购买相同或相似资产所需支付的现金或者现金等价物的金额计量。负债按照现在偿付该项债务所需支付的现金或者现金等价物的金额计量。该种计量方式主要是针对企业重新购买或者制造相同或类似资产将支出金额的计量。

3. 可变现净值

在可变现净值计量下，要求资产按照其正常对外销售所能收到现金或现金等价物的金额扣减该资产至完工时估计将要发生的成本、估计的销售费用以及相关税费后的金额计量。该种计量方式主要应在正常清算的情况下，销售资产时渴望得到的现金或现金等价物的金额。

4. 现值

在现值计量下，要求资产按照预计从其持续使用和最终处置中所产生的未来净现金流入量的折现金额计量。负债按照预计期限内需要偿还的未来净现金流出量的折现金额计量。该种方式主要适用于人力资源和无形资产价值的计量。

5. 公允价值

在公允价值计量下，要求资产和负债按照在公平交易中，熟悉情况的交易双方自愿进行资产交换或者债务清偿的金额计量。该种计量方式主要适用于金融工具价值的计量。

任务实施

方案一：小刘继续在公司工作，但收入要减半，每年收入 12 000 元，平均到每月为 1 000 元。

方案二：小刘下岗再就业，以其目前的能力，可在某快餐厅找到工作，月收入 800 元，加上由于主动要求下岗，可享受每月 250 元的生活补贴，每月收入 1 050 元。

方案三：小刘自己当老板在旅游风景区开餐厅，第一个月的收入是 46 300－3 600－5 000－20 000－7 000－3 000－3 096＝4 604（元）。

经过比较，小刘开餐厅每月取得的收入大于其他两种工作取得的收入，所以小刘的决定是正确的。

任务总结

会计活动是企业经济管理的重要组成部分，经济越发展会计工作就越重要。这个学习任务是从微观的事件反映会计工作的普遍性和重要性。旅游饭店企业经营形式多样化，业务涉及面广，在激烈的市场竞争中更加需要先进的会计方法加以支撑，发挥核算、监督和预测等职能，以便于向有关各方提供会计信息，促使单位提高经济效益。因此，学好会计对于我们生活和工作以及市场经济下企业成长和发展都具有重要的作用。

任务二 了解会计机构和会计职业

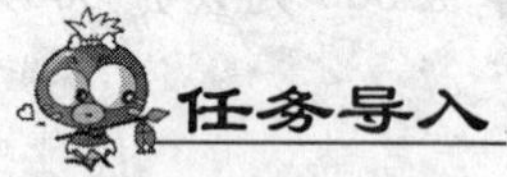

任务导入

以下是会计人员从事会计工作中经常会遇到的问题，假设你正从事会计职业，遇到这样的问题，你会如何处理？这些会计从业人员的做法对你有何启示？

案例一：王海和张璨是同一个单位的会计和出纳，关系很好。张璨的丈夫自己开办了一家公司，但是个人账面资金不足，于是张璨想到了自己所在的海航旅游公司账户的存款，自己填了票面金额为 50 000 元的现金支票一张，在王海上班离开办公室时，私自将王海保管的印鉴加盖在现金支票上，从银行提取了现金。一个月后，张璨又将 50 000 元现金填现金缴款单存入单位银行账户。不久，王海在月末对账时，发现了此事。你认为张璨的行为属于何种行为？如果你是王海，发现了此事应该如何处理？

案例二：某公司因财会部预测公司本年度将发生 800 万元的亏损。刚刚上任的公司总经理责成总会计师王某对会计报表做一些“技术”处理，从而实现赢利目标。总会计师很清楚公司本年度亏损已成定局，感到左右为难：如果不按总经理的意见去办，自己以后在公司不好待下去；如果照总经理意见办，对自己也有风险。请你分析总会计师王某应如何处理。

案例三：小杨是某单位的会计，工作十分努力，经常加班加点，认真细致做好每一笔业务的账务处理。不仅他经手的账目从未发生过任何差错，也未发生任何违法违规问题。同时他对于来办理各种会计事务的人员十分热情。对于一些手续不合规定的，他耐心细致讲解有关规定。平时，小杨十分注重参加会计人员继续教育培训，学用结合，主动提出了十多条合理化建议。由于小杨工作出色，他被单位任命为会计机构负责人。并受到财政部门的表彰和奖励，被授予“杰出会计工作者”称号。试分析：小杨的上述行为对你有哪些启示？

任务分析

会计信息是一种公共产品，是经济决策的重要依据，是企业的商业机密。会计是一个备受社会关注的职业，它不仅需要高超的专业技能，更需要良好的职业道德。案例一和案例二中的当事人都忽视身为会计人员应具备的职业道德，而想利用职务之便达到个人目的。案例三中的小杨注重学习会计专业知识，热爱工作岗位，为公司提出合理化建议，为会计人员树立了榜样。

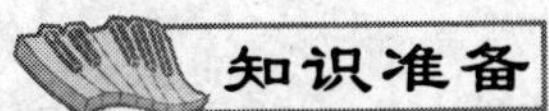

一、了解我国会计机构设置

会计机构是各单位办理会计事务的职能机构。企业建立健全会计机构是做好会计工作，充分发挥会计职能作用的重要保证。

（一）会计机构的设置要求

各单位是否设置会计机构，应当根据自身需要来决定，一般取决于以下几个方面的因素。

1. 单位规模的大小

从有效发挥会计职能作用的角度看，大、中型企业应当设置会计机构；业务较多的社会团体和其他组织也应设置会计机构。而对那些规模很小的企业，业务和人员都不多，可以不单独设置会计机构，而将会计业务并入其他职能部门，或者委托代理记账。

2. 经济业务和财务收支的繁简

大、中型企业的经济业务复杂多样，在会计机构和会计人员的设置上应考虑全面、合理、有效的原则。有些单位的规模相对较小，但其经济业务复杂多样，财务收支频繁，也要设置相应的会计机构和会计人员。

3. 不设置会计机构的人员要求

不设置会计机构的企业应设置会计人员，并指定会计主管人员，目的是强化责任制度，防止出现会计工作无人负责的局面。

（二）会计工作岗位设置

会计工作岗位是指一个单位会计机构内部根据业务分工而设置的职能岗位。一般来讲，旅游企业根据经济管理的需要可以设置以下岗位，每个岗位都有特定的职责。一般旅游饭店岗位设置如图 2－9 所示。

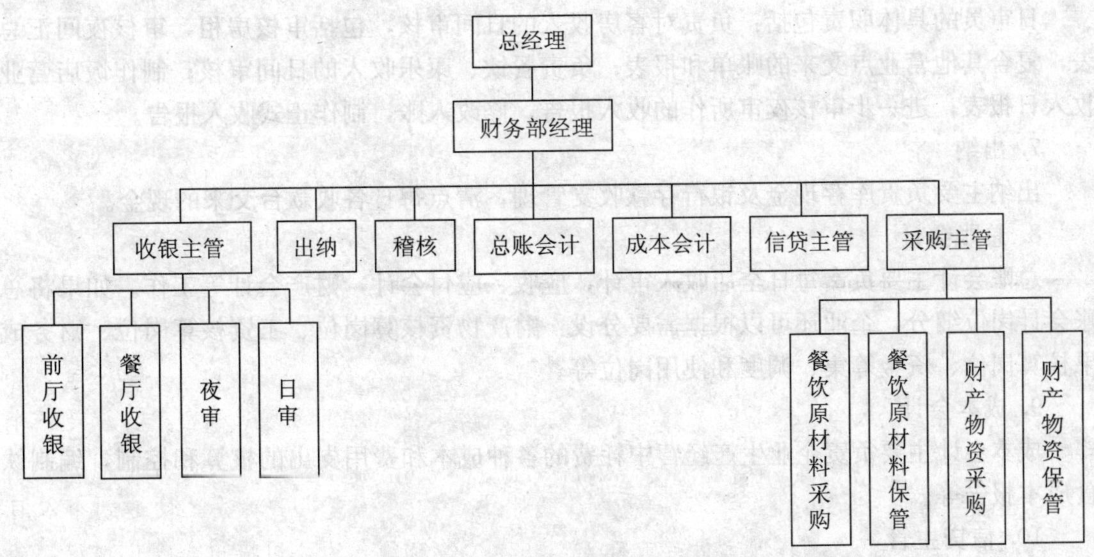

图 2－9　旅游饭店企业会计岗位设置

1. 总经理

总经理对饭店财务活动全面负责，具体职责包括：组织好企业经营工作，确定饭店财务管理目标协调各部门与财务部的关系，组织、制定、审批预算和决策；接受饭店内部审计机构以及财政、税务、审计机关的监督。

2. 财务部经理

财务部经理的具体职责包括：认真贯彻执行国家财经政策法规，贯彻饭店经营决策和领导方针，为领导的各项经济管理决策提供数据；负责饭店财务目标的确定，负责预算工作和财务管理办法的制定；搞好会计核算，负责统计报表的编报和依法缴纳国家税费。参与饭店的信贷管理；拟定财务部内部的组织结构。

3. 收银主管

收银主管的具体职责包括：负责饭店账款结算的全部工作；负责结算的协调接待工作，处理一般性疑难问题；经常与前厅接待经理和主管、财务应收款主管、客房经理和主管以及大堂值班经理保持联系，掌握客人的动向及付款结账情况，以避免发生跑账、漏账，减少坏账损失。

4. 收银员

收银员的具体职责包括：全面负责当班结算工作；准确打印各种收费账单、发票，严格执行饭店各项价格和收费标准，及时准确收妥客人各项应付费用；每天收入的现款、票据，必须与收账单核对相符，并认真填写营业日报，按时交夜审员；对收取的现金、支票、信用卡，当天交出纳并将款项和票据情况准确填入“缴款袋”。

5. 夜审员

夜审员的具体职责包括：核查收银员及各部门的营业报表；核查各班收款员送审的转账单据；审查各餐厅收款及客房输入电脑的挂账数据与账单是否相符；审核每天对外结算的账目和单据（包括旅行社、长包房、合约单位）；对每日稽查出的问题作出稽查报告。

6. 日审员

日审员的具体职责包括：负责对客房收入的日间审核，包括审核房租，审核夜间汇总表，复合其他营业点交来的账单和报表；负责餐饮、康乐收入的日间审核；制作饭店营业收入日报表；进一步审核夜审所作的收入报告，修改入账，制作正式收入报告。

7. 出纳

出纳主要负责库存现金及银行存款收支管理，清点每日各收款台交来的现金。

8. 总账会计

总账会计主要负责每日全店收入审计，应收、应付会计，财产会计等工作。如果将总账会计岗位细分，企业还可以根据需要分设：财产物资核算岗位、工资核算岗位、财务成果核算岗位、资金筹集、调度和使用岗位等。

9. 成本会计

成本会计主要负责企业生产经营中耗费的各种成本和费用支出的核算和控制，编制饮食成本报告等。

10. 信贷主管

信贷主管负责催收饭店各项账款，保证往来账目准确无误，编制应收账款明细表，进

行应收账款分析。

11. 档案管理员

档案管理员负责按照财政部规定，制定本单位档案管理制度，妥善保管会计档案，及时提供会计档案的查阅。

12. 稽核工作人员

稽核工作人员负责制定稽核工作职责，对会计凭证、账簿和报表进行复核等。

各企业由于性质、规模、业务量的不同，完全可以根据实际需要与可能进行设岗。企业在根据实际工作需要设岗时，应该尽量精简岗位，明确岗位职责。

二、了解会计职业

会计职业，即为满足会计信息使用者需求，专门提供会计信息的人员从事的职业。会计职业主要可分为企业会计、非营利组织会计和公共会计三大类。

第一，企业会计人员作为会计信息的提供者，分别从事财务会计、管理会计（包括成本会计、决策会计、控制会计和责任会计等）和内部审计等职业。财务会计通过确认、计量和报告等主要程序进行加工处理，编制会计报表对外提供财务信息，并分析财务报告，评价企业偿债能力和获利能力等；管理会计需要针对企业管理部门编制计划，作出决策，控制经济活动的需要，分析经济业务，并直接参与决策控制过程。内部审计人员主要负责对企业中各类业务和控制进行独立评价，以确定企业活动是否遵循公认的方针和程序；是否符合规定和标准；是否有效和经济的使用了资源；是否在实现企业预定的目标。

第二，非营利组织会计服务于政府行政机关和事业单位等非营利组织，如政府机关、学校、医院、科研机构、图书馆和慈善机构等的会计活动，主要分为财政总预算会计、行政单位会计和事业单位会计三部分。

第三，公共会计的载体为会计事务所，从业人员一般具有注册会计师的资格，为企业、事业和行政单位提供会计、审计和咨询等服务。注册会计师是会计信息质量的评价者，是在市场经济条件下，对会计人员提供的会计信息质量加以评价的职业。

我国对会计人员和注册会计师制定了相应的管理制度，对会计人员有严格的任职要求，对会计专业职务和专业技术资格也有严格的规定，对会计职业的管理也更加规范。

（一）会计人员的任职资格

1. 会计人员从业资格

一般从事会计职业的人员必须取得会计从业资格证书，简称会计证。会计证可以通过规定的学历教育取得，如果具备中专及以上会计专业学历的，在毕业时通过加考一门职业道德即可获得；对于不具备规定学历的，符合报考要求的，可通过参加社会上取证考试获得。

2. 会计机构负责人（会计主管人员）任职资格

会计主管人员是负责组织管理会计事务、行使会计机构负责人职权的负责人。它不同于通常所说的“会计主管”、“主管会计”、“主办会计”。在设置会计机构的情况下，该负责人为会计机构负责人；在不设置会计机构的企业中，被指定为会计主管人员的人就是负责人。在单位负责人的领导下，会计机构负责人负有组织、管理本单位所有会计工作的责任，其工作水平的高低直接关系到整个单位会计工作的水平和质量。会计机构负责人任职资格除取得会计从业资格证书外，还应当具备会计师以上专业技术职务资格或者具有从事会计工作3年以上经历。

3. 总会计师的任职资格

总会计师是单位行政领导成员，协助单位主要行政领导人工作，直接对单位主要行政领导人负责。国有和国有资产占控股地位或者主导地位的大、中型企业必须设置总会计师，体现了国家对这类企业管理上的特殊要求。总会计师要坚持原则，熟悉行业情况，有较强的组织领导能力，取得会计师专业技术资格后，主管一个单位或者单位内部一个重要方面的财务会计工作的时间不少于3年。

（二）会计专业职务和专业技术资格

会计专业职务是区分会计人员从事业务工作的技术等级。会计专业职务分为高级会计师（高级职务）、会计师（中级职务）、助理会计师和会计员（初级职务）。相应的会计专业技术资格是指担任会计专业职务的任职资格，分为初级资格、中级资格和高级资格三个级别。初级、中级会计资格的取得实行全国统一考试制度；高级会计师资格实行考试与评审相结合制度。

初级、中级会计资格是一种通过考试确认担任会计专业职务任职资格的制度。初级资格考试科目包括初级会计实务和经济法基础；中级资格考试科目包括中级会计实务、财务管理和经济法；高级会计师资格实行考试与评审相结合的评价办法。凡申请参加高级会计师资格评审的人员，须经考试合格后，方可参加评审。考试科目为：高级会计实务。参加考试并达到国家合格标准的人员，由全国会计专业技术资格考试办公室核发高级会计师资格考试成绩合格证，该证在全国范围内3年有效。

（三）注册会计师职业和专业技术资格

注册会计师是一种超然独立的专门性职业，它与律师、医师和建筑师相同，以向当事人提供专业性服务收取报酬为业。注册会计师组成会计师事务所对外营业。注册会计师从事的最基本的业务是外部审计。注册会计师执行业务时必须保持超然独立的地位，对委托人不偏不袒，只有这样，才能获得会计报表使用者的信任。

为了确保注册会计师的基本素质，我国实行注册会计师全国统一考试制度。具有高等专科以上学校毕业学历或者具有会计或者相关专业中级以上技术职称的，都可参加注册会计师全国统一考试。考试分为两个层次：第一，专业阶段考试，6科考试科目分别为会计、审计、财务成本管理、经济法、税法和公司战略与风险管理，重点测试基础理论和基本应用技能；第二，高级阶段考试，考试科目为综合测试，包括智力技能、技术和应用技能、个人技能、人际和沟通技能、组织和企业管理技能等。参加注册会计师全国统一考试成绩合格，并从事审计业务工作两年以上的，可以向省、自治区、直辖市注册会计师协会申请注册。

（四）会计职业道德

1. 会计职业道德的内容

会计职业道德是指在会计职业活动中应当遵循的、体现会计职业特征的、调整会计职业关系的职业行为准则和规范。会计职业道德规范的主要内容包括：爱岗敬业；诚实守信；廉洁自律；客观公正；坚持准则；提高技能；参与管理；强化服务八项内容，是会计工作者从事会计工作的基础职业道德，是做好会计工作的保障。

2. 会计职业道德建设组织与实施

财政部门应负责组织和推动会计职业道德建设，依法行政，探索会计职业道德建设的有效途径和实现形式；会计行业组织建立行业自律机制和会计职业道德惩戒制度；企事业单位应任用合格会计人才，开展会计人员职业道德教育，建立和完善内部控制制度，形成内部约束机制，防范舞弊和经营风险，支持并督促会计人员遵循会计职业道德，依法开展会计工作；社会各界应各尽其责，相互配合，齐抓共管；加强社会舆论监督，形成良好的社会氛围。

3. 会计职业道德的检查与奖惩

职业道德主要是依靠传统习俗、社会舆论的内心信念来维系的。我国目前会计职业道德的监督检查和奖惩主要表现在以下几个方面。

(1) 财政部门对会计职业道德进行监督检查。检查的途径主要有：①将会计法执法检查与会计职业道德相结合；②将会计从业资格证书注册登记管理与会计职业道德检查相结合；③将会计专业技术资格考评、聘用与会计职业道德检查相结合。

(2) 会计行业组织对会计职业道德进行自律管理与约束。

(3) 依据会计法等法律法规，建立激励机制。对于作出显著成绩的会计人员给予物质和精神奖励；对于不遵守财经法规，违反职业道德的会计人员给予惩罚，情节严重的，由财政部门吊销其会计从业资格证书，并追究刑事责任。

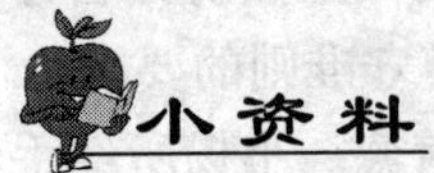

我国的会计法律法规体系

会计法规是国家和地方立法机关以及中央、地方各级政府和行政部门制定颁布的有关会计方面的法律法规、准则和制度等。目前，我国会计法规的建设基本上已经形成了以《中华人民共和国会计法》(以下简称《会计法》)为基准、会计准则为核心、会计制度为补充的相对比较完整的法规体系，主要包括以下几个方面。

第一，《会计法》是我国会计工作的根本大法，是会计人员工作的规范，是会计工作的基本法规。随着改革的深入、开放程度的扩大和社会主义市场经济的发展，我国自2000年7月1日起施行新修订的《会计法》，全文共七章五十二条，分为总则，会计核算，公司、企业会计核算的特别规定，会计监督，会计机构和会计人员，法律责任，附则。

第二，《企业财务会计报告条例》是《会计法》的配套法规之一，可供各行政单位、事业单位、会计师事务所、工业、金融、保险、邮电、建筑、房地产、农业、商业、交通运输、旅游饭店、涉外等各类企业的领导、财务会计人员使用。是制定具体《企业会计准则》和《企业会计制度》的基础。

第三，新企业会计准则（以下简称“新准则”），包括1项基本准则、38项具体准则和应用指南，为我国各类企业提供了会计确认、计量和报告的标准。《企业会计准则——基本准则》分为以下十一章：总则，会计信息质量要求，资产，负债，所有者权益，收入，费用，利润，会计计量，财务会计报告，附则。具体会计准则共38项，对我国目前各行业企业中存在的各类经济业务，明确了会计处理的具体原则和规范。《企业会计准则——应用指南》包括对38项具体准则的进一步阐释，同时对新准则体系下会计科目的设置、主要账务处理、报表体系的构成、报表项目的内容、报表格式等作出了规定。

第四，《企业会计制度》将准则、会计政策的运用以说明、账务处理的形式进行贯彻，以会计科目、报表为主要内容的会计制度形式符合中国会计实务的习惯，可操作性较强。随着新会计准则在非上市公司的逐渐推广，《企业会计制度》将被《企业会计准则——应用指南》所取代。我国将形成以《会计法》和《企业会计准则》为主的会计法规体系。

（资料来源：会计法律法规体系．http：//wenku. baidu. com/view/337d866b561252d380e b6e90. html.）

任务实施

案例一：张璨的行为属于挪用公款、公私不分，违背了会计职业道德规范中对于廉洁自律的要求。王海发现了此事，应该向单位会计部门负责人（会计主管）报告该行为，由会计部门负责人（会计主管）对张璨违背会计职业道德规范的行为进行处理。

案例二：总会计师王某应当拒绝总经理的要求。因为单位负责人对本单位的会计工作和会计资料的真实性、完整性负责，任何单位或者个人不得以任何方式授意、指使、强令会计机构、会计人员伪造、变造会计凭证、会计账簿和其他会计资料，提供虚假财务会计报告，也违背了会计职业道德中的会计人员应当诚实守信、客观公正、遵守准则的要求。

案例三：小杨认真努力工作，任劳任怨，体现了他爱岗敬业的职业道德。小杨所经手的账目从未发生过任何差错和违法违规问题，体现了客观公正、坚持准则和廉洁自律的职业道德。小杨积极参加会计人员继续教育培训，刻苦钻研会计业务，体现了提高技能的职业道德。小杨学用结合，主动提出了十多条合理化建议，为企业带来较好的经济效益，体现了参与管理的职业道德。小杨积极主动地解答各种财务疑问，帮助办理好各项财务手续，体现了强化服务的职业道德。

任务总结

通过任务实施说明，我国在会计机构设置和会计人员从业方面有着严格的法律规定和职业道德方面的要求，从而保障企业能够提供客观真实的会计信息，保障市场经济健康有序发展。因此，企业在会计机构设置时应以提高管理效率，认真选拔会计机构负责人，处理好单位负责人与会计机构负责人的职权、职责关系为参考。同时，对于会计从业人员不仅要求会计技能高超，更要有严格的职业操守，讲诚信、守法纪，并且注意提高为人处世的综合素质。

实训项目

【实训目标】

了解企业经济业务的资金运动情况；了解当前企业会计机构和会计岗位的设置情况；

了解企业对会计人员能力和素质的要求，能够为自己从事会计职业作规划。

【内容与要求】

1. 通过网络或者进入一家（旅游）企业进行调查，了解（旅游）企业具体的经济业务有哪些，资金流向如何。

2. 通过参观调查该（旅游）企业，了解（旅游）企业会计机构设置、会计岗位设立和会计人员配备的情况，了解会计机构与其他部门之间的关系，并画出组织结构图。

3. 调查该（旅游）企业对会计人员能力和素质的具体要求有哪些。例如，需要取得的证书和参与企业的财务和管理工作有哪些等。

4. 如果你将应聘该（旅游）企业的财会人员，你该做哪些物质和精神方面的准备？

5. 如果你应聘成功成为该（旅游）企业的一名会计人员，请你为自己的会计职业做一份职业规划书。

【组织与实施】

分组进入企业找领导座谈或者通过上网调查（旅游）企业相关资料；组织学生讨论并做总结报告，进行课堂汇报；每位学生写一份会计职业生涯规划书。

【评价标准】

调查资料翔实并有针对性；调查报告撰写清晰并有独到见解；职业生涯规划健康向上，贴合实际，可行性强。

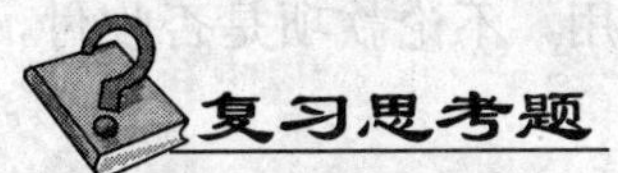

复习思考题

一、填空题

1. 会计信息的使用者包括：____________________等。

2. ____________是指会计主体在可以预见的未来，其经济活动是持续正常进行的，不会面临破产清算。

3. 会计专业职务分为____________、____________、____________。

4. 一般从事会计职业的人员必须取得____________，简称会计证。

二、单项选择题

1. 会计是（　　）产生的。

A. 人类一产生就产生　　B. 实践中由于经济管理的需要

C. 资本主义社会　　D. 封建主义社会

2. 会计是以（　　）作为主要计量单位，对经济活动进行连续、系统、全面和综合的反映和监督，并进而进行预测、控制、分析和决策的信息系统。

A. 劳动量　　B. 货币　　C. 价值量　　D. 时间

3. 会计的对象即会计所核算和监督的内容，具体地说，就是各类企业和单位经营、运转过程中的（　　）。

A. 时间运动　　B. 空间运动　　C. 资金运动　　D. 现金运动

4. 会计的（　　），也称为会计的反映职能，是指会计以货币为主要计量单位，通过确认、计量、记录、报告等环节，对各个单位的经济活动进行真实完整的反映，为有关方面提供会计信息，是会计的最基本职能。

A. 核算职能　B. 监督职能　C. 预测职能　D. 评价职能

5. 在会计核算上对应收账款计提坏账准备，其所具体运用的会计原则是（　）。

A. 权责发生制原则　B. 谨慎性原则　C. 及时性原则　D. 清晰性原则

6. （　）是会计核算的基础。

A. 权责发生制原则　B. 收付实现制原则

C. 配比原则　D. 历史成本原则

7. 下列事项中，不属于反映“会计信息质量要求”的是（　）。

A. 真实性　B. 可比性　C. 实质重于形式　D. 历史成本

8. 会计核算上将以融资租赁方式租入的资产，视为企业的资产所体现的是（　）会计信息质量要求。

A. 实质重于形式　B. 谨慎性　C. 相关性　D. 及时性

三、判断题

（　）1. 会计以货币作为唯一的计量单位。

（　）2. 企业核算是会计监督的基础，会计监督是会计核算质量的保障。

（　）3. 客观性原则要求企业所有的会计核算资料正确客观，不允许进行估计和判断。

（　）4. 权责发生之下，凡是本期实现的收益和发生的费用，不论款项是否收付，都应作为本期的收入和费用入账。

（　）5. 企业应当以收付实现制为基础进行会计确认、计量和报告，而不应以权责发生制为基础。

四、简答题

1. 简述会计的含义。

2. 简述会计的基本职能。

3. 简述会计核算的七种方法。

4. 联系实际谈谈会计机构设置的要求以及企业一般设置的会计岗位有哪些？

5. 会计工作中有哪些职业道德方面的要求？

项目三　掌握会计核算基础

学习目标

◆知识目标

1. 熟悉会计要素。

2. 理解会计要素与会计等式的关系。

3. 理解账户设置，掌握账户的基本结构。

4. 掌握借贷记账法，并能正确运用。

5. 了解试算平衡法及总账与明细账平行登记的方法。

◆能力目标

1. 能够对企业各项财务状况和经营成果按照会计要素和会计科目的要求进行分类，并能够判断经济业务变化引起的会计恒等式的增减变化。

2. 能够运用借贷记账法记录企业发生的经济业务，并能够进行试算平衡。

任务一　分辨会计要素与运用会计等式

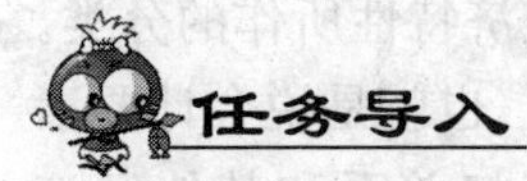
任务导入

天华饭店2012年1月1日财务状况如下：

银行存款90 000元，向银行所借的三个月借款90 000元，食品材料30 000元，应付A公司账款85 000元，大型设备一台250 000元，收到股东投入的资本195 000元，专利技术一项价值20 000元，资本溢价20 000元。

天华饭店2012年1月发生了以下经济业务：

(1) 1月5日，从乙企业购买一批食品原料已验收入库，货款10 000元尚未支付。

(2) 1月9日，A企业以专利权作价20 000元向天华饭店投资。

(3) 1月12日，以银行存款30 000元支付到期的短期借款。

(4) 1月14日，经报批，按规定退还给A投资者10 000元，以银行存款支付。

(5) 1月17日，本饭店以银行存款2 000元购买食品材料，材料已入库。

(6) 1月20日，向银行借入三个月期短期借款50 000元，用来偿还应付账款。

(7) 1月22日，经上级批准同意将资本公积5 000元转增资本。

(8) 1月25日，经批准用从银行取得短期借款20 000元退还B企业的投资。

(9) 1月27日，C企业决定以本饭店所欠的10 000元款转作对本饭店的投资。

要求：将天华饭店2012年1月1日的财务状况按照会计要素来进行分类，并且列出会计恒等式；列出2012年1月发生的经济业务对会计恒等式的影响。

任务分析

根据职业要求，作为会计人员必须清楚企业经营活动中存在的会计要素的内容，能够正确地判断和划分。会计要素是对企业的财务状况和经营成果进行专业的分类和汇总。任务中的天华饭店的财务状况和经营成果，用货币加以计量，表现为互不相同而又相互联系的六项内容：资产、负债、所有者权益、收入、费用和利润，即会计的六要素。这些会计要素之间存在着恒等关系，即会计等式。因此，要完成上述任务必须熟悉企业经营活动中的会计六要素和理解会计等式中各要素间的关系。

知识准备

一、认识会计要素

（一）会计要素的概念

会计要素是指对会计核算对象的基本分类，是会计核算对象的具体化，是会计用于反映会计主体财务状况、确定其经营成果的基本单位。

（二）会计对象和会计要素的关系

会计对象是指再生产过程中发生的、能够用货币表现的经济活动（在项目二中已作介绍)。会计要素是会计对象的具体化，是将会计对象的具体内容按其经济特性所作的分类。会计要素与会计对象的实质都是企业内部经济活动中资金运动的表现，也就是说会计要素和会计对象本质相同。合理的划分会计要素，有利于清晰地反映产权关系和其他经济关系。

（三）会计要素的分类

会计要素可以分为资产、负债、所有者权益、收入、费用和利润六大类。这六大要素可以划分为反映财务状况的静态会计要素和反映经营成果的动态会计要素两类，具体分类如图3-1所示。

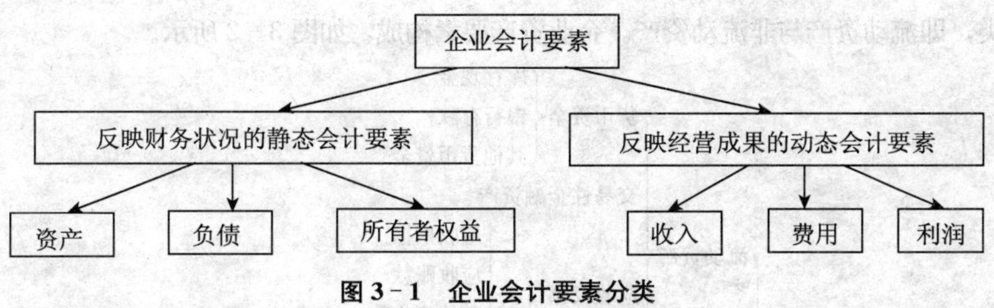

图 3－1　企业会计要素分类

二、熟悉会计要素的内容

（一）资产要素

1. 资产的概念

从专业的角度讲，资产是指企业过去的交易或者事项形成的、由企业拥有或者控制的、预期会给企业带来经济利益的资源。

2. 资产的特征

（1）资产是一项由过去的交易、事项所形成的。过去的交易或者事项包括购买、生产、建造行为或者其他交易或者事项。换句话说，资产必须是现时资产，而不是预期的资产，是由于过去已经发生的交易或事项所产生的结果。

（2）资产必须由企业拥有或控制的。一般来说，一项资源要作为资产予以确认，企业要拥有其所有权，可以按照自己的意愿使用或处置，或者企业虽然对其不拥有所有权，但能够实际控制的，也应将其作为企业的资产予以确认，如融资租入固定资产或者从银行取得的借款存在自己的账户上。

（3）资产预期会给企业带来未来经济利益，是指资产直接或者间接导致现金和现金等价物流入企业的潜力。这种潜力可以来自企业日常的生产经营活动，也可以来自非日常活动；带来经济利益可以是现金或者现金等价物形式，也可以是能转化为现金或者现金等价物的形式，或者是可以减少现金或者现金等价物流出的形式。

练一练 3－1：

1. 企业计划在年底购买的机器设备，8 月去签订销售合同，但实际发生购买行为要在年底，则该企业能否在 8 月将该机器设备确定为企业的资产？

2. 从外单位租来的设备是不是企业的资产？

3. 甲企业有两台设备，A 设备较老，自 B 设备投入使用后，一直未使用。A 设备是否是企业的资产？

3. 资产的构成

资产一般是以能否在企业的“正常营业周期”内变成现金作为区分的标准。所谓正常营业周期，就是从货币资金开始，依次转化为其他各种资金形态，最后又回到货币资金形态的资金循环与周转过程。这个周期，在一年中不止一次的企业，可以以一年作为标准。正常营业周期超过一年的企业，则以一个以营业周期为标准。依照这一标准，企业的资产按流动性大小划分为两大类，即流动资产与非流动资产。企业资产要素构成，如图 3－2 所示。

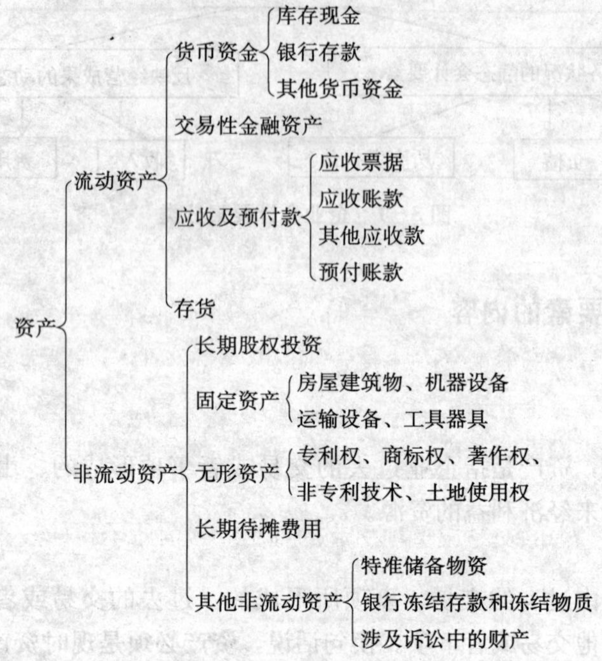

图 3－2　企业资产要素构成

（1）流动资产。流动资产是指为交易目的而持有，预计在一个正常营业周期内变现、出售或者耗用的资产，包括货币资金、交易性金融资产、应收及预付款和存货等。

① 货币资金是指存在于货币形态，用于购买材料物资、支付工资以及支付各种零星开支的现款。包括库存现金、银行存款和其他货币资金。

② 交易性金融资产是指企业持有的以公允价值计量且其变动计入当期损益的金融资产，包括为交易目的所持有的债券投资、股票投资、基金投资、股权投资等和直接为以公允价值计量且其变动记入当期损益的金融资产。

③ 应收及预付款项包括应收票据、应收账款、其他应收款和预付账款等。

④ 存货是指企业在生产经营过程中为销售或者耗用而储存的各种资产，包括库存商品、产成品、半成品、在产品以及原材料、燃料、包装物和低值易耗品等。

（2）非流动资产。除上述流动资产以外的所有其他资产都称为非流动资产。非流动资产包括长期股权投资、固定资产、无形资产、长期待摊费用和其他非流动资产等。

① 长期股权投资是指不准备在一年内变现的投资。

② 固定资产是指为生产商品、提供劳务、出租或经营管理而持有，使用寿命超过一个会计年度的有形资产，如房屋及建筑物、机器设备、运输设备和工具等。

③ 无形资产是指企业拥有或控制的没有实物形态的可辩认的非货币性资产，如专利权、非专利技术、商标权、著作权和土地使用权等。

④ 长期待摊费用是指企业已经支出，但摊销期在一年以上（不含一年）的各项费用，如开办费、租入固定资产的改良支出以及摊销期在一年以上的固定资产大修理支出，股票

发行费用等。

⑤ 其他资产是指以上各项目以外的，企业不能自由支配使用的资产，如特准储备物资、冻结存款、冻结物资和涉及诉讼中的财产等。

（二）负债要素

1. 负债的概念

会计上的负债是指由于过去的交易或事项所引起的企业的现时义务，这种义务需要企业在将来以转移资产或提供劳务加以清偿，从而引起未来经济利益的流出。

2. 负债的特征

（1）负债是企业承担的现时义务。现时义务是指企业在现行条件下已经承担的义务，未来发生的交易或者事项形成的义务不属于现时义务，不应当确认为负债。

（2）清偿负债会导致企业未来经济利益的流出。为了清偿债务，企业往往要在将来用库存现金或其他资产或提供劳务来偿还，也有可能将债务转为所有者权益，即作为债权人投入企业资产，以抵债。

（3）负债是由于过去的交易或事项引起的，企业当前所承担的一种义务。企业的负债不能无条件取消，只能偿还或者以新的负债代替原有的负债。企业预期在将来要发生的交易、事项可能产生的债务不能作为会计上的负债。

练一练 3-2：

某饭店向银行借款 50 万元，是否属于企业的负债？该饭店同时与银行达成 3 个月后借入 100 万元的协议，是否形成企业的负债？

3. 负债的构成

负债按偿还期的长短，可分为流动负债和非流动负债。企业负债要素构成，如图 3-3 所示。

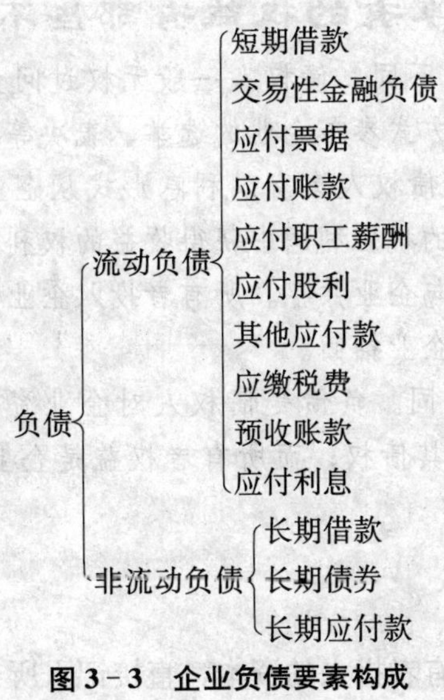

图 3-3 企业负债要素构成

（1）流动负债。流动负债是指在一年或者超过一年的一个正常营业周期内偿还的债务，包括短期借款、交易性金融负债、应付及预收款项等。

① 短期借款是指偿还期在一年以内的各种借款。

② 交易性金融负债是指企业持有的以公允价值计量且其变动计入当期损益的金融负债和直接指定为以公允价值计量且变动记入当期损益的金融负债。

③ 应付及预收款项，包括应付票据、应付账款、应付职工薪酬、应付股利、其他应付款、应交税费、预收账款和应付利息等。

（2）非流动负债。非流动负债是指偿还期限在一年以上或者超过一年的一个正常营业周期以上的债务，包括长期借款、长期债券、长期应付款等。

① 长期借款是指企业从银行或其他金融机构借入的期限在一年以上（不含一年）的各项贷款。

② 长期债券是指企业为筹集长期资金而发行的有价证券。

③ 长期应付款是指除长期借款和企业债券以外的其他各种长期应付款项，包括以分期付款方式购入固产和无形资产而发生的应付账款，应付融资租入固定资产的租赁费等。

（三）所有者权益要素

1. 所有者权益的概念

从会计专业角度表述的所有者权益，是指企业资产扣除负债后由所有者享有的剩余权益。所有者权益的金额取决于资产和负债的计量，其金额为资产减去负债后的余额。所有者权益反映企业的产权关系，即企业归谁所有。

企业中债权人和所有者对企业

所享有的权益有哪些不同

1. 与企业经营管理的关系不同。债权人一般无权过问企业的经营管理活动；而企业的所有者有权以直接或间接的方式参与企业的选举、表决等决策活动。

2. 分享收益的形式不同。债权人享有以利息形式从企业费用中获得收益的权利；所有者则享有以红利形式从企业的税后利润中获得收益的权利。企业的负债必须在债务到期时如数归还，而所有者权益则与企业共存。所有者投入企业的资本除以退伙、出让股权等方式回收外，一般不能直接从企业抽回。

3. 对企业资产的要求权不同。负债是债权人对企业资产的索偿权，当企业终止时，有权从企业的资产中优先索回其债权；而所有者权益是企业所有者对企业净资产的所有权，是一种剩余权利。

2. 所有者权益的构成

所有者权益的来源包括所有者投入的资本、直接记入所有者权益的利得和损失、留存收益等。其中直接记入所有者权益的利得和损失，是指不应计入当期损益、会导致所有者

权益发生增减变动的、与所有者投入资本或者向所有者分配利润无关的利得和损失。这些利得和损失实际上是作为资本公积直接反映在资产负债表中。所有者权益主要由实收资本(或股本)、资本公积、盈余公积和未分配利润等构成。

（四）收入要素

1. 收入的概念

企业在交易过程中会不断有收入和费用产生，形成利润或导致亏损，动态的反映了企业经营成果的形成过程。其中，收入是指企业在日常活动中形成的、会导致所有者权益增加的、与所有者投入资本无关的经济利益的总流入。

2. 收入的特征

(1) 收入是企业在日常活动中形成的。日常活动是指企业为完成其经营目标所从事的经常性活动以及与之相关的活动。例如，企业生产并销售产品，商业企业销售商品、软件企业为客户开发软件等均属于企业的日常活动。明确界定日常活动是为了将收入与利得相区分，因为企业非日常活动所形成的经济利益的流入不能确认为收入，而应当计入利得。

(2) 收入会导致所有者权益的增加。与收入相关的经济利益的流入应当会导致所有者权益的增加，不会导致所有者权益增加的经济利益的流入不符合收入的定义，不应确认为收入。例如，企业向银行借入款项，尽管也导致了企业经济利益的流入，但该流入并不导致所有者权益的增加，反而使企业承担了一项现时义务。企业对于因借入款项所导致的经济利益的增加，不应将其确认为收入，应当确认一项负债。

(3) 收入是与所有者投入资本无关的经济利益的总流入。收入应当会导致经济利益的流入，从而导致资产的增加。例如，企业销售商品，应当收到现金或者在未来有权收到现金，才表明该交易符合收入的定义。但是，经济利益的流入有时是所有者投入资本的增加所导致的，所有者投入资本的增加不应当确认为收入，应当将其直接确认为所有者权益。

（五）费用要素

1. 费用的概念

费用是指企业在日常活动中发生的、会导致所有者权益减少的、与向所有者分配利润无关的经济利益的总流出。例如旅游、饭店企业发生的固定资产消耗，食品原材料消耗，低值易耗品，水、电、气的消耗，以库存现金支付员工工资和其他费用等。

2. 费用的特征

(1) 费用必须是企业在其日常活动中所形成的。这些日常活动的界定与收入定义中涉及的日常活动的界定相一致。因为日常活动所产生的费用通常包括销售成本（营业成本）、管理费用等，将费用界定为日常活动所形成的，目的是为了将其与损失相区分，企业非日常活动所形成的经济利益的流出不能确认为费用，而应当计入损失。

(2) 与费用相关的经济利益的流出应当会导致所有者权益的减少。不会导致所有者权益减少的经济利益的流出不符合费用的定义，不应确认为费用。

(3) 费用的发生应当会导致经济利益的流出，从而导致资产的减少或者负债的增加。其表现形式包括现金或者现金等价物的流出，存货、固定资产和无形资产等的流出或者消耗等。鉴于企业向所有者分配利润也会导致经济利益的流出，而该经济利益的流出显然属于所有者权益的抵减项目，不应确认为费用，应当将其排除在费用的定义之外。

3. 费用的构成

在会计核算中，费用按是否产生经济利益可划分为可计入成本、产生经济利益的费用和不能计入成本、不能产生经济利益的费用。企业为生产产品、提供劳务等发生的可归属于产品成本、劳务成本等的费用是可计入成本、产生经济利益的费用；企业发生的支出不产生经济利益的，或者即使能够产生经济利益但不符合或者不再符合资产确认条件的，是不能计入成本、不能产生经济利益的费用。

（六）利润要素

1. 利润的概念

利润是指企业在一定会计期间的经营成果。通常情况下，如果企业实现了利润，表明企业的所有者权益将增加，业绩得到了提升；反之，如果企业发生了亏损（利润为负数），表明企业的所有者权益将减少，业绩下滑了。利润往往是评价企业管理层业绩的一项重要指标，也是投资者等财务报告使用者进行决策时的重要参考。

2. 利润的构成

利润包括收入减去费用后的净额、直接计入当期利润的利得和损失等。其中收入减去费用后的净额反映的是企业日常活动的经营业绩，直接计入当期利润的利得和损失反映的是企业非日常活动的业绩。直接计入当期利润的利得和损失，是指应当计入当期损益、最终会引起所有者权益发生增减变动的、与所有者投入资本或者向所有者分配利润无关的利得或者损失。企业应当严格区分收入和利得、费用和损失之间的区别，以更加全面地反映企业的经营业绩。

练一练 3-3：

安兴旅游企业的业务如下，请确定该企业7月的收入、费用和利润。

1. 企业于6月预收货款20 000元，按合同规定，产品于7月发出。
2. 企业于6月预付7月的房屋租赁费4 000元。
3. 企业7月售出产品，价款10 000元，款项将在8月收到。
4. 企业7月发生费用5 000元，款项将在8月支付。

上述六大会计要素相互影响，密切联系，全面综合地反映了企业的经济活动。从会计计量角度看，表现为若干数量相等关系或数量平衡关系。资产、负债、所有者权益是反映企业财务状况的静态三要素，是企业编制资产负债表的依据，又称为资产负债表要素；收入、费用、利润是反映企业某一会计期间的经营成果的动态三要素，是编制利润表的依据，又称为利润表要素。通过把企业活动进一步划分为会计六要素，不仅使会计记录变得系统而具体，能够更加清晰地反映会计主体生产经营活动的情况，而且使得会计信息的使用者能够更加清楚地了解企业财务状况和经营成果。

三、理解会计等式

企业活动中的会计要素之间存在着本质联系，会计要素之间对立统一关系的表达式称为会计平衡公式，也称会计恒等式或会计方程式，简称会计等式。会计等式反映了企业活动中会计要素之间的内在联系、企业的财务状况和经营成果，是建立复式记账和编制会计

报表的理论基础。

（一）资产负债表会计等式

企业资产一部分是由投资者投入的，另一部分是从企业外部借入的。投资人投入的资产形成企业的所有者权益，从企业外部借入的资产形成企业的负债，即企业债权人的权益，二者统称为权益，表明了企业的资产归谁所有，即资产的来源。资产投入或借入后以一定的价值和形态存在于企业，分别表明企业资产的来源和占用形式。由此可见，资产与权益是同一资金的两个方面，有什么样的权益即有什么样的资产，资产与权益表现为相互依存的关系，决定了资产与权益在数量上必然相等的关系。在会计上用公式表达为：

资产＝权益

由于企业资产是由投资者和债权人，向企业投入资产和借入款项而形成的，所以该会计等式可进一步展开表达为：

资产＝负债＋所有者权益　　①

这一会计等式表明了资产、负责和所有者权益三要素之间在数量上相等的关系，以及产权归属关系，是企业财务状况的静态表达式。需要指出的是，当企业发生经济业务时，必然会引起资产、负债和所有者权益的变化。然而不论发生何种变化，都不会破坏上述会计等式的恒等关系。这一会计等式是复式记账和编制资产负债表的基础，是最基本的会计等式。

（二）利润表会计等式

企业的目标就是从生产经营活动中获取收入，实现赢利，但前提是在收入一定的情况，降低费用，才能实现赢利，或者是费用不变，收入提高。总之，在企业的持续经营活动中，收入和费用最终决定企业的利润。在会计上，收入、费用和利润被称为利润表的三要素，其关系可以表达为：

收入－费用＝利润　　②

这一会计等式表明了收入、费用和利润三要素之间在数量上相等的关系以及企业的经营成果，是企业经营成果的动态表达式，是编制企业利润表的理论基础。

（三）利润分配前的会计等式

在企业活动中，企业利润的实现总是表现为所有者权益金额的增加或负债金额的减少，或者二者兼而有之。由于企业是所有者投资的，企业实现的利润归属于所有者，利润的实现总是表现为所有者在企业中的权益金额增加；反之，企业经营亏损只能由所有者承担，则表现为所有者在企业中的权益金额减少。所以，在一个会计期间结束以后，原有的资产价值将相应的增加（或减少），即赢利（或亏损）得到新的资产金额，但最终“资产＝负债＋所有者权益”的恒等式仍然保持不变。将上述关系用等式表现可以得到如下形式：

原资产＋本期利润＝原负债＋原所有者权益＋（本期收入－本期费用）（或本期利润），即：

新资产＝原负债＋原所有者权益＋（本期收入－本期费用）（或本期利润），即：

资产＝负债＋所有者权益＋（收入－费用）　　③

其中，本期收入－本期费用＝企业本期利润，等式③是企业本期利润未分配前的状态，当企业本期利润分配后，等式恢复为等式①的状态。利润分配一般按照如下顺序进行。

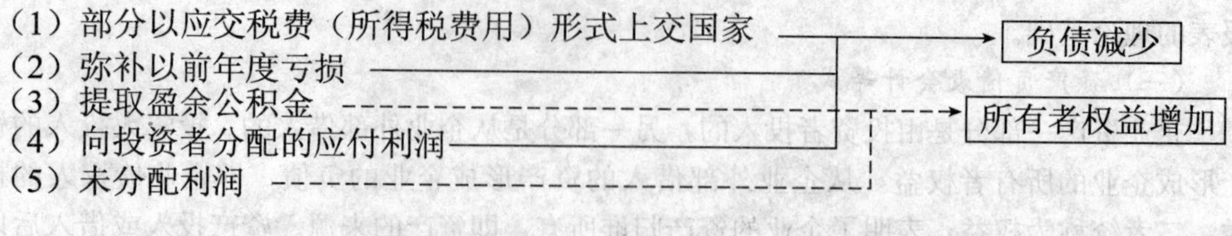

（1）部分以应交税费（所得税费用）形式上交国家 → 负债减少
（2）弥补以前年度亏损
（3）提取盈余公积金 → 所有者权益增加
（4）向投资者分配的应付利润
（5）未分配利润

在利润分配后，会计等式恢复为：（新）资产＝（新）负债＋（新）所有者权益的状态，即：资产＝负债＋所有者权益，会计要素之间的恒等关系保持不变。

资产＝负债＋所有者权益＋（收入－费用），这一等式表明了会计要素之间的关系，以及会计主体的财务状况与经营成果之间的相互联系。财务状况表明企业一定日期（或时点）资产的来源与占用情况，反映一定日期的存量，而经营成果则表现企业一定期间净资产增加（或减少）情况，反映一定期间资产的增量（或减量）。企业的经营成果最终要影响到企业的财务状况，即企业实现的利润，将使企业资产增加，或负债减少；企业亏损，将使企业资产减少，或负债增加。

（四）经济业务的变化对会计等式的影响

随着企业经营活动中经济业务的不断变化，例如，购进食品原材料、支付费用、销售产品和提供服务等的发生，都会相应的引起资产和权益的变化，一般表现为四种变化关系，具体如表 3－1 所示。

（1）资产增加，权益增加，等式两边同增；

（2）资产内部的增减变化，等式左边一增一减；

（3）资产减少，权益减少，等式两边同减；

（4）权益内部的增减变化，等式右边一增一减。

表 3－1　经济业务变化引起会计等式变化的四种关系

经济业务变化	资产 ＝	权益
（1）资产增加，权益增加	＋	＋
（2）资产内部的增减变化	＋　－	
（3）资产减少，权益减少	－	－
（4）权益内部的增减变化		＋　－

在企业经济活动中，经济业务变化引起会计等式的最基本的变化可以概括为上述四种情况。随着会计等式的进一步扩展，经济业务变化可引起会计等式的变化有九种情况（如表 3－2 所示），但无论经济业务如何变化，都不会破坏会计等式中资产、负债和所有者权益之间的恒等关系。

（1）一项资产增加，一项负债增加，等式两边同时增加，增加金额相等。

（2）一项资产增加，一项所有者权益增加，等式两边同时增加，增加金额相等。

（3）一项资产增加，另一项资产减少，等式一边一增一减，增减金额相等，等式两边金额不变。

（4）一项资产减少，一项负债减少，等式两边同时减少，减少金额相等。

（5）一项资产减少，一项所有者权益减少，等式两边同时减少，减少金额相等。

（6）一项负债增加，另一项负债减少，等式一边一增一减，增减金额相等，等式两边金额不变。

（7）一项负债增加，一项所有者权益减少，等式一边一增一减，增减金额相等，等式两边金额不变。

（8）一项所有者权益增加，一项负债减少，等式一边一增一减，增减金额相等，等式两边金额不变。

（9）一项所有者权益增加，另一项所有者权益减少，等式一边一增一减，增减金额相等，等式两边金额不变。

表 3－2　　经济业务变化引起会计等式变化的九种关系

经济业务变化	资产　＝	负债　＋	所有者权益
（1）一项资产增加，一项负债增加	＋	＋	
（2）一项资产增加，一项所有者权益增加	＋		＋
（3）一项资产增加，另一项资产减少	＋　－		
（4）一项资产减少，一项负债减少	－	－	
（5）一项资产减少，一项所有者权益减少	－		－
（6）一项负债增加，另一项负债减少		＋　－	
（7）一项负债增加，一项所有者权益减少		＋	－
（8）一项所有者权益增加，一项负债减少		－	＋
（9）一项所有者权益增加，另一项所有者权益减少			＋　－

下面以海丹姆饭店 2012 年 2 月发生的经济业务为例，分析以上九种情况对于会计恒等式的影响，具体经济业务如下：

【例 3－1】1 日，向银行借入短期借款 100 000 元，存入银行。

分析：这笔经济业务的发生，一方面使资产要素的银行存款账户增加 100 000 元，另一方面负债要素的短期借款账户也增加 100 000 元，这时资产要素和负债要素同时等额增加，会计等式两边同时增加 100 000 元，会计等式要素之间相等的关系保持不变。

	资产	＝	负债	＋	所有者权益
经济业务发生前	0		0		0
经济业务发生时	＋100 000		＋100 000		
经济业务发生后	100 000	＝	100 000	＋	0

【例 3－2】3 日，收到大元集团追加投资 200 000 元，当即存入银行。

分析：这笔经济业务的发生，一方面使资产要素的银行存款账户增加 200 000 元，另一方面使所有者权益要素的实收资本账户增加了 200 000 元，这时资产要素和所有者权益要素同时等额增加，会计等式两边同时增加 200 000 元，会计等式要素之间相等的关系保持不变。

	资产	=	负债	+	所有者权益
经济业务发生前	100 000	=	100 000	+	0
经济业务发生时	+200 000			+	200 000
经济业务发生后	300 000	=	100 000	+	200 000

【例 3－3】 4 日，从银行提取现金 60 000 元，准备发放职工工资。

分析：这笔经济业务的发生，一方面使资产要素的银行存款账户减少 60 000 元，另一方面使资产要素的库存现金账户增加 60 000 元。这时资产要素内部一增一减，即会计等式一边（左边）一增一减，且增减金额相等为 60 000 元，资产类总额保持不变，会计等式要素之间相等的关系保持不变。

	资产	=	负债	+	所有者权益
经济业务发生前	300 000	=	100 000	+	200 000
经济业务发生时	+60 000　－60 000				
经济业务发生后	300 000	=	100 000	+	200 000

【例 3－4】 6 日，以银行存款 8 000 元归还前欠红果公司货款。

分析：这笔经济业务的发生，一方面使资产要素的银行存款账户减少 8 000 元，另外一方面使负债要素的应付账款账户减少了 8 000 元，这时资产要素和负债要素同时等额减少，会计等式两边同时减少 8 000 元，会计等式要素之间相等的关系保持不变。

	资产	=	负债	+	所有者权益
经济业务发生前	300 000	=	100 000	+	200 000
经济业务发生时	－8 000		－8 000		
经济业务发生后	292 000	=	92 000	+	200 000

【例 3－5】 7 日，因资产过剩，按规定程序减少资本 50 000 元，同时向投资者返还相应款项。

分析：这笔经济业务的发生，一方面使资产要素的银行存款账户减少 50 000 元，另一方面使所有者权益要素的实收资本账户也减少 50 000 元，这时资产要素和所有者权益要素同时减少，会计等式两边同时减少为 50 000 元，会计等式要素之间相等的关系保持不变。

	资产	=	负债	+	所有者权益
经济业务发生前	292 000	=	92 000	+	200 000
经济业务发生时	－50 000				－50 000
经济业务发生后	242 000	=	92 000	+	150 000

【例 3－6】 8 日，向银行申请取得六个月的短期借款 30 000 元偿还前欠天天公司的款项。

分析：这笔经济业务的发生，一方面使负债要素的短期借款账户增加了 30 000 元，另一方面使负债要素的应付账款账户减少了 30 000 元，这时负债要素内部一增一减，即会计等式一边（右边）一增一减，且增减金额相等为 30 000 元，会计等式要素之间相等的关系保持不变。

	资产	=	负债	+	所有者权益
经济业务发生前	242 000	=	92 000	+	150 000
经济业务发生时		+30 000	−30 000		
经济业务发生后	242 000	=	92 000	+	150 000

【例 3-7】 11 日，向银行借入为期三年的长期借款 30 000 元，因到期无力偿还，经双方协商，将此笔借款转作银行向本饭店的投资。

分析：这笔业务的发生，一方面使负债要素的应付账款账户减少 30 000 元，另一方面使所有者权益要素的实收资本账户增加 30 000 元，这时负债要素和所有者权益要素一增一减，即会计等式一边（右边）一增一减，且增减金额相等为 30 000 元，会计等式要素之间相等的关系保持不变。

	资产	=	负债	+	所有者权益
经济业务发生前	242 000	=	92 000	+	150 000
经济业务发生时			−30 000		+30 000
经济业务发生后	242 000	=	62 000	+	180 000

【例 3-8】 12 日，根据赚取的利润拟向投资者分配利润 5 000 元。

分析：这笔经济业务的发生，一方面负债要素的应付股利账户增加 5 000 元，另一方面所有者权益要素的利润分配账户减少 5 000 元，这时负债要素和所有者权益要素一增一减，即会计等式一边（右边）一增一减，且增减金额相等为 5 000 元，会计等式要素之间相等的关系保持不变。

	资产	=	负债	+	所有者权益
经济业务发生前	242 000	=	92 000	+	150 000
经济业务发生时			+5 000		−5 000
经济业务发生后	242 000	=	97 000	+	145 000

【例 3-9】 15 日，经批准将盈余公积 10 000 元转增资本。

分析：这笔业务的发生，一方面使所有者权益要素的盈余公积账户减少 10 000 元，另一方面使所有者权益要素的实收资本账户增加 10 000 元，这时所有者权益要素内部一增一减，即会计等式一边（右边）一增一减，且增减金额相等为 10 000 元，会计等式要素之间相等的关系保持不变。

	资产	=	负债	+	所有者权益
经济业务发生前	242 000	=	97 000	+	145 000
经济业务发生时					+10 000−10 000
经济业务发生后	242 000	=	97 000	+	145 000

以上例 3-1 至例 3-9 说明，虽然企业在生产经营过程中发生各种各样的经济业务，但对会计要素的影响仅表现为会计等式左右两方同时发生等额的增减变化，或引起会计等式左方或右方某一会计要素增加和另一会计要素等额减少，但无论怎样变化都不会破坏资产负债表会计等式的平衡关系。

【例 3-10】 15 日，接待外宾游客提供餐饮住宿服务取得销售收入 10 000 元，款项已存入银行。

分析：这笔业务的发生，一方面使收入要素的主营业务收入账户增加 10 000 元，另一方面使资产要素的银行存款账户增加 10 000 元，这时资产要素和收入要素同时等额增加，会计等式两边总额保持平衡。

	资产	+	费用	=	负债	+	所有者权益	+	收入
经济业务发生前	242 000			=	97 000	+	145 000		
经济业务发生时	+10 000							+	10 000
经济业务发生后	252 000			=	97 000	+	145 000	+	10 000

【例 3-11】 18 日，向黄氏公司提供会务服务及住宿业务，取得收入 8 000 元直接用于抵付前欠该公司的款项。

分析：这笔经济业务的发生，一方面使收入要素的主营业务收入账户增加 8 000 元，另一方面使负债要素的应付账款账户减少 8 000 元，这时负债要素减少，收入要素增加，会计等式两边总额保持平衡。

	资产	+	费用	=	负债	+	所有者权益	+	收入
经济业务发生前	252 000			=	97 000	+	145 000	+	10 000
经济业务发生时					−8 000			+	8 000
经济业务发生后	252 000			=	89 000	+	145 000	+	18 000

【例 3-12】 20 日，计算出本月应付的水电费 2 400 元，款项尚未支付。

分析：这笔经济业务的发生，一方面使费用要素的管理费用账户增加 2 400 元，另一方面使负债要素的其他应付款账户增加 2 400 元，这时费用要素和负债要素同时增加，会计等式两边总额保持平衡。

	资产	+	费用	=	负债	+	所有者权益	+	收入
经济业务发生前	252 000			=	89 000	+	145 000	+	18 000
经济业务发生时			+2 400		+2 400				
经济业务发生后	252 000		+2 400	=	91 400	+	145 000	+	18 000

【例 3-13】 23 日，结转本月提供住宿、餐饮服务的实际成本 9 200 元。

分析：这笔经济业务，一方面使费用要素的主营业务成本账户增加 9 200 元，另一方面使资产要素减少 9 200 元，这时资产要素减少，费用要素增加，会计等式两边总额保持平衡。

	资产	+	费用	=	负债	+	所有者权益	+	收入
经济业务发生前	252 000		+2 400	=	91 400	+	145 000	+	18 000
经济业务发生前	−9 200		+9 200						
经济业务发生后	242 800		+11 600	=	91 400	+	145 000	+	18 000

以上例 3-10 至例 3-13 说明，由于经济业务变化引起的收入要素和费用要素的增减变动不会破坏会计等式的平衡关系。

通过例 3－1 至例 3－13 可以得出的结论是：无论经济业务发生怎样的变化，会计等式始终是相等的平衡关系。

任务实施

在企业日常的生产经营活动中，无论发生哪一种类型的经济业务，虽然会引起资产、负债、所有者权益的金额发生变化，但都不会影响会计等式的恒等关系。天华饭店 2012 年 1 月 3 日财务状况按照会计要素划分可以用一张简略的资产负债表来反映，如表 3－3 所示。

表 3－3　　　　**天华饭店资产负债表**

2012 年 1 月 3 日　　　　单位：元

资　产	金　额	负债及所有者权益	金　额
银行存款	90 000	短期借款	90 000
原材料	30 000	应付账款	85 000
固定资产	250 000	实收资本	195 000
无形资产	20 000	资本公积	20 000
合　计	390 000	合　计	390 000

（1）5 日，从乙企业购买一批食品原材料已验收入库，货款 10 000 元尚未支付。

该笔业务的发生引起了资产要素中原材料账户增加了 10 000 元，由原来的 30 000 元增加为 40 000 元；引起了负债要素中应付账款账户增加了 10 000 元，由原来的 85 000 元增加为 95 000 元。可见会计等式两边的资产要素和负债要素同时以相等的金额增加了 10 000元，因此会计等式的平衡关系不变，等式两边总额同时增加了 10 000 元。这项业务的发生所引起的变化，如表 3－4 所示。

表 3－4　　　　**天华饭店资产负债表**

2012 年 1 月 5 日　　　　单位：元

资　产	金　额	负债及所有者权益	金　额
银行存款	90 000	短期借款	90 000
原材料	40 000	应付账款	95 000
固定资产	250 000	实收资本	195 000
无形资产	20 000	资本公积	20 000
合　计	400 000	合　计	400 000

（2）9 日，A 企业以专利权作价 20 000 元向本饭店投资。

该笔业务的发生引起了资产要素中无形资产账户增加了 20 000 元，由原来的 20 000 元增加为 40 000 元；引起了所有者权益要素中实收资本账户增加了 20 000 元，由原来的 195 000 元增加为 215 000 元。可见会计等式两边的资产要素和所有者权益要素同时以相等的金额增加了 20 000 元，因此会计等式的平衡关系不变，等式两边总额同时增加了 20 000元。这项业务的发生所引起的变化，如表 3－5 所示。

表 3－5 **天华饭店资产负债表**

2012 年 1 月 9 日　　单位：元

资　产	金　额	负债及所有者权益	金　额
银行存款	90 000	短期借款	90 000
原材料	40 000	应付账款	95 000
固定资产	250 000	实收资本	215 000
无形资产	40 000	资本公积	10 000
合　计	420 000	合　计	420 000

（3）12 日，以银行存款 30 000 元支付到期的短期借款。

该笔业务的发生引起了资产要素中银行存款账户减少了 30 000 元，由原来的 100 000 元减少为 60 000 元；引起了负债要素中短期借款账户减少了 30 000 元，由原来的 90 000 元减少为 60 000 元。可见会计等式两边的资产要素和负债要素同时以相等的金额减少了 30 000 元，因此会计等式的平衡关系不变，等式两边总额同时减少了 30 000 元。这项业务的发生所引起的变化，如表 3－6 所示。

表 3－6 **天华饭店资产负债表**

2012 年 1 月 12 日　　单位：元

资　产	金　额	负债及所有者权益	金　额
银行存款	60 000	短期借款	60 000
原材料	40 000	应付账款	95 000
固定资产	250 000	实收资本	215 000
无形资产	30 000	资本公积	10 000
合　计	380 000	合　计	380 000

（4）14 日，经报批，按规定退还给 A 投资者 10 000 元，以银行存款支付。

该笔业务的发生引起了资产要素中银行存款账户减少了 10 000 元，由原来的 60 000 元减少为 50 000 元；引起了所有者权益要素中实收资本账户减少了 10 000 元，由原来的 215 000 元减少为 205 000 元。可见会计等式两边的资产要素和所有者权益要素同时以相等的金额减少 10 000 元，因此会计等式的平衡关系不变，等式两边总额同时减少了 10 000 元。这项业务的发生所引起的变化，如表 3－7 所示。

表 3－7 **天华饭店资产负债表**

2012 年 1 月 14 日　　单位：元

资　产	金　额	负债及所有者权益	金　额
银行存款	50 000	短期借款	60 000
原材料	40 000	应付账款	95 000

续　表

资　　产	金　额	负债及所有者权益	金　额
固定资产	250 000	实收资本	205 000
无形资产	30 000	资本公积	10 000
合　计	370 000	合　计	370 000

(5) 17日，以银行存款2 000元购买食品材料，材料已入库。

该笔业务的发生引起了资产要素中银行存款账户减少了2 000元，由原来的50 000元减少为48 000元；引起了资产要素中原材料账户增加了2 000元，由原来的40 000元增加为42 000元。可见会计等式一边（左边）的资产要素内部同时以相等的金额发生了一增一减的变化，金额为2 000元，因此会计等式的平衡关系不变，等式两边总额未发生变化。这项业务的发生所引起的变化，如表3-8所示。

表3-8　　　　**天华饭店资产负债表**

2012年1月17日　　　　单位：元

资　　产	金　额	负债及所有者权益	金　额
银行存款	48 000	短期借款	60 000
原材料	42 000	应付账款	95 000
固定资产	250 000	实收资本	205 000
无形资产	30 000	资本公积	10 000
合　计	370 000	合　计	370 000

(6) 20日，向银行借入三个月期短期借款50 000元，用来偿还应付账款。

该笔业务的发生引起了负债要素中短期借款账户增加了50 000元，由原来的60 000元增加为110 000元；引起了负债要素中应付账款账户减少了50 000元，由原来的95 000元减少为45 000元。可见会计等式一边（右边）的负债要素内部同时以相等的金额发生了一增一减的变化，金额为50 000元，因此会计等式的平衡关系不变，等式两边总额未发生变化。这项业务发生所引起的变化，如表3-9所示。

表3-9　　　　**天华饭店资产负债表**

2012年1月20日　　　　单位：元

资　　产	金　额	负债及所有者权益	金　额
银行存款	48 000	短期借款	110 000
原材料	42 000	应付账款	45 000
固定资产	250 000	实收资本	205 000
无形资产	30 000	资本公积	10 000
合　计	370 000	合　计	370 000

（7）22 日，经上级批准同意将资本公积 5 000 元转增资本。

该笔业务的发生引起了所有者权益要素中实收资本账户增加了 5 000 元，由原来的 205 000 元增加为 210 000 元；引起了所有者权益要素中资本公积账户减少了 5 000 元，由原来的 10 000 元减少为 5 000 元。可见会计等式一边（右边）的所有者权益要素内部同时以相等的金额发生了一增一减的变化，金额为 5 000 元，因此会计等式的平衡关系不变，等式两边总额未发生变化。这项业务发生所引起的变化，如表 3－10 所示。

表 3－10　　　　天华饭店资产负债表

2012 年 1 月 22 日　　　　单位：元

资　产	金　额	负债及所有者权益	金　额
银行存款	48 000	短期借款	110 000
原材料	42 000	应付账款	45 000
固定资产	250 000	实收资本	210 000
无形资产	30 000	资本公积	5 000
合　计	370 000	合　计	370 000

（8）25 日，经批准用从银行取得短期借款 20 000 元退还 B 企业的投资。

该笔业务的发生引起了负债要素中短期借款账户增加了 20 000 元，由原来的 110 000 元增加为 130 000 元；引起了所有者权益要素中实收资本账户减少了 20 000 元，由原来的 210 000 元减少为 190 000 元。可见会计等式一边（右边）的负债和所有者权益要素同时以相等的金额发生了一增一减的变化，金额为 20 000 元，因此会计等式的平衡关系不变，等式两边总额未发生变化。这项业务的发生所引起的变化，如表 3－11 所示。

表 3－11　　　　天华饭店资产负债表

2012 年 1 月 25 日　　　　单位：元

资　产	金　额	负债及所有者权益	金　额
银行存款	48 000	短期借款	130 000
原材料	42 000	应付账款	45 000
固定资产	250 000	实收资本	190 000
无形资产	30 000	资本公积	5 000
合　计	370 000	合　计	370 000

（9）27 日，C 企业决定以本饭店所欠的 10 000 元款转作对本饭店的投资。

该笔业务的发生引起了所有者权益要素中实收资本账户增加了 10 000 元，由原来的 190 000 元增加为 200 000 元；引起了负债要素中应付账款账户减少了 10 000 元，由原来的 45 000 元减少为 35 000 元。可见会计等式一边（右边）的所有者权益要素和负债要素同时以相等的金额发生了一增一减的变化，金额为 10 000 元，因此会计等式的平衡关系不变，等式两边总额未发生变化。这项业务的发生所引起的变化，如表 3－12 所示。

表 3-12　　　　天华饭店资产负债表

2012 年 1 月 27 日　　　　单位：元

资　　产	金　额	负债及所有者权益	金　额
银行存款	48 000	短期借款	130 000
存　　货	42 000	应付账款	35 000
固定资产	250 000	实收资本	200 000
无形资产	30 000	资本公积	5 000
合　　计	370 000	合　　计	370 000

任务总结

学习此部分内容时，必须熟悉会计要素的含义和会计要素的内容，理解和掌握各会计要素的特征及其相互关系。上述的九种经济业务类型具有典型性，涵盖了企业经济业务变化对会计要素的影响所有形式。因此，可以得出结论：凡是发生的经济业务引起的涉及资产和负债及所有者权益（等式两边）要素同增同减的变化，会使等式（两边）原来的总额发生相同金额的同增同减变化，其结果等式（两边）金额仍然相等；凡是发生的经济业务引起的只涉及资产或负债及所有者权益要素内部（等式一边）变动，或者（等式一边）要素内部两个账户的此增彼减，（等式两边）原来的总额不会发生变化，自然不会影响双方平衡。因此通过上述实例可以看出，经济业务无论如何变化都不会破坏会计等式的恒等关系。

实训项目

【实训目标】

熟悉会计要素的分类和经济业务变化对会计等式的影响。

【内容与要求】

资料：鹏远国际饭店为一座五星级饭店，2012 年 3 月财务状况以及 3 月发生的经济业务资料如下：

(一) 2012 年 3 月初有关资金来源及占用情况

1. 库存现金　　48 000 元
2. 应收款项　　24 000 元
3. 客运汽车两辆原始价值　　1 600 000 元
4. 库存原料　　170 000 元
5. 应付账款　　80 000 元
6. 股东投资　　20 000 000 元
7. 饭店大楼原始价值　　16 800 000 元
8. 三年期银行借款　　400 000 元
9. 库存低值易耗品　　1 720 000 元

10. 银行存款　　　　　　　　　118 000 元

（二）2012 年 3 月发生下列经济业务

1. 收回应收款 20 000 元，存入银行。
2. 购进原料一批，价款 30 000 元，材料验收入库，银行转账支付 20 000 元。
3. 股东追加投资 1 000 000 元，其中 200 000 元归还银行贷款。
4. 餐饮、会议服务收入 3 000 000 元，现金收讫。
5. 送存现金 3 000 000 元。
6. 发生成本费用支出 5 400 000 元，银行转账付讫。
7. 客房收入 5 000 000 元，银行转账收讫。
8. 员工薪酬支出 600 000 元，现金付讫。
9. 购入货运汽车一辆，价款 600 000 元，银行转账支付。
10. 以银行存款偿还应付账款 80 000 元。

要求：

1. 对资料（一）中列示的资金来源及占用项目按会计要素进行分类；
2. 根据资料（二）判断 2012 年 3 月份发生的经济业务引起的会计等式变化的情况。

【组织与实施】

1. 在学生熟悉会计要素划分标准的前提下，引导学生判断各资金来源及占用项目的类别；
2. 在学生熟悉企业发生的经济业务的前提下，引导学生判断经济业务变化中会计要素的变化及其对会计等式的影响，让学生学会对经济业务进行分析。

【评价标准】

1. 能正确地判断会计要素的类别；
2. 能正确地判断经济业务中会计要素变化，正确分析会计要素变化对会计等式的影响。

一、填空题

1. 反映企业财务状况会计要素有________，反映企业经营成果的会计要素有________。
2. 会计恒等式：资产＝权益中，其中权益包括________。
3. 企业的留存收益包括________。

二、单项选择题

1. 下列项目中，属于资产项目的是（　）。

A. 周转材料　　　　B. 预收账款

C. 资本公积　　　　D. 应付利息

2. 下列项目中，属于负债项目的是（　）。

A. 长期投资　　B. 应付利息　　C. 应收票据　　D. 原材料

3. 下列项目中，属于所有者权益项目的是（　　）。

A. 应付债券　　B. 债券投资　　C. 股票投资　　D. 盈余公积

4. 下列各项中属于流动资产的有（　　）。

A. 库存现金　　B. 运输设备　　C. 专利权　　D. 管理费用

5. 下列各项中属于流动负债的是（　　）。

A. 预付账款　　B. 预收账款　　C. 投资净收益　　D. 实收资本（股本）

6. 下列项目中，引起资产和负债同时减少的经济业务是（　　）。

A. 以银行存款支付前欠贷款　　B. 以库存现金支付办公费用

C. 购买原材料，贷款尚未支付　　D. 收回应收账款存入银行

7. 企业以银行存款支付办公费用，会引起（　　）。

A. 资产与所有者权益同时减少　　B. 资产与负债同时减少

C. 资产与费用一减一增　　D. 资产与所有者权益同时增加

8. 企业原有资产总额 600 万元，本月发生下列经济业务：①赊购材料 10 万元；②用银行存款偿还客户欠款 50 万元；③用银行存款购买机器设备 35 万元。月末资产总额为（　　）万元。

A. 560　　B. 660　　C. 625　　D. 600

9. 企业原有资产总额 20 万元，本期用银行存款偿还短期借款 2 万元，预付购货款 3 万元，期末资产总额为（　　）万元。

A. 15　　B. 18　　C. 20　　D. 23

10. 下列各项中，不属于资金退出企业经济业务的是（　　）。

A. 缴纳税金　　B. 购买材料　　C. 支付管理费用　　D. 支付工资

三、多项选择题

1. 资产的特点可归纳为（　　）。

A. 企业所拥有或控制　　B. 带来经济利益的资源

C. 过去的交易、事项形成的　　D. 能以货币计量

2. 下列各项中属于流动资产的有（　　）。

A. 设备　　B. 银行存款　　C. 应收账款　　D. 专利权

3. 下列各项中属于所有者权益的项目有（　　）。

A. 形成的利润　　B. 出现的亏损

C. 对利润的分配　　D. 投资者投入资本

4.（　　）是以会计恒等式作为理论依据的。

A. 复式记账　　B. 编制会计报表　　C. 试算平衡　　D. 财产清查

5. 下列经济业务中，（　　）会引起会计恒等式两边同时发生增减变动。

A. 用银行存款偿还前欠应付货款　　B. 购进材料未付款

C. 从银行提取现金　　D. 向银行借款存入银行

6. 下列经济业务中，引起会计恒等式左右两方同时发生增减变化的有（　　）。

A. 投资者投入资本　　B. 以存款归还借款

C. 收到应收款存入银行　　D. 从银行提取现金

四、判断题

(　　)1. 所有经济业务的发生，都会引起会计恒等式两边发生变化。

(　　)2. 资产包括固定资产和流动资产两部分。

(　　)3. 资产与所有者权益在数量上始终是相等的。

(　　)4. 资产只能是企业拥有的能以货币计量的经济资源。

(　　)5. 权益指的就是所有者权益。

(　　)6. 流动负债是指将在一年或超过一年的一个营业周期内偿还的债务。

(　　)7. 资产＝债权人权益＋所有者权益。

(　　)8. 会计恒等式是复式记账的基础。

(　　)9. 企业取得利润意味着资产增加，负债减少或所有者权益的增加。

(　　)10. 任何流入企业的资产都可定义为收入。

五、计算与核算题

(一) 练习会计要素的划分

资料：

1. 房屋建筑物	660 000 元	2. 专利权	50 000 元
3. 库存材料	100 000 元	4. 存放在银行的款项	80 000 元
5. 运输设备	300 000 元	6. 在建的房屋	100 000 元
7. 应收取的销货款	120 000 元	8. 期末在产品	30 000 元
9. 机器设备	400 000 元	10. 银行贷款	400 000 元
11. 应付的购货款	100 000 元	12. 应缴纳的税金	40 000 元
13. 投资者投入资本	900 000 元	14. 企业实现的利润	200 000 元
15. 对利润的分配	180 000 元	16. 提取的盈余公积	20 000 元

要求：根据上述资料，说明各项目属于哪一项会计要素，并计算资产总额、负债总额和所有者权益总额。

(二) 练习经济业务发生后对会计恒等式的影响

资料：设某企业 7 月发生下列经济业务：

1. 销售商品取得收入 2 000 000 元存入银行。
2. 以银行存款 50 000 元支付管理费用。
3. 结转销售商品成本 1 000 000 元。
4. 向银行借款 4 000 000 元存入银行。
5. 某职工借备用金 1 000 元。
6. 以银行存款 100 000 元购入设备一台。

要求：说明每一项经济业务对该企业会计恒等式的方向和金额有何影响。

(三) 评定经营成果

资料：陈新原是饭店服务员，年薪 1 0000 元。一年前他辞去公职，个人投资 50 000 元，创办了梅林娱乐中心，主要经营宴席、酒会、随意小吃等饮食服务，同时兼营舞会、宴会等场地出租。该娱乐中心一年来的经营情况汇总如下：

1. 提供饮食服务收入 160 000 元

2. 出租场地租金收入 80 000 元

3. 各种饮食的成本支出共计 84 000 元

4. 支付广告费用 10 000 元

5. 支付雇员工资 60 000 元，陈新生活费 10 000 元

6. 耗用清洁卫生用品等共计 4 000 元，水电费 6 000 元，其他杂费 2 000 元

要求：试确定陈新一年来的经营成果，并评定其辞职搞个体经营是否更有利可图。

六、简答题

1. 简述会计要素的内容。

2. 简述会计科目和账户的关系。

任务二　设置账户和借贷记账法的运用

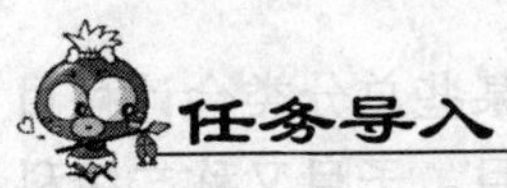

针对任务一中天华饭店发生的经济业务，如何开展记账工作？记账的前提条件是什么？通过什么方法记账？一个月结束后如何结账？如何检查记账后的正确性呢？请你帮忙完成。

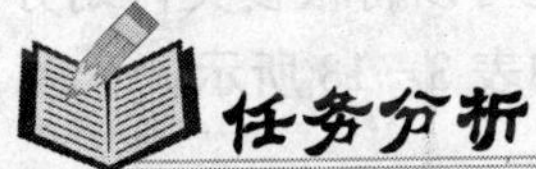

熟悉了企业会计的六要素，了解了资产、负债、所有者权益、收入、费用和利润既是对会计对象的基本分类，又是会计核算和监督的内容。然而这六个会计要素对于纷繁复杂的企业经济业务的反映显得过于概括。因此，为满足经济管理及有关各方对会计信息的需要，便于记账，必须对会计要素进行细化。会计要素可进一步细化为会计科目，仅有会计科目还是不够的，还需要设置账户，有具体的记账的方法，才能对企业发生的经济业务进行记录。会计科目与账户存在什么样的关系？通过什么方法记录企业的经济活动和经济活动中资金的增减变化及结果呢？记账正确性如何检验？这些都需要通过了解记账方法才能掌握。

知识准备

一、了解会计科目的设置

会计要素是会计对象的具体化，但是具体化的六个会计要素对于纷繁复杂的企业经济业务的反映还是过于概括，不便于对企业的经济活动进行核算和监督。因此，为了科学地核算和监督企业不同的经济业务，及时反映企业的财务状况和经营成果的变化，还需要进一步对会计要素进行细化，以便用精确的会计语言和会计方法对旅游企业的经济业务进行表达。因此，在企业经营过程中，还需要通过设置会计科目，开设账户等一系列会计核算方法记录企业的经济活动。

（一）会计科目的概念

会计科目是对会计对象进一步分类的项目名称，即记录各种经济业务而对会计要素按其经济内容或用途所进行分类的项目名称，是表达经济业务的会计语言。它是设置账户的依据。

（二）会计科目的分类

1. 按照所反映的经济内容划分

会计科目按照其反映的经济内容可以划分为资产类、负债类、所有者权益类、共同类、成本类和损益类六个大类。在基础会计的学习中，不涉及共同类会计科目的经济业务，暂时不加以考虑。

2. 按照提供核算指标的详细程度划分

会计科目按照其提供核算指标的详细程度可以划分为总分类科目和明细分类科目。

（1）总分类科目。总分类科目是指对会计要素的具体内容进行总括分类的项目，它又称一级科目。

（2）明细分类科目。明细分类科目是指根据核算与管理的需要对某些总分类会计科目所做的进一步分类。按照其分类的详细程度不同又可划分为子目和细目，子目又称二级科目，细目又称三级科目。如经营餐饮业务的企业可设“原材料”会计科目，它能反映企业原材料的总括情况；根据管理与核算的需要，又可以将原材料划分为“粮食类”、“调料类”和“干菜类”等有关子目，以反映各大类原材料的具体情况；还可以将粮食类再划分为“大米”、“面粉”等细目，以反映各种原材料的详细情况，具体如表 3 - 13 所示。

表 3 - 13　　固定资产会计科目表

<table>
<tr><th rowspan="2">总分类科目
（一级科目）</th><th colspan="2">明细分类科目</th></tr>
<tr><th>二级科目（子目）</th><th>明细分类科目（细目）</th></tr>
<tr><td rowspan="4">原材料</td><td rowspan="2">粮食类</td><td>大米</td></tr>
<tr><td>面粉</td></tr>
<tr><td>调料类</td><td></td></tr>
<tr><td>干菜类</td><td></td></tr>
</table>

（三）会计科目表

企业会计科目依据企业会计准则中确认和计量的规定制定，涵盖了各类企业的交易或者事项。总分类科目是企业在不违反会计准则中确认、计量和报告规定的前提下，可以根据本单位的实际情况自行增设或合并的会计科目。企业不存在的交易或者事项，可不设置相关会计科目。会计科目编号供企业填制会计凭证、登记会计账簿、查阅会计账目，采用会计软件系统参考，企业可结合实际情况自行确定会计科目编号。根据《企业会计准则——应用指南》，企业常用的会计科目如表 3 - 14 所示。

表 3-14　　企业常用的会计科目

顺序号	科目编号	会计科目名称	顺序号	科目编号	会计科目名称
		一、资产类	40	1703	无形资产减值准备
			41	1711	商誉
1	1001	库存现金	42	1801	长期待摊费用
2	1002	银行存款	43	1811	递延所得税资产
3	1012	其他货币资金	44	1901	待处理财产损溢
4	1101	交易性金融资产			二、负债类
5	1121	应收票据			
6	1122	应收账款	45	2001	短期借款
7	1123	预付账款	46	2101	交易性金融负债
8	1131	应收股利	47	2201	应付票据
9	1132	应收利息	48	2202	应付账款
10	1221	其他应收款	49	2203	预收账款
11	1231	坏账准备	50	2211	应付职工薪酬
12	1321	代理业务资产	51	2221	应交税费
13	1401	材料采购	52	2231	应付利息
14	1402	在途物资	53	2232	应付股利
15	1403	原材料	54	2241	其他应付款
16	1404	材料成本差异	55	2314	代理业务负债
17	1405	库存商品	56	2401	递延收益
18	1406	发出商品	57	2501	长期借款
19	1407	商品进销差价	58	2502	应付债券
20	1408	委托加工物资	59	2701	长期应付款
21	1411	周转材料	60	2702	未确认融资费用
22	1461	融资租赁资产	61	2711	专项应付款
23	1471	存货跌价准备	62	2801	预计负债
24	1501	持有至到期投资	63	2901	递延所得税负债
25	1502	持有至到期投资减值准备			三、共同类
26	1503	可供出售金融资产			
27	1511	长期股权投资	64	3101	衍生工具
28	1512	长期股权投资减值准备	65	3201	套期工具
29	1521	投资性房地产	66	3202	被套期项目
30	1531	长期应收款			四、所有者权益类
31	1532	未实现融资收益			
32	1601	固定资产	67	4001	实收资本
33	1602	累计折旧	68	4002	资本公积
34	1603	固定资产减值准备	69	4101	盈余公积
35	1604	在建工程	70	4103	本年利润
36	1605	工程物资	71	4104	利润分配
37	1606	固定资产清理	72	4201	库存股
38	1701	无形资产			五、成本类
39	1702	累计摊销			

续 表

顺序号	科目编号	会计科目名称	顺序号	科目编号	会计科目名称
73	5001	生产成本	82	6401	主营业务成本
74	5101	制造费用	83	6402	其他业务成本
75	5201	劳务成本	84	6403	营业税金及附加
76	5301	研发支出	85	6601	销售费用
		六、损益类	86	6602	管理费用
			87	6603	财务费用
77	6001	主营业务收入	88	6701	资产减值损失
78	6051	其他业务收入	89	6711	营业外支出
79	6101	公允价值变动损益	90	6801	所得税费用
80	6111	投资收益	91	6901	以前年度损益调整
81	6301	营业外收入			

二、掌握账户的设置

1. 账户的设置

为了及时、连续、系统地记录由于经济业务发生而引起的会计要素的增减变动，及时为企业的利益相关者提供各种会计信息，企业还需要根据已经设置的会计科目在账簿中开设账户，以记录经济业务变化的情况。所谓账户，就是以会计科目作为开设、登记的名称，具有一定格式和结构，用来分类、连续地记录企业的经济活动，反映企业经济活动中会计要素增减变动及其结果的一种记录形式。设置账户是会计核算的重点方法之一。账户是以会计科目为依据开设的，会计科目是账户的名称。企业应根据已经设置的会计科目开设相应的账户。会计科目与账户两者之间既有联系又有区别，如表 3－15 所示。

表 3－15　　会计科目与账户的区别与联系

	区别	联系
会计科目	是对会计要素进一步分类的项目名称	反映的经济内容相同。账户以会计科目为依据开设；会计科目依托账户的开设反映其经济活动情况
账户	具有一定格式和结构，是记录企业会计科目涉及的经济活动变化情况的一种记录形式	

2. 账户的基本结构

为了全面地、清晰地反映和监督企业经济活动中会计要素的增减变化及其结果，企业根据已经设置好的会计科目开设相应的账户。在企业经济活动中涉及的每个账户，根据复式记账的原则和管理的需要都应该登记其增加、减少及其变化的结果。因此，形成了企业账户的基本结构必然涉及增加方、减少和余额三个内容，也决定了账户的基本结构是一方登记增加数，另一方登记减少数，并记录其余额。实际的会计工作中，为了方便工作，通常用简化的账户结构，即把账户一般分为左右两方，形成俗称的“T”形（或称丁字）账

户结构来进行日常登账演算，如图 3－4 所示。

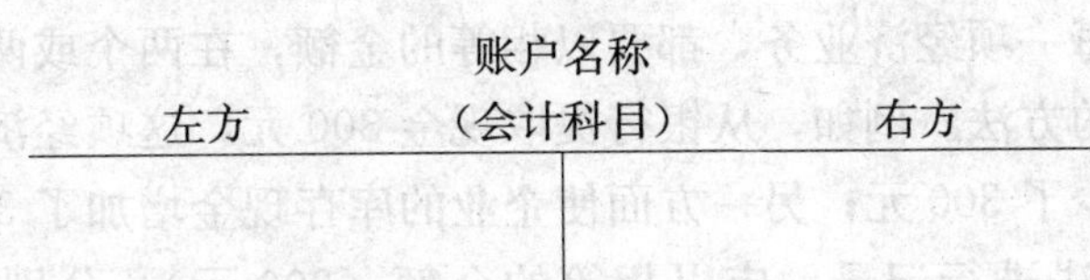

图 3－4　“T”形账户结构示意

在一个账户中分为的左、右两方，哪一方记增加额，哪一方记减少额，取决于该账户的性质。账户的性质是指该账户所依据会计科目的经济性质，所记载的资金应归属的会计要素。不同性质的账户结构和内容有所不同，将在借贷记账法的运用中具体说明。

在实际工作中，一般账簿的账户基本结构还应具有以下内容：①账户的名称，即会计科目；②日期和摘要，即经济业务的发生的时间和内容；③凭证号数，即账户记录的来源和依据；④增加和减少的金额及余额。账户的基本结构如表 3－16 所示。

表 3－16　账户的基本结构

账户名称：（会计科目）

年		凭证号数	摘要	增加方	减少方	余额
月	日					

3. 账户的基本内容

经济业务的发生必然会引起资金在资产、负债、所有者权益、收入、费用和利润六要素之间的变动，不同的账户反映不同要素项目的增减变动及其余额情况。账户记录的企业经济活动中要素变化的内容主要包括：期初余额、本期增加发生额、本期减少发生额和期末余额。其中，期初余额是由账户上期转入本期的金额；本期增加发生额是一定时期内账户登记增加的金额合计；本期减少发生额是一定时期内账户登记减少的金额合计，两者合称本期发生额。根据账户的期初余额和本期发生额，就可以计算出账户本期的期末余额，转入下期即成为下期的期初余额。这四个指标之间的关系可以表达为：

期末余额＝期初余额＋本期增加发生额－本期减少发生额

三、熟悉借贷记账法及其运用

（一）复式记账的概念

在设置会计科目和开设账户之后，还需要借助一定的记账方法，在账户中记录企业的

经济活动中各要素项目变化情况，以便为会计信息使用者提供所需会计信息。目前的记账方法按记录的方式不同分为单式记账法和复式记账法，在这里主要介绍复式记账法。

复式记账法是对每一项经济业务，都要以相等的金额，在两个或两个以上，相互联系的账户中，进行登记的方法。例如，从银行提取现金 300 元，这项经济业务发生，一方面使企业的银行存款减少了 300 元；另一方面使企业的库存现金增加了 300 元。对于这项经济业务采用复式记账法进行记录，应以相等的金额（300 元），分别在“银行存款”和“库存现金”这两个账户同时进行登记，即一方面在“库存现金”账户上登记增加 300 元；另一方面在“银行存款”账户上登记减少 300 元。其中在该经济业务中，涉及的“库存现金”和“银行存款”在此为相互联系的账户。运用复式记账法，由于对每一项经济业务都在相互联系的两个或两个以上账户中分别登记，不仅可以了解每一项经济业务的来龙去脉，而且可以通过账户记录，完整、系统地反映出经济活动的过程和结果，并检查账户记录的正确性和完整性。

复式记账法又分为借贷记账法、增减记账法和收付记账法三种记账方法。我国《企业会计准则》中明确规定：会计记账采用借贷记账法。

（二）借贷记账法

借贷记账法是以“借”、“贷”为记账符号，记录和反映经济业务增减变化情况及结果的一种复式记账法。借贷记账法的基本内容主要有记账方法、记账规则和账户结构等内容。

1. 借贷记账法的记账方法

借贷记账法以“借”、“贷”两字作为记账符号。借贷记账法下，每个账户的基本结构都分为“借、贷”两方，左方为“借方”，右方为“贷方”，如图 3－5 所示。对于不同性质的账户，“借”、“贷”含义也不相同。这两方用来反映相反（一增一减）的资金变化，如果账户的“借方”用于记录“增加额”，则该账户的“贷方”就用于记录“减少额”。但究竟哪一方记录增加额，哪一方记录减少额，则根据账户本身反映的经济内容而定。

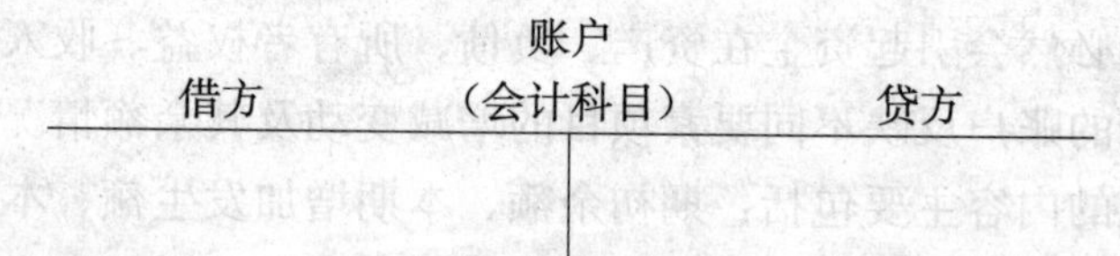

图 3－5　借贷记账法下账户“T”形结构

在借贷记账法下，资产和费用成本（支出）类账户“增加数”记“借方”，则“减少数”记“贷方”；负债、所有者权益和收入收益类账户的“增加数”记“贷方”，则“减少数”记“借方”。

2. 借贷记账法的记账规则

借贷记账法以“有借必有贷，借贷必相等”为记账规则。根据复式记账的要求，借贷记账法的记账规则可概括为“有借必有贷，借贷必相等”，即对每一项业务都要按借贷相

反的方向，在两个或两个以上相互联系的账户中进行记录，记入各账户的借方总额与贷方总额必须相等。

3. 借贷记账法的账户结构

运用借贷记账法在账户中登记经济业务时，凡是记入账户借方的账项称借项，记入账户贷方的账项称为贷项。每个账户的借方和贷方在一定时期内所登记的金额合计称为本期发生额，账户借方的金额合计称为借方本期发生额，账户贷方的金额合计称为贷方本期发生额。每个账户的借方本期发生额和贷方本期发生额相抵后的差额称为余额。作为一个账户通常具有四个基本指标，即期初余额、本期借方发生额、本期贷方发生额和期末余额。

在借贷记账法下，由于不同性质的账户增加、减少发生额在账户中记录的方向不同，其余额计算公式有所不同。一般情况下账户的余额与其增加额在同一方向。

（1）资产类账户结构。

借方　　资产类账户　　贷方

借方		贷方	
期初余额（上期末余额）	×××		
（1）本期增加发生额 1	×××	（1）本期减少发生额 1	×××
（2）本期增加发生额 2	×××	（2）本期减少发生额 2	×××
……		……	
本期借方发生额	Σ×××	本期贷方发生额	Σ×××
期末余额	×××		

画单红线

$$期末借方余额＝期初借方余额＋本期借方发生额－本期贷方发生额$$

一般情况下，将资产类账户的余额是借方发生额大于贷方发生额的差额，称为借方余额。

（2）负债及所有者权益类账户结构。

借方　　负债及所有者权益类账户　　贷方

借方		贷方	
		期初余额（上期末余额）	×××
（1）本期减少发生额 1	×××	（1）本期增加发生额 1	×××
……		……	
本期借方发生额	Σ×××	本期贷方发生额	Σ×××
期末余额	×××		

画单红线

$$期末贷方余额＝期初贷方余额＋本期贷方发生额－本期借方发生额$$

一般情况下，负债和所有者权益类账户贷方发生额大于贷方发生额的差额，称为贷方余额。

(3) 成本类账户结构。

借方	成本类账户		贷方
本期成本增加发生额	×××	本期成本减少发生额	×××
本期借方发生额	Σ×××	本期贷方发生额	Σ×××

画单红线

一般情况下成本类账户无余额。

(4) 损益类账户结构。

损益类账户又分为收入收益类、税费支出类账户其结构相反，期末一般无余额。

借方	收入收益类账户		贷方
本期收入减少发生额或转销额	×××	本期收入增加发生额	×××
本期借方发生额	Σ×××	本期贷方发生额	Σ×××

画单红线

借方	税费支出类账户		贷方
本期税费增加发生额	×××	本期税费减少发生额或转销额	×××
本期借方发生额	Σ×××	本期贷方发生额	Σ×××

画单红线

对企业的各类账户结构进行归纳，如表 3－17 所示。

表 3－17　　不同性质账户结构

借方	账户名称		贷方
资产类的增加	(＋)	**资产类的减少**	(－)
负债类的减少	(－)	负债类的增加	(＋)
所有者权益类的减少	(－)	所有者权益类的增加	(＋)
损益类中收入收益类减少	(－)	损益类中收入收益类增加	(＋)
损益类中税费支出类的增加	(＋)	**损益类中税费支出类的减少**	(－)

练一练 3－4：

会计账户的结构（或记账方向）与会计等式有何对应关系？

4. 借贷记账法下会计分录的编制

会计分录是指在对经济业务分析之后，把业务中的经济内容用会计语言表达出来的一种形式，其核心内容主要包括：经济业务中涉及的账户名称、记账（应借应贷）方向及记

账金额，称为会计分录的三要素。在会计分录中，账户之间应借应贷的相互关系，称为账户的对应关系。存在对应关系的账户，称为对应账户。账户之间的对应关系，可以审查会计处理的真实性和正确性。一般情况下，一笔经济业务编制一个会计分录。

(1) 会计分录的种类及格式。

会计分录按照其所涉及账户的多少，分为简单会计分录和复合会计分录。简单会计分录，指只涉及一个账户借方和另一个账户贷方的会计分录，即一借一贷的会计分录；复合会计分录，指由两个以上（不含两个）对应账户所组成的会计分录，即一借多贷或一贷多借的会计分录。在实际工作中，会计分录是以专门的格式填制在记账凭证上的。编制会计分录的目的主要是为了保证记账的正确性，防止发生记账差错。作为工作草稿，会计分录一般以下列格式表示：

①简单分录：

借：×××科目　　　　　　　　　　　　　　金额

　贷：×××科目　　　　　　　　　　　　　　金额

②复合分录：

借：×××科目　　　　　　　　　　　　　　金额

　贷：×××科目　　　　　　　　　　　　　　金额

　　　×××科目　　　　　　　　　　　　　　金额

借：×××科目　　　　　　　　　　　　　　金额

　　×××科目　　　　　　　　　　　　　　金额

　贷：×××科目　　　　　　　　　　　　　　金额

(2) 会计分录的编制。

对发生的每一项经济业务，在编制会计分录时，第一，应分析经济业务发生后涉及哪些会计要素的变动；第二，具体表现为哪些账户；第三，根据账户的性质来判定其应借应贷的方向；第四，按会计分录的格式进行编制。

例：某饭店某日从银行提取现金 1 000 元，备用。

借：库存现金　　　　　　　　　　　　　　1 000

　贷：银行存款　　　　　　　　　　　　　　1 000

分析：当某饭店发生了从银行提取现金的经济业务时，首先分析其所引起的会计要素的变化，该业务只引起了资产要素的变化，其变化表现为一项资产增加，另一项资产减少，所涉及的资产类账户为“银行存款”和“库存现金”，其记账方向为“借”表示增加，“贷”表示减少，因此“借：库存现金，贷：银行存款，涉及金额相同为 1 000 元。”该业务中“备用”两字没有任何意义，只是对前面所述内容的补充说明，不会引起经济业务的进一步变化。

5. 借贷记账法下的总分类账和明细分类账的平行登记

会计分录是填制会计凭证的核心内容，是进一步登记账簿的依据。把会计分录的内容登记在账簿中的账户上的过程，称为过账。经济业务的记录形式，由会计分录记录的形式变为账户记录的形式。在实际工作中，需要根据会计分录的内容分别在总分类账和明细分类账中对经济业务涉及的账户进行登记，会计上称为平行登记。

（1）总分类账和明细分类账的关系。

账户按其所提供的核算资料的详细程度不同可以分为总分类账户（一级账户）和明细分类账户（二级、三级账户）。总分类账户是根据总分类科目设置的、总括地反映各个会计要素增减变化及其结果的账户，提供的是总括的核算资料；明细分类账户是根据明细分类科目设置的，用来详细地反映某一类会计要素增减变化及其结果的账户，提供的是明细核算资料。两者的关系是：总分类账户与其所属的明细分类账户记录相同的经济业务内容，只是反映资金增减变化的详细程度不同，提供相互补充的核算资料。在实际工作中，总分类账户是明细分类账户的统驭账户，它对明细分类账户起着控制作用；明细分类账户则是总分类账户的从属账户，它对总分类账户起着辅助和补充作用，两者结合起来就能概括而详细地反映同一经济业务的核算内容，所以在记账时，总分类账和明细分类账总是同时登记的。即对于发生的每一项经济业务，一方面要在总分类账户中进行总括的登记；另一方面还要在所属明细分类账户中进行详细具体的登记，这种同时分别在总账和明细账中的登记，被称为平行登记。

采用平行登记方法对总分类账和明细分类账户进行登记，使总分类账户的记录和相关的明细分类账户的记录保持一致。总分类账户和明细分类账户平行登记所产生的数量关系可用等式表示如下。

总分类账户期初借方（或贷方）余额＝所属明细账分类账户期初借方（或贷方）余额之和

总分类账户本期借方（或贷方）发生额＝所属明细账分类账户本期借方（或贷方）发生额之和

总分类账户期末借方（或贷方）余额＝所属明细账分类账户期末借方（或贷方）余额之和

可见，总分类账户与其所属的明细分类账户之间相等的关系式，可以用来检查总分类账户和明细分类账户记录的正确性和完整性。

（2）总分类账和明细分类账平行登记的要点。

在会计核算中，为了满足企业经营管理和各方面对会计信息的不同需要，对于发生的经济业务，不仅要通过总分类账户提供总括的核算资料，而且要通过明细分类账户提供详细的核算资料。在经济业务发生时，以会计凭证为依据，一方面记入有关总分类账户，另一方面记入有关总分类账户所属明细分类账户的方法，即平行登记法。它不仅可以满足管理上面对总括会计信息和详细信息的需求，还可以检验账户记录的完整性和正确性。总分类账户与明细分类账户平行登记要点如下：

① 同依据。总分类账户和明细分类账户反映的是同一项经济业务，一般要依据相同的会计凭证来进行登记。不能根据对应账户记录进行转记，以便总分类账户和明细分类账户之间能够相互核对。

② 同期间。对于发生的经济业务，要在同一个会计期间内，一方面在有关的总分类账户中进行总括的登记；另一方面要在其所属的明细分类账户中进行详细的登记。如果同时涉及多个明细分类账户的，则应分别在有关的几个明细分类账户中进行登记。

③ 同方向。对于发生的经济业务，在总分类账户和其所属的明细分类账户进行登记

时，其记账方向必须相同，即如果在有关总分类账户中登记在借方，则在其所属的明细分类账户中也应该登记在借方；如果在有关总分类账户中登记在贷方，则在其所属的明细分类账户中也应该登记在贷方。

④ 同金额。对于发生的经济业务，记入有关总分类账户中的金额与记入其所属明细分类账户中的金额之和必须相等。

根据总分类账户与其所属的明细账户的平行登记规则记账后，就可以根据总分类账户与其所属明细分类账户之间的关系，编制总分类账户与明细分类账户本期发生额和余额核对表，用以检查总分类账户与其所属明细分类账户记录的正确性。现以如家饭店“应付账款”账户资料为例，说明总分类账户和明细分类账户的平行登记方法及相互核对的方法。

例如：如家饭店 2012 年 3 月“应付账款”账户总分类账户月初余额为：9 000 元；明细分类账户月初余额为：南海供应商 7 500 元；甘云供应商 1 500 元。本月发生的与供应商的结算业务如下（不考虑增值税）。

(1) 3 月 3 日向南海供应商购进食品原材料，价款共计 3 000 元，尚未支付。

(2) 3 月 12 日向甘云供应商购进食品原材料，价款共计 4 000 元，尚未支付。

(3) 3 月 28 日，以银行存款偿还前欠南海供应商货款 6 000 元，甘云供应商货款 3 400 元。

进行总分类账户和明细分类账户平行登记，步骤如下：

第一步，根据上述三笔经济业务编制会计分录。

①借：原材料　　3 000

　　贷：应付账款——南海供应商　　3 000

②借：原材料　　4 000

　　贷：应付账款——甘云供应商　　4 000

③借：应付账款——南海供应商　　6 000

　　　　　　　——甘云供应商　　3 400

　　贷：银行存款　　9 400

第二步，将月初余额、本期发生额平行登记在“应付账款”的总分类账户及其明细账户中，如表 3-18、表 3-19、表 3-20 所示。

表 3-18　　如家饭店总分类账户

账户名称：应付账款　　单位：元

2012 年		凭证号数	摘要	借方	贷方	借或贷	余额
月	日						
3	1	略	期初余额			贷	9 000
3	3		购货欠款		3 000	贷	12 000
3	12		购货欠款		4 000	贷	16 000
3	28		归还欠款	9 400		贷	6 600
	30		本月合计	9 400	7 000	贷	6 600

表 3－19　　如家饭店明细分类账户

账户名称：应付账款—南海供货商　　单位：元

2012 年 月	日	凭证号数	摘要	借方	贷方	借或贷	余额
3	1	略	期初余额			贷	7 500
3	3		购货欠款		3 000	贷	10 500
3	28		归还欠款	6 000		贷	4 500
	30		本月合计	6 000	3 000	贷	4 500

表 3－20　　如家饭店明细分类账户

账户名称：应付账款——甘云供应商　　单位：元

2012 年 月	日	凭证号数	摘要	借方	贷方	借或贷	余额
3	1	略	期初余额			贷	1 500
3	3		购货欠款		4 000	贷	5 500
3	28		归还欠款	3 400		贷	2 100
	30		本月合计	3 400	4 000	贷	2 100

第三步，编制总分类账户与明细分类账户本期发生额和余额核对表，如表 3－21 所示。

表 3－21　　如家饭店本期发生额和余额核对表

2012 年 3 月 31 日　　单位：元

总分类账户	明细分类账户	期初余额		本期发生额		期末余额	
		借方	贷方	借方	贷方	借方	贷方
应付账款	合计		9 000	7 000			6 600
	南海供应商		7 500	3 000			4 500
	甘云供应商		1 500	4 000			2 100

从以上表中可以看出，“应付账款”总分类账户本期发生额的合计数与其所属两个明细分类账户本期发生额的合计数之和相等；“应付账款”总分类账户的期末余额与其所属两个分类账户期末余额之和相等。如果总分类账户的有关数字与所属明细分类账户的有关合计数不相等，则表明记账有错误，应及时更正，以保证会计资料的准确性。

6. 借贷记账法下的试算平衡

(1) 试算平衡的作用。

借贷记账法下的试算平衡是根据“资产＝负债＋所有者权益”会计等式和“有借必有

贷，借贷必相等”的记账规则，按照余额和发生额借贷之间必须相等的关系来检查各账户记录是否正确的一种方法。即：

全部账户借方发生额合计数＝全部账户贷方发生额合计数

全部账户借方余额合计数＝全部账户贷方余额合计数

通过试算平衡来检查账户记录的正确性之前，要求各账户必须全部结出各自的本期发生额和期末余额，并通过编制发生额和余额的试算平衡表检查账户记录的正确性。

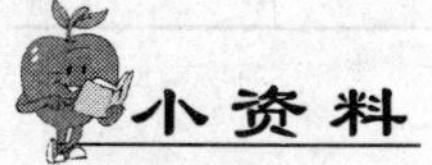

试算平衡表不是万能的

小甄从某财经大学会计系毕业刚刚被聘任为启明公司的会计员。今天是他来公司上班的第一天。会计科里那些同事们忙得不可开交，一问才知道，大家正在忙于月末结账。“我能做些什么?”会计科长看他那急于投入工作的表情，也想检验一下他的工作能力，就问：“试算平衡表的编制方法在学校学过了吧?”“学过。”小甄很自然地回答。

“那好吧，趁大家忙别的时，你先编一下我们公司这个月的试算平衡表”。科长帮他找到了本公司所有的总账账簿，让他在早已为他准备的办公桌开始了工作。不到一个小时，一张“总分类账户发生额及余额试算平衡表”就完整地编制出来了。看到表格上那相互平衡的三组数字，小甄激动的心情很难予以言表。兴冲冲的向科长交了差。

“呀，昨天车间领材料的单据还没记到账上去呢，这也是这个月的业务啊!”会计员李媚说到。还没等小甄缓过神来，会计员小张手里又拿着一些会计凭证凑了过来，对科长说，“这笔账我核对过了，应当记入‘原材料’和‘生产成本’的是10 000元，而不是9 000元。已经入账的那部分数字还得改一下。”

“试算平衡表不是已经平衡了吗？怎么还有错账呢?”小甄不解地问。

科长看他满脸疑惑的神情，就耐心地开导说：“试算平衡表也不是万能的，如在账户中把有些业务漏记了，借贷金额记账方向彼此颠倒了，还有记账方向正确但记错了账户，这些都不会影响试算表的平衡。如小张才发现的把两个账户的金额同时记多了或记少了，也不会影响试算表的平衡。”

小甄边听边点头，心里想：“这些内容就如老师在上《基础会计》课的时候也讲过。以后在实践中还得好好琢磨呀。”

经过一番调整，一张真实反映本月试算平衡表又在小甄的手里诞生了。

（2）试算平衡表。

试算平衡可分为发生额平衡和余额平衡。在此基础上编制总分类账户试算平衡表，进行试算平衡，以检查验证其账户记录是否正确，如表3－22所示。

表 3 - 22　　　　**总分类账户试算平衡表**

会计科目	期初余额		本期发生额		期末余额	
	借方	贷方	借方	贷方	借方	贷方
合计						

练一练 3 - 5：

通过试算平衡表来检查账簿记录是否平衡是不是绝对的？

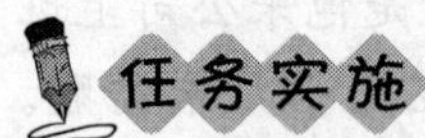

补充天华饭店 2012 年 1 月 1 日资产负债表，如表 3 - 23 所示。

表 3 - 23　　　　**天华饭店资产负债表**

2012 年 1 月 1 日　　　　单位：元

资　　产	金　额	负债及所有者权益	金　额
银行存款	90 000	短期借款	90 000
原材料	30 000	应付账款	85 000
固定资产	250 000	实收资本	195 000
无形资产	20 000	资本公积	20 000
合　　计	390 000	合　　计	390 000

(1) 根据项目三任务一中天华饭店 2012 年 1 月发生的经济业务，编制会计分录如下。

①5 日，从乙企业购买一批食品原材料已验收入库，货款 10 000 元尚未支付。

该项经济业务中，涉及“原材料”和“应付账款”账户，同时增加。“原材料”是资产类账户，增加记“借”方；“应付账款”是负债类账户，增加记“贷”方。

借：原材料——食品材料　　　　10 000

　贷：应付账款　　　　10 000

②9 日，A 企业以专利权作价 20 000 元向本饭店投资。

该项经济业务中，涉及“无形资产”和“实收资本”账户，同时增加。“无形资产”是资产类账户，增加记“借”方；“实收资本”是所有者权益类账户，增加记“贷”方。

借：无形资产 ——专利权　　　　20 000

　贷：实收资本　　　　20 000

③12 日，以银行存款 30 000 元支付到期的短期借款。

该项经济业务中，涉及“短期借款”和“银行存款”账户，同时减少。“短期借款”是负债类账户，减少记“借”方；“银行存款”是资产类账户，减少记“贷”方。

借：短期借款　　30 000

　贷：银行存款　　30 000

④14 日，以银行存款 10 000 元退还给 A 投资者。

该项经济业务中，涉及“实收资本”和“银行存款”账户，同时减少。“实收资本”是所有者权益类账户，减少记“借”方；“银行存款”是资产类账户，减少记“贷”方。

借：实收资本　　10 000

　贷：银行存款　　10 000

⑤17 日，以银行存款 2 000 元购买食品材料，材料已入库。

该项经济业务中，涉及“原材料”和“银行存款”账户，同为资产类账户，一增一减。增加记“借”方，减少记“贷”方。

借：原材料——食品材料　　2 000

　贷：银行存款　　2 000

⑥20 日，向银行借入三个月期短期借款 50 000 元，用来偿还应付账款。

该项经济业务中，涉及“应付账款”和“短期借款”账户，同为负债类账户，一增一减。增加记“贷”方，减少记“借”方。

借：应付账款　　50 000

　贷：短期借款　　50 000

⑦22 日，经上级批准同意将资本公积 5 000 元转增资本。

该项经济业务中，涉及“资本公积”和“实收资本”账户，同为所有者权益类账户，一增一减。增加记“贷”方，减少记“借”方。

借：资本公积　　5 000

　贷：实收资本　　5 000

⑧25 日，从银行取得短期借款 20 000 元用于退还 B 企业的投资。

该项经济业务中，涉及“短期借款”和“实收资本”账户，一增一减。“短期借款”是负债类账户，增加记“贷”方；“实收资本”是所有者权益类账户，减少记“借”方。

借：实收资本　　20 000

　贷：短期借款　　20 000

⑨27 日，C 企业决定以本饭店所欠的 10 000 元款转作对本饭店的投资。

该项经济业务中，涉及“实收资本”和“应付账款”账户，一增一减。“实收资本”是所有者权益类账户，增加记“贷”方；“应付账款”是负债类账户，减少记“借”方。

借：应付账款　　10 000

　贷：实收资本　　10 000

(2) 根据上述编制的会计分录所涉及的账户，分别开设相关账户并结账，计算本期发生额和期末余额。

借	银行存款	贷
期初余额：90 000		③30 000 ④10 000 ⑤ 2 000
本期发生额： 0 期末余额：48 000		本期发生额：42 000

借	原材料	贷
期初余额： 30 000 ① 10 000 ⑤ 2 000		
本期发生额：12 000 期末余额： 42 000		本期贷方发生额：0

借	固定资产	贷
期初余额：250 000		
本期发生额： 0 期末余额：250 000		本期贷方发生额：0

借	无形资产	贷
期初余额： 20 000 ② 20 000		
本期发生额：20 000 期末余额： 40 000		本期发生额： 0

借	短期借款	贷
③30 000		期初余额： 90 000 ⑥ 50 000 ⑧ 20 000
本期发生额：30 000		本期发生额：70 000 期末余额： 130 000

借	应付账款	贷
⑥50 000 ⑨10 000		期初余额：85 000 ① 10 000
本期发生额：60 000		本期发生额：10 000 期末余额：35 000

借	实收资本	贷
④10 000 ⑧20 000		期初余额： 195 000 ② 20 000 ⑦ 5 000 ⑨ 10 000
本期发生额：30 000		本期发生额：35 000 期末余额： 200 000

借	资本公积	贷
⑦5 000		期初余额：20 000
本期发生额： 5 000		本期发生额： 0 期末余额：15 000

(3) 根据上述各账户的期初余额、本期借方发生额和期末余额填制下表并计算，结果如表 3 - 24 所示。

表 3 - 24 **试算平衡表** 单位：元

会计科目	期初余额		本期发生额		期末余额	
	借方	贷方	借方	贷方	借方	贷方
银行存款	90 000			42 000	48 000	
原材料	30 000		12 000		42 000	
固定资产	250 000				250 000	
无形资产	20 000		20 000		40 000	
短期借款		90 000	30 000	70 000		13 000
应付账款		85 000	60 000	10 000		35 000
应收账款		195 000	30 000	35 000		200 000
资本公积		20 000	5 000			20 000
合计	39 000	39 000	157 000	157 000	38 000	38 000

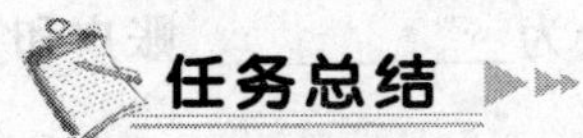

任务总结

编制会计分录必须熟悉会计科目的性质并能正确开设其账户。作为企业会计人员，当经济业务发生后，要能正确地判断发生的经济业务所涉及的会计科目并熟悉与其对应的账户结构，才能编制出正确的会计分录并完成登账工作。登账过程是否正确首先需要通过试算平衡的方式加以检验，但试算平衡并不能检查出所有的登账错误，还需要企业定期或不定期的进行对账工作，这部分内容需要参见后面章节的内容。

实训项目

【实训目标】

掌握借贷记账法下会计分录的编制，账户的结算以及试算平衡表的编制。

【内容与要求】

资料："项目三任务一"中"实训项目"的经济业务。

要求：

1. 根据"项目三任务一"中"实训项目"资料（一）中的账户的期初余额，开设相应的账户并登记其期初余额；

2. 根据"项目三任务一"中"实训项目"资料（二）中发生的经济业务编制相关的会计分录，登记相应账户的本期发生额并计算余额；

3. 编制试算平衡表。

【组织与实施】

1. 在学生熟练掌握账户开设和登记方法的基础上，引导学生进行账户开设和登记，为简化练习方式，可采用"T"形账户进行登记。

2. 指导学生根据编制的相关会计分录，在相关账户中进行登记，结算出本期发生额和期末余额。

3. 所有经济业务涉及的账户登记完成后，编制试算平衡表，以检查账户登记的正确性。

【评价标准】

1. 正确开设并登记账户的期初余额；

2. 正确编制会计分录，并完成登账和结账；

3. 正确编制试算平衡表。

复习思考题

一、填空题

1. 借贷记账法是以____________为记账符号，以____________为记账规则，记录和反映经济业务增减变化情况及结果的一种复式记账法。

2. 根据账户的结构，____________＝期初余额＋本期增加发生额－本期减少发生额。

3. 会计账户按其所提供会计核算指标的详细程度来分，可以分为________账户和________账户。

4. 账户余额一般与________在同一个方向。

二、业务题

资料 1：江海饭店 2011 年 9 月 1 日全部账户期初余额如下：

江海饭店账户期初余额表

单位：元

账户名称	借方余额	账户名称	贷方余额
库存现金	100	短期借款	230 000
银行存款	250 000	应付账款	126 000
应收账款	87 500	应交税费	1 600
库存商品	120 000	实收资本	700 000
固定资产	600 000		

资料 2：该企业 9 月发生以下经济业务（不考虑增值税）：

（1）从银行提取现金 3 000 元备用。

（2）以存款购入材料，价款 80 000 元，材料验收入库。

（3）从 A 公司购入材料，价款 50 000 元，材料验收入库，货款尚未支付。

（4）收回 B 公司前欠购货款 46 800 元存入银行。

（5）采购员张明向企业预借差旅费 2 000 元，企业以现金支付。

（6）从银行取得 6 个月期的借款 50 000 元，存入银行。

（7）以银行存款 12 000 元偿还前欠购料款。

（8）收到某公司投入的货币资金 300 000 元，存入银行。

要求：

（1）根据以上发生的经济业务编制会计分录；

（2）根据期初余额与所编制的会计分录，开设并登记“T”形账户，结出本期发生额及期末余额；

（3）根据上述账户记录，编制总分类账户试算平衡表。

三、简答题

试述借贷记账法的要点。

项目四　熟悉会计工作的基本过程

◆知识目标

1. 了解账簿体系，熟悉账簿的分类。
2. 了解账簿启用规则。
3. 掌握会计凭证填制的方法。
4. 熟悉账簿登记方法和规则。
5. 掌握错账更正的方法。
6. 掌握对账和结账方法。
7. 掌握资产负债表和利润表编制的方法。

◆能力目标

1. 能够正确填制和审核会计凭证。
2. 能够根据会计凭证正确登记账簿，并掌握错账更正方法。
3. 能够编制简要的财务会计报表。
4. 能够掌握会计基本实务操作程序和技能。

任务一　建立账簿体系

华兴旅游饭店2011年12月31日总分类账户和明细分类账户余额如表4-1所示。

表4-1　总分类账户余额

2011年12月31日　　单位：元

账户名称	借或贷	期初数	账户名称	借或贷	期初数
库存现金	借	7 000	应付账款	贷	426 800

续　表

账户名称	借或贷	期初数	账户名称	借或贷	期初数
银行存款	借	2 843 000	其他应付款	贷	2 000
应收票据	借	265 000	应交税费	贷	76 000
应收账款	借	650 000	应付股利	贷	80 000
其他应收款	借	10 000	应付职工薪酬	贷	35 000
在途物质	借	6 100	长期借款	贷	6 500 000
原材料	借	217 376	实收资本	贷	5 500 000
周转材料	借	35 800	资本公积	贷	643 500
库存商品	借	2 100 000	盈余公积	贷	298 000
长期股权投资	借	145 000	本年利润	贷	1 700 000
固定资产	借	12 645 900	利润分配	贷	772 464
累计折旧	贷	2 891 412			
合计	借	18 925 176	合计	贷	18 925 176

要求：请根据所给资料建立该企业总分类账、明细分类账和分类账。

建账是指会计人员根据会计法规、制度的规定，结合企业具体行业要求和将来可能发生的会计业务情况，确定账簿种类、格式、内容和登记方法的过程。

一、了解会计账簿

会计账簿是由具有一定格式，按一定形式相互联结的账页组成的，以会计凭证为依据，全面、连续、系统、综合地记录和反映各项资产和权益增减变动情况和结果的簿籍。设置和登记账簿是会计核算方法之一，是会计工作的重要环节。

1. 账簿是对经济活动信息系统化的工具

通过登记账簿，可以把分散在会计凭证中的经济信息进一步归类汇总，形成系统、全面的会计核算资料。日常工作中，通过总分类账和明细分类账的平行登记，不仅可以将会计凭证中的信息进行分类核算，以提供总括和明细的核算资料；还可将会计凭证中的信息按时间顺序在日记账簿中加以记录和反映，以序时反映某类业务或全部业务发生的情况。对总分类账和明细分类账的登记，可以帮助企业管理者方便了解资金总体情况和各个方面的变动情况，以便对各项资源的保管和使用情况进行监督。

2. 账簿是考核各部门经济责任的重要手段

账簿是对分散的经济业务信息分门别类进行系统化的归集的簿籍。专门账簿的设置是检查经济活动是否合理、合法，是否按计划实施、明确经济责任的重要依据，也是考核该部门对财产物资管理的一种手段。例如，按企业内部物资供应部门或仓库设账，专门登记

物资收发保管情况，可以核算和监督物资供应部门计划的执行情况，考核物资部门和仓库的经济责任；而按部门设置费用账户，则可以考核各部门成本费用的节约或超支情况，促使其节省开支。

3. 账簿是编制会计报表的依据

账簿记录的各项数据资料是分析经济活动过程及其结果的重要资料来源。根据账簿提供的总括核算资料和明细核算资料可以计算出各项财务指标，正确计算出成本费用和利润，据以考核成本费用计划和利润计划的完成情况，综合反映财务成果。同时，账簿资料又是编制会计报表的直接依据，会计报表编制的是否及时和正确，与会计账簿有着密切的关系。此外，正确设置账簿有利于会计人员的分工和内部牵制。

二、熟悉账簿的分类

（一）按账簿的用途不同分类

按用途不同，账簿可分为日记账簿、分类账簿和备查账簿三种。

1. 日记账簿

日记账簿又称序时账簿，是按照经济业务发生或完成的先后顺序，逐日逐笔顺序登记的账簿。按其记录内容不同又分为普通日记账和特种日记账。普通日记账是指用来逐日逐笔顺序登记全部经济业务的日记账，即把每天发生的各项经济业务逐日逐笔地登记在日记账中并确定其会计分录，然后据以登记总分类账。特种日记账是指用来逐日逐笔登记某一类经济业务的日记账。设置特种日记账的目的是为了详细记录某一类经济业务的发生情况，以加强对该类经济业务的核算和监督。在实际工作中为了加强对货币资金的核算和监督，每个单位必须设置“现金日记账”和“银行存款日记账”。

2. 分类账簿

分类账簿是对全部经济业务按照会计科目进行分类登记的账簿。分类账簿按照其反映内容的详细程度的不同，又分为总分类账簿和明细分类账簿。总分类账簿简称总账，是根据总分类科目设置，是总括反映全部经济业务、提供总括核算资料的分类账簿。明细分类账簿简称明细账，是根据总分类科目下的二级或明细科目设置的账户，用来分类登记某一类经济业务，提供明细核算资料的分类账簿。

3. 备查账簿

备查账簿也称辅助账，是对在日记账和分类账中未做记录或记录不全的经济业务进行补充登记的账簿。例如，为临时租入固定资产设置的租入固定资产备查账，为收到的银行承兑汇票和商业承兑汇票设置的应收票据备查账簿等。备查账簿一般没有固定的格式，各单位可以根据实际管理需要设计相应的项目内容。

（二）按账簿的外表形式分类

按外表形式不同，账簿可分为订本式、活页式和卡片式三种。

1. 订本式账簿

订本式账簿是指账簿在启用前就把一定数量的账页固定装订成册，并编制页码的账簿。订本式账簿可以避免账页散失，防止抽换账页，确保账簿资料的完整。但在同一时间只能由一人登账，不便于记账人员的分工。日记账和总分类账一般采用订本式。

2. 活页式账簿

活页式账簿是指年度内账页不固定装订成册，而是置于活页账夹中，根据需要随时增减账页的账簿。活页账可以随时增减账页，便于记账人员分工记账，但账页容易散失和抽换，应注意妥善保管。使用完毕的账页应及时编号并装订成册及时归档。明细账多采用活页账。

3. 卡片式账簿

卡片式账簿是指由若干具有相同格式的卡片作为账页组成的账簿。卡片通常装在卡片箱内，不用装订成册，其优点与活页账相同，可以随时增减，以便于记账人员分工记账。但卡片也容易散失，使用时，必须顺序编号，由专人保管。一般情况下，固定资产明细账采用卡片账。

（三）按使用账页的格式不同分类

按使用账页的格式不同，账簿可分为三栏式、多栏式和数量金额式等。

1. 三栏式账簿

三栏式账簿是指由三栏式账页组成的账簿，其账页格式设有借方、贷方、余额（或收入、付出、余额）三个金额栏。一般适用于总分类账、日记账以及只需要反映金额的明细账，如应收账款、应付账款等。

2. 多栏式账簿

多栏式账簿是指由多栏式账页组成的账簿，其账页在借方栏或贷方栏下设置多个栏目用以反映经济业务不同内容。一般适用于成本、费用类账户的明细账，如管理费用明细账、生产成本明细账、制造费用明细账等。比较特殊的还有应交税费——应交增值税明细账，其借方和贷方都是多栏式结构的。

3. 数量金额式账簿

数量金额式账簿是指由数量金额式账页组成的账簿，其账页在借方（收入）、贷方（发出）和余额（结存）栏下再分别设置数量、单价和金额三栏，能够反映数量和金额双重指标。一般适用于具有实物形态的财产物资的明细账，如原材料和库存商品明细账等。

三、了解建账的基本原则

建账是根据《中华人民共和国会计法》和国家统一会计制度的规定以及企业具体行业要求和将来可能发生的会计业务情况，确定账簿种类、格式、内容和登记方法的。

（一）建账的基本原则

1. 依法原则

各单位必须按照《中华人民共和国会计法》和国家统一会计制度的规定设置会计账簿，包括总账、明细账、日记账和其他辅助性账簿，不允许不建账，不允许在法定的会计账簿之外另外建账。

2. 全面系统原则

设置的账簿要能全面、系统地反映企业的经济活动，为企业经营管理提供所需的会计核算资料，同时要符合各单位生产经营规模和经济业务的特点，使设置的账簿能够反映企业经济活动的全貌。

3. 组织控制原则

设置的账簿要有利于账簿的组织、建账人员的分工；有利于加强岗位责任制和内部控制制度；有利于财产物资的管理，便于账实核对，以保证企业各项财产物资的安全完整和有效使用。

4. 科学合理原则

建账应根据不同账簿的作用和特点，使账簿结构做到严密、科学；有关账簿之间要有统御或平行制约的关系，以保证账簿资料的真实、正确和完整；账簿格式的设计及选择应力求简明、实用，以提高会计信息处理和利用的效率。

（二）总账的建账原则

总账是根据一级会计科目（也称总账科目）开设的账簿，用来分类登记企业的全部经济业务，提供资产、负债、所有者权益、收入、费用和利润等总括的核算资料。总账的建立需要遵循以下原则。

1. 总账科目名称应与国家统一会计制度规定的会计科目名称一致

总账具有分类汇总记录的特点，为确保账簿记录的正确性和完整性，提供会计要素的完整指标，企业应根据自身行业特点和经济业务的内容建立总账，其总账科目名称应与国家统一会计制度规定的会计科目（见项目三表 3-14）名称一致。

2. 依据企业账务处理程序的需要选择总账格式

根据财政部《会计基础工作规范》的规定，总账的格式主要有三栏式、多栏式（日记总账）、棋盘式和科目汇总表总账等。企业可依据本企业会计账务处理程序的需要自行选择总账的格式。目前，企业的总账一般采用三栏式。

3. 总账的外表形式一般应采用订本式账簿

为保护总账记录的安全完整，总账一般应采用订本式。实行会计电算化的单位，用计算机打印的总账必须连续编号，经审核无误后装订成册，并由记账人员、会计机构负责人、会计主管人员签字或盖章，以防失散。但科目汇总表总账可以是活页式。

（三）明细账的建账原则

明细账通常根据总账科目所属的明细科目设置，用来分类登记某一类经济业务，提供有关的明细核算资料。明细账是形成有用会计信息的基本程序和基本环节，借助于明细账既可以对经济业务信息或数据做进一步的加工整理，进而通过总账形成适合于财务报表编制的会计信息，明细账还能为了解信息的形成提供具体情况和有关线索。明细账的建立需要遵循以下原则。

1. 明细科目的名称应根据统一会计制度的规定和企业管理的需要设置

会计制度对有些明细科目的名称作出了明确规定，有些只规定了设置的方法和原则。对于有明确规定的，企业在建账时应按照会计制度的规定设置明细科目的名称；对于没有明确规定的，建账时应按照会计制度规定的方法和原则，以及企业管理的需要设置明细科目。

2. 根据财产物资管理的需要选择明细账的格式

明细账的格式主要有三栏式、数量金额式和多栏式，企业应根据财产物资管理的需要选择明细账的格式。

3. 明细账的外表形式一般采用活页式

明细账采用活页式账簿，主要是使用方便，便于账页的重新排列和记账人员的分工，但是活页账的账页容易散失和被随意抽换。一般在一个会计年度终了时要对活页账顺序编号，编制目录并装订成册，归档保管。

（四）日记账的建账原则

日记账又称序时账，是按经济业务发生时间的先后顺序逐日逐笔进行登记的账簿。根据财政部《会计基础工作规范》的规定，各单位应设置现金日记账和银行存款日记账，以便逐日核算与监督现金和银行存款的收、支和结存情况。日记账的建立需要遵循以下原则。

1. 账页的格式一般采用三栏式

现金日记账和银行存款日记账的账页一般采用三栏式，即借方、贷方和余额三栏，并在借贷两栏之前设有“对方科目”栏。如果收付款凭证数量较多，为了简化记账手续，同时为了通过现金日记账和银行存款日记账汇总登记总账，也可以采用多栏式账页。采用多栏式账页后如果会计科目较多，造成篇幅过大，还可以分设现金（银行存款）收入日记账和现金（银行存款）支出日记账。

2. 日记账的外表形式必须采用订本式

库存现金和银行存款是企业流动性最强的资产，为保证账簿资料的安全、完整，财政部《会计基础工作规范》第五十七条规定：“现金日记账和银行存款日记账必须采用订本式账簿。不得用银行对账单或者其他方法代替日记账。”

四、熟悉账簿启用规则

为了保证账簿记录的合法性和账簿资料的完整性，保证会计核算工作的质量，明确记账责任，必须按照一定的规则启用账簿。

（1）启用会计账簿时，应当在账簿封面上写明单位名称和账簿名称。

（2）账簿扉页粘贴印花税票。印花税票一律粘贴在账簿扉页启用表的右上角，并在印花税票中间画两根出头的横线，以示注销。

（3）启用订本账应当从第一页到最后一页顺序编定页数，不得调页、缺号。使用活页式账页，应当按账户顺序编号，并须定期装订成册，装订之后再按实际使用的账页顺序编定页码，另加目录索引，写明每个账户的名称和页次。

五、了解账簿的更换与保管

（一）账簿的更换

为保证账簿资料的连续性，也为了保证不同年度会计资料的独立性，账簿的可辨认和可检查性，会计制度规定，新会计年度开始时，必须进行账簿的更换。具体要求是：

总分类账、日记账和大部分的明细账应每年更换一次。年度开始时，将各账户上年年终结记的余额，转记到新账簿相应账户的第一页第一行内，并在“摘要”栏注明“上年结转”字样。

有些财产物资明细账和债权债务明细账，由于材料品种、规格和往来单位较多，更换新账重抄一遍工作量较大，故可跨年使用，不必每年更换一次。各种备查账簿也可连续使

用。为划分新旧年度之间的金额，在“摘要”栏加盖“结转下年”戳记。

如新旧会计年度会计科目有所不同，应编制“新旧会计科目对照开账明细表”，并按照表中的新科目开设新账。

（二）账簿的保管

会计账簿属会计档案的一部分，与会计凭证一样，必须妥善保管。年终结账后，在活页账前加放“账簿启用和经管人员一览表”，并装订成册，加具封面。统一编号后，与订本账一起归档保管。

按《会计档案管理办法》规定办理有关手续，期满销毁。企业和其他组织会计账簿保管年限为15年。但现金和银行存款日记账保管25年，固定资产卡片报废清理后保管5年。

一、建立总分类账

（1）填写账簿启用登记表和账户目录，如表4－2、表4－3所示。

表4－2　　总分类账簿启用登记表

<table>
<tr><td colspan="2">使用者名称</td><td colspan="3">华兴旅游饭店</td><td rowspan="5">印签</td></tr>
<tr><td colspan="2">账簿编号</td><td colspan="3">总字第 1 号　第 1 册</td></tr>
<tr><td colspan="2">账簿页数</td><td colspan="3">本账簿　共计使用　页</td></tr>
<tr><td colspan="2">启用日期</td><td colspan="3">2011 年 12 月 1 日</td></tr>
<tr><td colspan="2">截止日期</td><td colspan="3">年　月　日</td></tr>
<tr><td rowspan="3">责任者盖章</td><td>记账</td><td>审核</td><td>主管</td><td>部门领导</td><td rowspan="3"></td></tr>
<tr><td></td><td></td><td></td><td></td></tr>
<tr><td></td><td></td><td></td><td></td></tr>
</table>

<table>
<tr><td rowspan="2" colspan="2">姓名</td><td rowspan="2">交接日期</td><td rowspan="2">交接盖章</td><td colspan="2">监交人员</td></tr>
<tr><td>职务</td><td>姓名</td></tr>
<tr><td colspan="2"></td><td>经管　年　月　日</td><td></td><td></td><td></td></tr>
<tr><td colspan="2"></td><td>交出　年　月　日</td><td></td><td></td><td></td></tr>
<tr><td colspan="2"></td><td>经管　年　月　日</td><td></td><td></td><td></td></tr>
<tr><td colspan="2"></td><td>交出　年　月　日</td><td></td><td></td><td></td></tr>
<tr><td colspan="2"></td><td>经管　年　月　日</td><td></td><td></td><td></td></tr>
<tr><td colspan="2"></td><td>交出　年　月　日</td><td></td><td></td><td></td></tr>
<tr><td>印花税票</td><td colspan="5"></td></tr>
</table>

表 4-3 **账户目录**

科目名称	页次	科目目录	页次	科目目录	页次
库存现金	1				
银行存款	5				
应收票据	11				
应收账款	13				

(2) 总分类账的账页格式如表 4-4 所示。

总账一般采用三栏式的订本账。根据企业总账的期初余额，开设总账的有关账户。

表 4-4 **总分类账页** 1

科目名称________

年		凭证号数	摘要	借方										贷方										借或贷	余额									
月	日			千	百	十	万	千	百	十	元	角	分	千	百	十	万	千	百	十	元	角	分		千	百	十	万	千	百	十	元	角	分

说明："1"为事先印制的固定页数；"科目名称"填写所开设账户的名称；"月、日"填写建账的日期；"摘要"填写"期初余额"或"承前页"、"上年结转"字样；"借或贷"填写账户的余额方向；"余额"填写账户的期初余额。

(3) 以"应付账款"为例，开设"应付账款"账户如表 4-5 所示。

表 4-5 **总分类账页** 20

科目名称 应付账款

2011 年		凭证号数	摘要	借方										贷方										借或贷	余额									
月	日			千	百	十	万	千	百	十	元	角	分	千	百	十	万	千	百	十	元	角	分		千	百	十	万	千	百	十	元	角	分
12	1		承前页																					贷			4	2	6	8	0	0	0	0

二、建立明细分类账

明细账的设置比较复杂，应根据各单位的实际需要设置明细科目。明细账一般采用活页式账簿，其账页的格式应根据各单位经济管理的需要和各明细分类账记录内容的不同，采用三栏式、数量金额式和平行式等。

(1) 三栏式明细账空白表页，如表 4-6 所示。

本账页数	
本户页数	

表 4-6

____

________________科目________

年		凭证号数	摘要	借方										贷方										借或贷	余额									
月	日			千	百	十	万	千	百	十	元	角	分	千	百	十	万	千	百	十	元	角	分		千	百	十	万	千	百	十	元	角	分

说明：中间横条线上填写所开设的一级账户的名称；右上角表格按实际页数填写；科目后横线上填写明细（二级、三级）账户的名称。

(2) 以"应收账款"为例，开设"应收账款"账户如表 4-7 所示。

本账页数	
本户页数	

表 4-7

应收账款

________________科目　某单位

2011 年		凭证号数	摘　　要	借方										贷方										借或贷	余额									
月	日			千	百	十	万	千	百	十	元	角	分	千	百	十	万	千	百	十	元	角	分		千	百	十	万	千	百	十	元	角	分
12	1		承前页																								6	5	0	0	0	0	0	0

(3) 数量金额式空白账页及“原材料”账户的开设，如表4－8、表4－9所示。

本账页数	
本户页数	

表4－8

类别：　　　　　　名称：　　　　　　规则：　　　　　　计量单位：　　　　　　编号

年		凭单号	摘要	借方												贷方												余额											
月	日			数量	单价	千	百	十	万	千	百	十	元	角	分	数量	单价	千	百	十	万	千	百	十	元	角	分	数量	单价	千	百	十	万	千	百	十	元	角	分

说明：表上方空格分别填写材料物质的类别、规格、计量单位、编号等；表中余额填写期初结存材料物质的数量、单位和金额。

本账页数	
本户页数	

表4－9

原材料　明细账

类别：　　　　　　名称：床单　　　　　　规则：2×2　　　　　　计量单位：米　　　　　　编号

年		凭单号	摘要	借方												贷方												余额											
月	日			数量	单价	千	百	十	万	千	百	十	元	角	分	数量	单价	千	百	十	万	千	百	十	元	角	分	数量	单价	千	百	十	万	千	百	十	元	角	分
																												100	50				5	0	0	0	0	0	0

三、建立日记账

开设“银行存款”日记账如表4－10所示。

表 4－10　　　　　　　　　　　　银行存款日记账　　　　　　　　　　　　1

2011 年		凭证号数	摘　要	借方										贷方										借或贷	余额									
月	日			千	百	十	万	千	百	十	元	角	分	千	百	十	万	千	百	十	元	角	分		千	百	十	万	千	百	十	元	角	分
12	1		承前页																					借		2	8	4	3	0	0	0	0	0

任务总结

建账工作，首先要熟悉各类账簿的性质，了解账簿格式和登记方法。旅游饭店属于服务业，其建账相对简单，现金日记账和银行存款日记账、总分类账簿和明细分类账账簿期初建账，主要是根据总分类账户余额数开设相应的账户，并登记相应的余额数，但登账时必须熟悉各账户的性质，掌握账户登账的流程和方法，才能准确建账。建账流程如图 4－1 所示。

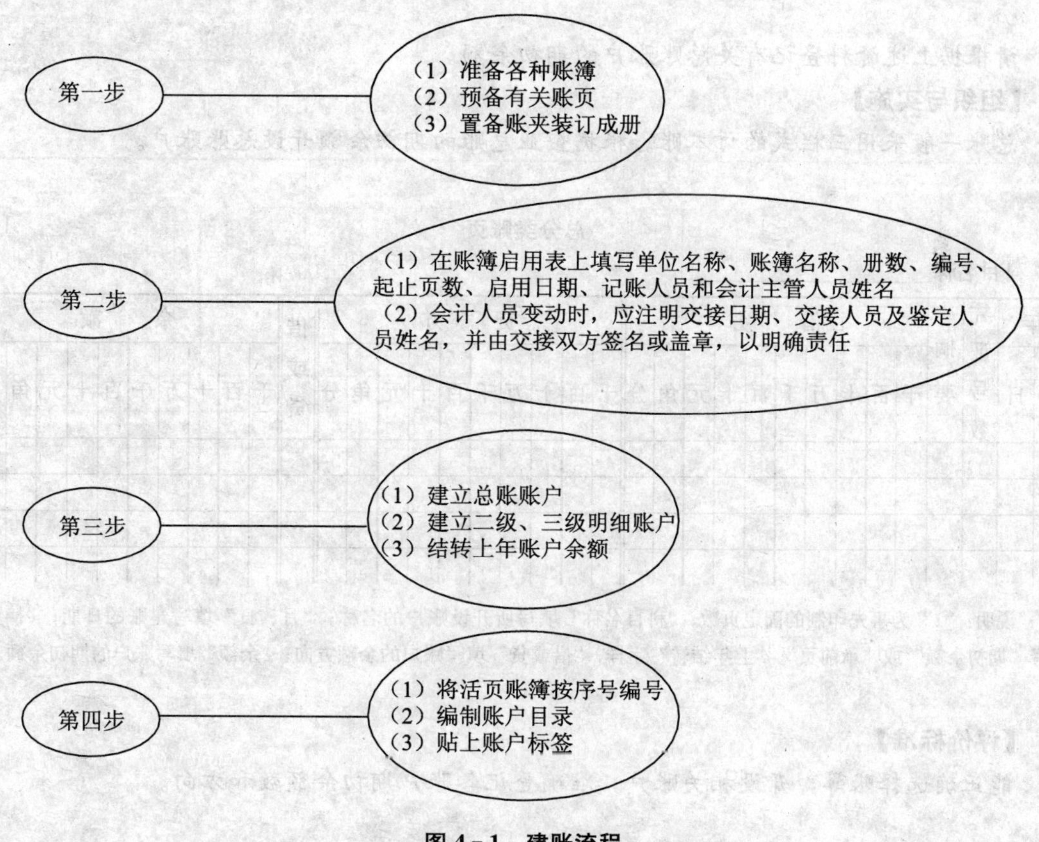

图 4－1　建账流程

实训项目

【实训目标】

熟悉总账的建立及注意事项。

【内容与要求】

某饭店2011年12月初有关总账账户期初余额资料如下表所示。

总分类账户余额

单位：元

账户名称	借或贷	期初数	账户名称	借或贷	期初数
库存现金	借	44 500	短期借款	贷	400 000
银行存款	借	245 400	应付账款	贷	27 300
应收账款	借	285 000	应交税费	贷	12 200
预付账款	借	3 500	应付职工薪酬	贷	158 000
原材料	借	214 300	其他应付款	贷	25 800
在途物质	借	136 600	长期借款	贷	886 000
库存商品	借	425 000	实收资本	贷	1 800 000
固定资产	借	2 180 000	本年利润	贷	225 000
合计	借	3 534 300	合计	贷	3 534 300

请根据上述资料登记有关总账账户的期初余额。

【组织与实施】

总账一般采用三栏式的订本账。根据企业总账的期初余额开设总账账户。

总分类账页

1

科目名称__________

年		凭证号数	摘要	借方										贷方										借或贷	余额									
月	日			千	百	十	万	千	百	十	元	角	分	千	百	十	万	千	百	十	元	角	分		千	百	十	万	千	百	十	元	角	分

说明："1"为事先印制的固定页数；"科目名称"填写所开设账户的名称；"月、日"填写建账的日期；"摘要"填写"期初余额"或"承前页"、"上年结转"字样；"借或贷"填写账户的余额方向；"余额"填写账户的期初余额。

【评价标准】

能正确选择账簿，开设相关账户，准确登记各账户期初余额数和方向。

复习思考题

一、单项选择题

1. 按照经济业务发生或完成时间的先后顺序逐日逐笔连续登记的账簿是（　　）。

A. 明细分类账　B. 总分类账　C. 日记账　D. 备查账

2. 用于分类记录单位的全部交易或事项提供总括核算资料的账簿是（　　）。

A. 总分类账　B. 明细分类账　C. 日记账　D. 备查账

3. 债权债务明细分类账一般采用（　　）账页格式。

A. 多栏式　B. 数量金额式　C. 横线登记式　D. 三栏式

4. 下列账簿中，必须采用订本式账簿的是（　　）。

A. 现金和银行存款日记账　B. 固定资产明细账

C. 明细分类账　D. 备查账

5. 下列账簿中，适宜采用卡片式账簿的是（　　）。

A. 固定资产总账　B. 固定资产明细账　C. 日记总账　D. 日记账

6. 下列明细分类账中，适宜采用三栏式账页格式的是（　　）。

A. 管理费用明细账　B. 原材料明细账

C. 物资采购明细账　D. 应交税金明细账

7. 下列明细分类账中，应采用数量金额式账簿的是（　　）。

A. 应收账款明细账　B. 管理费用明细账

C. 应付账款明细账　D. 库存商品明细账

8. 下列各项中，应设置备查账簿进行登记的是（　　）。

A. 经营性租出固定资产　B. 经营性租入固定资产

C. 无形资产　D. 资本公积

9. "应收账款"明细账的格式一般采用（　　）。

A. 数量金额式　B. 多栏式　C. 订本式　D. 三栏式

10. "原材料"明细账的格式一般采用（　　）。

A. 数量金额式　B. 横线登记式　C. 三栏式　D. 多栏式

二、多项选择题

1. 会计账簿按用途分为（　　）。

A. 日记账　B. 分类账　C. 备查账　D. 总账

2. 会计账簿按外形特征分类，可分为（　　）。

A. 多栏式账簿　B. 订本式账簿

C. 活页式账簿　D. 卡片式账簿

3. 活页账的主要优点有（　　）。

A. 可以根据实际需要随时插入空白账页　B. 可以防止账页散失

C. 可以防止记账错误　D. 便于分工记账

4. 适合采用订本式账簿的有（　　）。

A. 原材料明细账　　B. 现金日记账

C. 银行存款日记账　　D. 总分类账

三、判断题

（　）1. 各单位不得违反会计法和国家统一的会计制度的规定私设会计账簿。

（　）2. 活页式账簿便于账页的重新排列和记账人员的分工，可防止账页散失和被随意抽换。

（　）3. 日记账是按照经济业务发生金额的大小顺序登记的账簿。

（　）4. 特种日记账是用来专门记录某一类经济业务的日记账。

（　）5. 明细分类账的账页格式常用的有三栏式、多栏式和数量金额式。

（　）6. 辅助性账簿对某些未能在总账账簿、日记账账簿和明细账账簿中登记的经济业务进行登记的账簿。

（　）7. 三栏式明细分类账户适用于只要求反映金额，不需要反映数量的明细分类账户。

（　）8. “库存商品”明细分类账一般采用多栏式账页格式。

四、简答题

1. 什么是账簿？账簿有哪些作用？

2. 序时账簿、分类账簿和备查账簿按何标准分类的？它们有什么区别？各自的作用是什么？

3. 活页式账簿、订本式账簿和卡片式账簿各有什么特点？各自适用于什么情况？

4. 什么是特种日记账？特种日记账的作用有哪些？

任务二　填制会计凭证

华兴旅游饭店于2012年1月24日，购进一批酒水1 000箱，每箱60元，运费2 000元，款项用转账支票付讫。酒水经仓库保管员验收入库后填制了“收料单”。同日，中餐厅填写“领料单”领取上述酒水100箱。上述企业经济活动中，与会计相关的内容是什么？如果进行会计处理呢？

任务分析

日常企业活动中，财会人员最重要的任务是“记账”，而记账的依据一定是按照企业经济活动中发生的客观事实。分析上述任务中企业经济活动，可以看出能反映企业经济活动客观事实的一是购入酒水时的取得发票和支付的支票存根；二是仓库保管员填制的收料

单；三是中餐厅填写的领料单。这些票据在会计上被称为会计凭证。

知识准备

一、熟悉会计凭证的作用和意义

会计对经济业务的核算首先是从会计凭证开始的，“以会计凭证作为核算依据”是会计核算的特点。填制和审核会计凭证是会计核算方法之一，是会计工作的初始阶段和重要环节，也是实行会计监督的一种专门方法，会计凭证是登记会计账簿的前提和依据。

（一）会计凭证的作用

会计凭证是记录经济业务事项发生或完成情况的书面证明，也是登记账簿的依据。会计凭证必须是书面的，其主要内容是对经济业务的记录，包括经济业务发生或完成的时间、内容涉及的有关单位、经办人和责任人等。会计凭证具有以下几个方面的作用：会计凭证能够明确经济责任，明确经济责任的方式就是在凭证上签名盖章；会计凭证具有法律效力；会计凭证是登记会计账簿的依据。

（二）会计凭证的意义

1. 记录经济业务，提供记账依据

填制和审核会计凭证，可以及时、正确地记录经济业务发生或完成情况，为记账、算账提供原始可靠的数据依据，保证账簿记录的真实可靠。

2. 监督经济活动，控制经济运行

填制和审核会计凭证，可以对经济业务实施有效的监督，从而确保经济业务的真实性、合法性和合理性。对会计凭证进行审核是会计监督经济活动的主要形式。

3. 明确经济责任，强化内部管理

填制和审核会计凭证，可以明确经济责任，加强岗位责任制，提高管理水平。在企业活动中，办理任何一项经济业务都要经办单位、部门和个人取得或填制凭证，并在凭证上签字以明确责任，从而加强了经办业务的部门和人员的责任感。通过凭证的传递，经办部门和人员之间也能够相互监督、相互牵制，便于及时发现问题、分清责任，有利于加强单位内部的管理、防止各种差错和舞弊行为的发生。

二、熟悉会计凭证的分类

会计凭证按照填制程序和用途一般可以分为原始凭证和记账凭证两类。

（一）原始凭证

原始凭证是记录经济业务已经发生、执行或完成时取得的，用以明确经济责任，作为记账依据的最初的书面证明文件。如出差乘坐的车船票、采购商品的发货票、仓库的领用单等，都是原始凭证。

原始凭证的种类按其取得的来源不同，可分为自制原始凭证和外来原始凭证两种。

1. 自制原始凭证

自制原始凭证是指由本企业经办业务的部门或个人，在办理经济业务时填制的原始凭

证，如入库单、领料单等。

2. 外来原始凭证

外来原始凭证是指本企业与外来单位或个人之间发生经济业务时，由外单位的有关人员或个人填制而取得的原始凭证，如购进商品时由供货方提供的发货票等。

（二）记账凭证

记账凭证是会计人员根据审核无误的原始凭证或汇总的原始凭证编制的，主要记录经济业务涉及的会计科目、应借应贷的方向和金额，是登记账簿的直接依据。在登记账簿之前，应按实际发生经济业务的内容编制会计分录，然后据以登记账簿，在实际工作中，会计分录是通过填制记账凭证来完成的。

记账凭证按其适用的经济业务，分为专用记账凭证和通用记账凭证两类。

1. 专用记账凭证

专用记账凭证是用来专门记录某一类经济业务的记账凭证。专用凭证按其所记录的经济业务是否与现金和银行存款的收付有关系，又分为收款凭证、付款凭证和转账凭证三种。收款凭证是用来记录库存现金和银行存款等货币资金收款业务的凭证，它是根据现金和银行存款收款业务的原始凭证填制的；付款凭证是用来记录库存现金和银行存款等货币资金付款业务的凭证，它是根据现金和银行存款付款业务的原始凭证填制的；转账凭证是用来记录与库存现金和银行存款等货币资金收付款业务无关的转账业务（在经济业务发生时不需要收付现金和银行存款的各项业务）的凭证，它是根据有关转账业务的原始凭证填制的。

2. 通用记账凭证

通用记账凭证是以一种格式记录全部经济业务，在经济业务比较简单的经济单位，为了简化凭证可以使用通用记账凭证记录所发生的各种经济业务。

三、了解原始凭证的填制及审核

（一）原始凭证的基本内容

反映各类经济业务的原始凭证，是登记账簿的原始依据。原始凭证品种繁多，格式各异，但为了准确地反映经济业务的执行和完成情况，必须具备以下基本内容：原始凭证名称、填制日期和编号、接受凭证的单位名称、经济业务的内容及涉及的实物数量、单价和金额、填制单位及经办人员签名或盖章等。

（二）原始凭证填制的基本要求

在经济业务发生时填制的原始凭证，必须遵循以下填制要求。

(1) 真实可靠。必须根据发生的真实经济业务填制，不弄虚作假，这是填制原始凭证最基本的要求。

(2) 内容完整。根据原始凭证内容逐项填写，不可遗漏，所有联次一次填制完成，并保证其内容和金额一致，最后签字和盖章必须齐全。

(3) 填制及时。每项经济业务发生或完成时，应立即填制原始凭证，做到不事后补填、不误时、不积压。

(4) 书写清楚。文字、数字书写工整，易于辨认；复写的凭证，不串格、串行，不模糊。

（5）顺序使用。按照原始凭证编号次序连续使用，不得跳号，如出现跳号情况，跳号的凭证应加盖“作废”戳记，不得撕毁，并与存根一同保存。

（三）原始凭证填制的注意事项

（1）阿拉伯数字应当一个一个地写，不得连笔写。阿拉伯金额数字前面应当书写货币币种符号或者货币名称简写和币种符号。币种符号与阿拉伯金额数字之间不得留有空白。凡阿拉伯数字前写有币种符号的，数字后面不再写货币单位。

（2）所有以元为单位（其他货币种类为货币基本单位，下同）的阿拉伯数字，除表示单价等情况外，一律填写到角分；无角分的，角位和分位可写“00”，或者符号“—”；有角无分的，分位应当写“0”，不得用符号“—”代替。

（3）汉字大写数字金额如零、壹、贰、叁、肆、伍、陆、柒、捌、玖、拾、佰、仟、万、亿等，一律用正楷或者行书体书写，不得用〇、一、二、三、四、五、六、七、八、九、十等简化字代替，不得任意自造简化字。大写金额数字到元或者角为止的，在“元”或者“角”字之后应当写“整”字或者“正”字；大写金额数字有分的，分字后面不写“整”或者“正”字。

（4）大写金额数字前未印有货币名称的，应当加填写货币名称，货币名称与金额数字之间不得留有空白。合计的小写金额前应加“¥”符号。凡填有大写和小写金额的原始凭证，大写与小写金额必须相符。

（5）阿拉伯金额数字中间有“0”时，汉字大写金额要写“零”字；阿拉伯金额数字中间连续有几个“0”时，汉字大写金额中可以只写一个“零”字；阿拉伯金额数字元位是“0”，或者数字中间连续有几个“0”、元位也是“0”但角位下是“0”时，汉字大写金额可以只写一个“零”字，也可以不写“零”字。

（四）原始凭证的审核

对原始凭证进行审核是确保会计信息质量，充分发挥会计监督作用的重要环节，也是会计机构、会计人员的法定职责。原始凭证审核的主要内容有：

（1）审核原始凭证是否合法、合理。审核原始凭证所反映的经济业务是否符合国家的政策、法令、制度的规定，有无违反财政纪律等违法乱纪的行为；是否符合厉行节约、反对铺张浪费的原则，有无违反该原则的现象。

（2）审核原始凭证是否真实、准确、完整。审核填制原始凭证的日期、所记录的经济业务的内容及数据等是否符合实际情况，即数量、单价、金额、合计数的填写和计算是否正确，大小写金额是否相符，项目是否齐全，书写是否清楚符合要求；外来原始凭证的填制单位公章、填制人员签字以及自制原始凭证的经办部门和经办人员的签名或盖章是否齐全，手续是否完备。原始凭证的审核是一项十分细致而又严肃的工作，会计人员必须坚持制度，坚持原则，履行会计人员的职责。

（3）在审核原始凭证过程中，发现问题后的正确处理方法：对于不真实、不合法的原始凭证，会计人员有权不予受理，并向单位负责人报告，请求查明原因，追究有关当事人的责任；对于真实、合法、合理，但内容不够完整、填写有错误的原始凭证，应退回给有关经办人员，由其负责将有关凭证补充完整、更正错误或重开后，再办理正式的会计手续。

四、掌握记账凭证的填制和审核

（一）记账凭证填制的基本内容

记账凭证是按照复式记账的要求，把原始凭证中的经济信息提炼出来，表达为会计分录的形式，作为登记账簿的直接依据。因此，记账凭证必须具备以下基本内容。

（1）凭证名称、编号和编制日期。

（2）经济业务的内容摘要。

（3）会计科目（包括一级、二级和明细科目）的名称、记账方向和金额。

（4）所附原始凭证的张数。

（5）会计主管、审核、记账和制单等有关人员的签章。

（6）收款和付款凭证还应由出纳人员签名或盖章。

（二）填制记账凭证的具体要求

（1）记账凭证填制的依据，必须是经审核无误的原始凭证或汇总的原始凭证。

（2）正确填写摘要、会计科目（一级、二级科目或明细科目），账户的对应关系、金额都应正确无误。

（3）记账凭证的日期。收付款业务的凭证日期应是货币资金收付的实际日期与原始凭证的日期不一定一致；转账凭证以收到原始凭证的日期为准，但在摘要栏需注明经济业务发生的实际日期。

（4）记账凭证的编号。根据不同的情况采用不同的编号方法。如果企业采用统一格式（通用格式），凭证的编号可采用按月编顺序号；如果是按照经济业务内容加以分类，凭证的编号应按月采用字号编号法，即把不同类型的记账凭证用字加以区别，再把同类记账凭证顺序号加以连续，每月一编。三种格式的记账凭证，采用字号编号法时，具体应编为“收字第×号”，“付字第×号”，“转字第×号”。

（5）记账凭证上应注明所附原始凭证的张数，以便查核。如果根据同一原始凭证填制数张记账凭证时，则应在未附原始凭证的记账凭证上注明“附件×张，见第×号记账凭证”。一些特殊的记账凭证，如更正错账和结账等记账凭证可以不附原始凭证。

（6）必须按照会计制度统一规定的会计科目、根据经济业务的性质编制会计分录，以保证核算的口径一致，便于综合汇总。采用借贷记账法编制会计分录时，只需编制简单分录或复合分录，以便从账户对应关系中反映经济业务的情况。

（7）在采用收、付、转凭证分类情况下，凡涉及现金和银行存款的收款业务，填制收款凭证；凡涉及现金和银行存款的付款业务，填制付款凭证；涉及转账业务（不涉及现金和银行存款），填制转账凭证。需要注意的是，凡是涉及库存现金和银行存款之间的划转业务，按规定只填制付款凭证，以免重复记账。

（三）记账凭证的审核要求

（1）记账凭证是否附有原始凭证；所附原始凭证上填写的是否一致；记账凭证所记录的内容是否与原始凭证的经济业务内容相同；记账凭证所记金额是否与原始凭证金额一致。

（2）审核记账凭证中会计科目和记账方向是否正确；对应关系是否正确；借贷方金额

是否相等。

(3) 审核记账凭证的有关项目是否填列齐全；有关人员是否签章。

(4) 审核记账凭证中所反映的数字和金额是否正确。

(5) 在审核过程中，如果发现记账凭证由错误，应查明原因，及时更正。

任务实施

一、华兴旅游饭店于 2012 年 1 月 24 日，购进一批酒水 1 000 箱，每箱 60 元，款项用转账支票付讫（不考虑增值税）

(1) 购入酒水 1 000 箱，填写“转账支票”如表 4－11 所示。

表 4－11　　　　　　　　　　**转账支票**

_____银行
转账支票存根(京)
X Ⅳ00000000
附加信息
______
______
出票日期2012年1月24日

收款人:某酒厂
金　额:¥60 000.00
用　途:货款

单位主管　　会计

本支票付款期限十天

_____银行转账支票(湘)　　X Ⅳ00000000

出票日期(大写)　贰零壹贰年壹月贰拾肆日　付款行名称:

收款人:某酒厂　　出票人账号:

人民币(大写)	陆万元整	亿	千	百	十	万	千	百	十	元	角	分
					¥	6	0	0	0	0	0	0

用途 货款
上列款项请从
我账户内支付
出票人签章　　复核　　记账

(2) 取得购货发票，如表 4－12 所示。

表 4－12　　　　**怀化市商业企业发票**　　　　N o00000000

发 票 联

客户名称：华兴旅游饭店　　　2012 年 1 月 24 日

货物或应税劳务名称	品名及规格	单位	数量	单价	金额 千	百	十	万	千	百	十	元	角	分
酒		箱	1 000	60				6	0	0	0	0	0	0
合计							¥	6	0	0	0	0	0	0
	(大写) 陆万元整													

收款人：　　复核：　　开票人：××××　　销货单位：×××××

二、酒水购入后交仓库保管员，验收入库

（1）入库后填制"收料单"，如表4－13所示。

表4－13 收　料　单

供货单位：A公司

发票号码：＊＊＊　　　　2012年　1　月　24　日　　　　收货仓库：酒水

材料类别	名称及规格	计量单位	数量		实际成本	
			应收	实收	单价	金额
酒水	××啤酒（550mL×6）	箱	1 000	1 000	60.00	￥60 000.00

验收：李明　　保管：张武　　记账：刘晓宇　　制单：钱红

（2）根据企业开出的"转账支票"（如表4－11所示）、取得的购货"发票"（如表4－12所示）和填制的"收料单"（如表4－13所示），编制记账凭证如下（如表4－14所示）：

表4－14 付　款　凭　证

贷方

科目：银行存款　　　　2012年　1　月　24　日　　　　银 付字第 13　号

摘　要	借方科目	明细科目	记账符号	金额										
				千	百	十	万	千	百	十	元	角	分	附单据
以转账支票支付货款	原材料	酒水					6	0	0	0	0	0	0	
														3
														张
合　计						￥	6	0	0	0	0	0	0	

会计主管：　　记账：　　出纳：　　审核：　　制单：李伟

三、同日，中餐厅填写“领料单”提取上述酒水100箱

（1）中餐厅填写“领料单”，如表4－15所示。

表4－15　　　　**领　料　单**

领料单位：中餐厅　　　　　　凭证编号：1－2

用途：销售　　　　2012年1月24日　　　　发料仓库：酒水

材料编号	材料名称	规格	计量单位	数量		单位成本	金额	备注
				请领	实发			
1	＊＊啤酒	550mL＊6	箱	100	100	60.00	6 000.00	

发料人：张武　　　　领料单位负责人：孙阳　　　　领料人：马思琪

（2）根据所填“领料单”，编制记账凭证如表4－16所示。

表4－16　　　　**转　账　凭　证**

2012年1月24日　　　　转字第　07　号

摘　　要	总账科目	明细科目	借方金额										贷方金额									
			千	百	十	万	千	百	十	元	角	分	千	百	十	万	千	百	十	元	角	分
中餐厅领酒水	主营业务成本				6	0	0	0	0	0	0	0										
	原材料	酒水													6	0	0	0	0	0	0	0
合　计				¥	6	0	0	0	0	0	0	0		¥	6	0	0	0	0	0	0	0

附单据1张

会计主管：　　记账：　　出纳：　　审核：　　制单：李伟

企业经济活动中，对于不论是外部取得的，还是企业自制的原始凭证，都要熟悉经济业务的内容及有关制度法规等规定，从真实性、合法性、合理性三方面对原始凭证进行审核，主要检查其内容是否完整、计算是否正确以及是否符合规定。原始凭证经审核无误后，根据经济业务发生的情况，分别填制“收款凭证”、“付款凭证”、“转账凭证”或通用式记账凭证，并将原始凭证附于记账凭证之后。审核所编制记账凭证的正确性，包括审核记账凭证内容的真实性、合法性以及填制手续的完备性、规范性等。

实训项目

【实训目标】

熟悉会计凭证的填写要求及注意事项。

【内容与要求】

2012年1月12日，松德饭店采购部业务员林立去南京采购原料，填借款单，预借差旅费5 000元，以现金付讫。1月17日，小林出差回来，填写差旅报销单，报销差旅费4 780元。

【组织与实施】

1. 填写原始凭证

要求填写的原始凭证有如下三种：借款单（如图4-2所示）、收据（如图4-3所示）和差旅费报销单（如下表所示）。其中收据为普通收据，一般一式三联，第一联为存根，第二联为付款方手执，第三联为记账。

借　　款　　单

年　　月　　日

借款单位：________________

借款理由：________________

借款金额：　人民币（大写）________________

本单位负责人意见：________________

会计主管核批：　　　　付款方式：　　　　出纳：

图4-2　借款单票样

收　　据

年　　月　　日　　　　字No：

今收到________________

交　来________________

人民币（大写）________________

收款单位

公　章

收款人		交款人	

第二联　会计

图4-3　收据票样

旅差费报销单

附件　　　　　　　　　　　填报日期　　　年　　月　　日

<table>
<tr><td>出差人</td><td></td><td>共　人</td><td>职务</td><td></td><td>部门</td><td></td><td>审批人</td><td></td></tr>
<tr><td>出差事由</td><td colspan="4"></td><td rowspan="2">出差日期</td><td colspan="3" rowspan="2"></td></tr>
<tr><td>到达地点</td><td colspan="4"></td></tr>
<tr><td rowspan="3">项目
金额</td><td colspan="4">交通工具</td><td>其他</td><td>旅馆费</td><td colspan="2">伙食补助</td></tr>
<tr><td>火车</td><td>汽车</td><td>轮船</td><td>飞机</td><td></td><td>住宿　天</td><td>在途　天</td><td>住勤　天</td></tr>
<tr><td></td><td></td><td></td><td></td><td></td><td></td><td></td><td></td></tr>
<tr><td colspan="9">总计人民币（大写）</td></tr>
<tr><td colspan="3">原借款金额</td><td colspan="3">报销金额</td><td colspan="3">交接余或超支金额</td></tr>
<tr><td colspan="3"></td><td colspan="3"></td><td colspan="3">人民币（大写）</td></tr>
</table>

会计主管：　　　　　　　　会计：　　　　　　　　出纳员：

2. 各单据填写注意点

(1) 借款单的填写要求。

“年月日”——按借款时间填写；

“借款单位”——按借款单位或个人的全称填写；

“借款理由”——填写支付现金的原因；

“借款金额：人民币（大写）”——顶格填写人民币金额大写，并在后边书写小写金额；

“本单位负责人意见”——由单位授权的负责人填写意见并签名；

“会计主管核批”—— 由会计授权的负责人填写意见并签名；

“付款方式”——填写现金或支票；

“出纳”——出纳亲笔签名。

(2) 收据的填写注意点。

“年月日”——按收款时间填写；

“今收到”——按付款单位或个人的全称填写；

“交来”——按收到款项的内容填写；

“人民币（大写）”——大写金额要顶格写；

“收款单位公章”——应盖收款单位财务专用章；

“收款人”——收款人亲笔签名；

“交款人”——交款人亲笔签名。

(3) 差旅费报销单的填写注意点。

“附件”——按提供的原始凭证的张数进行填写；

“年月日”——按报销时间填写；

“总计人民币（大写）”——大写金额要顶格写，并在后边书写小写金额；

“原借款金额”——书写小写金额，与借款金额吻合；
“报销金额”——书写小写金额，与附件提供的原始凭证总数吻合；
“人民币（大写）”——大写金额要顶格写。

【评价标准】

根据发生的经济业务，按照要求如实填写，项目填写齐全、准确，手续完备。

复习思考题

一、单项选择题

1.（　　）是记录经济业务，明确经济责任，作为登账依据的书面证明。
A. 会计要素　B. 会计账户　C. 会计凭证　D. 会计报表

2. 会计凭证按其（　　）不同，可以分为原始凭证和记账凭证。
A. 填制方法　B. 反映业务的方法　C. 填制程序和用途　D. 取得的来源

3.（　　）是会计工作的起点和关键。
A. 填制和审核会计凭证　B. 编制会计分录
C. 登记会计账簿　D. 编制会计报表

4.（　　）不属于原始凭证基本内容。
A. 填制日期　B. 经济业务内容　C. 应借应贷科目　D. 有关人员签章

5. 原始凭证是由（　　）取得或填制的。
A. 总账会计　B. 出纳人员
C. 会计主管　D. 业务经办单位或人员

6. 限额领料单属于（　　）。
A. 一次凭证　B. 外来凭证　C. 汇总原始凭证　D. 累计凭证

7. 下列不属于原始凭证的是（　　）。
A. 销货发票　B. 差旅费报销单
C. 现金收据　D. 银行存款余额调节表

8. 属于外来原始凭证的是（　　）。
A. 入库单　B. 出库单
C. 发出材料汇总表　D. 银行收账通知单

9. 下列凭证不属于原始凭证的有（　　）。
A. 收料单　B. 领料单　C. 发票　D. 购销合同

10. 下列属于汇总原始凭证（或原始凭证汇总表）的有（　　）。
A. 销货发票　B. 领料单　C. 限额领料单　D. 发料凭证汇总表

11. 盘存表是一张反映企业财产物资实有数的（　　）。
A. 外来原始凭证　B. 自制原始凭证
C. 记账凭证　D. 转账凭证

12. 一切会计凭证，只有（　　）后，才能作为登记账簿的依据。
A. 审核　B. 审核无误　C. 审计　D. 批准

13. 记账凭证按其（　　）不同，通常分为收款凭证、付款凭证和转账凭证三种。

A. 反映经济业务内容　　B. 填制程序和用途

C. 填制手续　　D. 填制人员

14. 记账凭证不可能有（　　）。

A. 接收单位的名称　B. 编号　　C. 日期　　D. 记账凭证名称

15. 将现金存入银行，按规定应编制（　　）。

A. 现金收款凭证　　B. 银行存款收款凭证

C. 现金付款凭证　　D. 银行存款付款凭证

16. 下列经济业务中，应该填制现金收款凭证的是（　　）。

A. 从银行提取现金　　B. 以现金发放职工工资

C. 出售报废的固定资产收到现金　　D. 销售积压材料收到一张转账支票

17. 下列经济业务，应该填制银行存款收款凭证的是（　　）。

A. 销售产品一批，款未收

B. 转让设备一台，收到转账支票并已送交银行

C. 购入材料一批，开出支票

D. 将现金存入银行

18. 付款凭证左上角的“贷方科目”可能登记的科目有（　　）。

A. 应付账款　　B. 银行存款　　C. 预付账款　　D. 其他应付款

19. 在使用收款凭证、付款凭证、转账凭证的单位，与货币资金无关的业务，填制的凭证是（　　）。

A. 收款凭证　　B. 付款凭证　　C. 转账凭证　　D. 通用记账凭证

20. 审核和填制会计凭证是（　　）的前提和依据。

A. 成本计算　　B. 编制会计报表

C. 登记账簿　　D. 设置账户

二、多项选择题

1. 原始凭证按其取得的来源不同，可分为（　　）。

A. 发票　　B. 收据　　C. 外来原始凭证　　D. 自制原始凭证

2. 原始凭证按其填列的方法不同，可分为（　　）。

A. 一次凭证　　B. 累计凭证

C. 原始凭证汇总表（或汇总原始凭证）　D. 收款凭证

3. 下列属于汇总原始凭证的有（　　）。

A. 发料汇总表　　B. 制造费用分配表

C. 发货单　　D. 现金收入汇总表

4. 原始凭证的基本内容包括（　　）。

A. 原始凭证的名称、编号和填制日期

B. 接受凭证的单位名称

C. 经济业务的内容摘要、实物数量和金额

D. 填制凭证单位的名称、填制或经办人员签章

5. 下列单证中属于原始凭证的有（　　）。

A. 材料入库单　　B. 发票　　C. 购销合同　　D. 交库单

6. 下列单证中属于外来的有（　　）。

A. 银行结算凭证　　B. 购货发票　　C. 销货发票　　D. 交款收据

7. 下列单证中可以作为原始凭证的有（　　）。

A. 实存账存对比表　　B. 现金盘点报告表

C. 银行存款余额调节表　　D. 车船票

8. 外来原始凭证应该是（　　）。

A. 从企业外部取得　　B. 由企业会计人员填制的

C. 一次凭证　　D. 盖有填制单位的公章

9. 企业购入材料一批，货款已支付，材料验收入库，应编制的会计凭证包括（　　）。

A. 收料单　　B. 累计凭证　　C. 收款凭证　　D. 付款凭证

10. 记账凭证按记录的经济业务内容不同可以分为（　　）。

A. 收款凭证　　B. 付款凭证　　C. 转账凭证　　D. 单式凭证

11. 记账凭证应该是（　　）。

A. 经办人员填制　　B. 会计人员填制

C. 经济业务发生时填制　　D. 登账的直接依据

12. 记账凭证的编号方法有（　　）。

A. 顺序编号法　　B. 奇数编号法　　C. 随机编号法　　D. 分数编号法

13. 涉及现金和银行存款相互划转的业务应编制的记账凭证有（　　）。

A. 现金收款凭证　　B. 现金付款凭证

C. 银行存款收款凭证　　D. 银行存款付款凭证

三、判断题

（　　）1. 转账凭证只登记与货币资金收款无关的经济业务。

（　　）2. 只有记账凭证是登记账簿的依据。

（　　）3. 在编制记账凭证时，原始凭证就是记账凭证的附件。

（　　）4. 收款凭证只有在现金增加时才填制。

（　　）5. 原始凭证必须按规定的格式和内容逐项填写齐全，同时必须由经办业务的部门和人员签字盖章。

（　　）6. 原始凭证可以由非财会部门和人员填制，但记账凭证只能由财会部门和人员填制。

（　　）7. 付款凭证左上角“借方科目”处，应填写“库存现金”或“银行存款”科目。

（　　）8. 所有的记账凭证都应附有原始凭证。

（　　）9. 自制原始凭证的填制，都应由会计人员填写，以保证原始凭证填制的正确性。

（　　）10. 记账凭证的“过账”栏内用“√”表示已审核完毕。

（　　）11. 属于货币资金收入的业务，都应填制收款凭证。

任务三　登记账簿

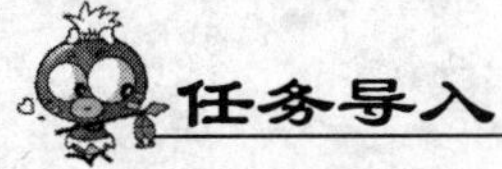

1. 华兴旅游饭店于 2012 年 2 月 1 日“材料”总分类账户的期初余额为 198 000 元，其中：甲材料 20 000 千克，每千克 5 元，共计 100 000 元；乙材料 30 000 千克，每千克 2 元，共计 60 000 元；丙材料 38 000 千克，每千克 1 元，共计 38 000 元。

该饭店 2 月发生下列有关材料收发的经济业务：

(1) 2 日，外购甲材料 10 000 千克验收入库，实际采购成本 50 000 元。

(2) 3 日，厨房加工菜品领用乙材料 15 000 千克，计 30 000 元。

(3) 6 日，厨房加工菜品领用甲材料 8 000 千克，计 40 000 元。

(4) 10 日，厨房加工菜品领用丙材料 3 000 千克，计 3 000 元。

(5) 11 日，外购乙材料 20 000 千克验收入库，实际采购成本 40 000 元。

(6) 14 日，厨房加工菜品领用乙材料 30 000 千克，计 60 000 元。

(7) 16 日，外购丙材料 60 000 千克验收入库，实际采购成本 60 000 元。

(8) 19 日，厨房加工菜品领用甲材料 7 000 千克，计 35 000 元。

(9) 20 日，外购乙材料 10 000 千克验收入库，实际采购成本 20 000 元。

(10) 27 日，厨房加工菜品领用丙材料 63 000 千克，计 63 000 元。

要求：根据上述经济业务登记“原材料”明细账，并结账。

2. 华兴旅游饭店 2012 年 2 月 1 日现金日记账的余额为 2 843 000 元，该月上旬发生以下有关现金收付的业务如下：

(1) 4 日，支付采购 A 料的运杂费 600 元，用现金支付。

(2) 4 日，从银行提取现金准备发放工资 112 000 元。

(3) 4 日，用现金发放工资。

(4) 10 日，王涛预借差旅费 800 元，以现金付讫。

(5) 10 日，贺华报销差旅费缴回现金 1 200 元。

要求：请根据审核无误的记账凭证逐日逐笔登记现金日记账。

日常企业活动中，财会人员依据审核无误的记账凭证记账。任务中要求登记原材料的明细账和现金日记账。登记账簿前应对发生的经济业务编制的记账凭证审核，审核无误后凭证中涉及原材料账户和库存现金账户，分别登记原材料明细账和现金日记账，即“库存现金日记账”应根据现金收款凭证和与现金有关的银行存款付款凭证登记现金收入的增加，根据现金付款凭证登记现金支出的增加；“原材料明细账”需要采用数量金额式账页进行明细登记，登账时应根据记账凭证及原始凭证或原始凭证汇总表逐笔登记，并按照规定的结账方法，在每个月、季或年度登账工作结束后完成结账工作。

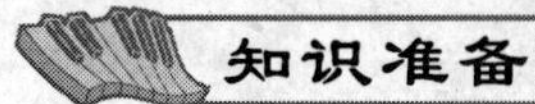
知识准备

一、了解登记账簿的规则

账簿登记的真实性和准确性，直接关系到会计信息的质量。对会计凭证的审核是保证账簿登记真实性和准确性的第一前提。在登记账簿时，严格按照登账规则登账是保证会计信息质量的关键环节。登记账簿的规则一般涉及以下几方面内容。

（一）以审核无误的会计凭证作为记账依据

登记会计账簿时，必须以审核无误的会计凭证作为记账依据。将审核无误的会计凭证日期、编号、业务内容摘要、金额和其他有关资料逐项记入账内，做到“数字准确、摘要清楚、登记及时、字迹工整”。每一项会计事项，一方面要记入有关的总账，另一方面要记入该总账所属的明细账。账簿记录中的日期，应该填写记账凭证上的日期。以自制的原始凭证，如收料单、领料单等，作为记账依据的，账簿记录中的日期应按有关自制凭证上的日期填列。

（二）标注过账符号、签名盖章明确责任

登记完毕后，要在记账凭证上签名或者盖章，并注明已登账的符号，表示已经记账。在记账凭证上设有专门“栏”作为注明已记账的符号“√”，会计上称为“过账”符号，是为了避免发生重记或漏记而做的标记。

（三）不满格书写文字和数学

在账簿中书写的文字和数字上方，一般要留有适当空格，不写满格，紧靠本行底线，一般应占格距的1/2。这样，在一旦发生登记错误时，能比较容易地进行更正，同时也方便查账工作。

（四）按要求使用蓝黑墨水书写

登记账簿要用蓝黑墨水或者碳素墨水书写，不得使用圆珠笔（银行的复写账簿除外）或者铅笔书写。在会计上，数字的颜色是重要的因素之一，它同数字和文字一起传达出会计信息。如同数字和文字错会表达错误信息一样，书写墨水的颜色用错了，其导致的概念混乱也不亚于数字和文字错误。红墨水必须在规定的范围内使用。

（五）可以使用红色墨水记账的几种情况

（1）根据红字冲账的记账凭证，冲销错误记录；

（2）在不设借贷栏的多栏式账页中，登记减少数；

（3）在三栏式账户的余额栏前，如未印明余额方向的，余额为负数时；

（4）根据国家统一的会计制度的规定可以用红字登记的其他情况。

（六）顺序连续登记

各种账簿按页次顺序连续登记，不得跳行、隔页。如果发生跳行、隔页，应当将空行、空页画线注销，或者注明“此行空白”、“此页空白”字样，并由记账人员签名或者

盖章。

（七）按规定方法进行错账的更正

当账簿记录发生错误，不得采用涂改、刮擦、挖补或用褪色药水消除笔迹等手段更正，更不能将本页撕毁重新抄写，必须按照规定的方法进行错账的更正。

（八）结出余额

凡是需要结出余额的账户，结出余额后，应当在“借或贷”等栏内写明“借”或者“贷”等字样。没有余额的账户，应当在“借或贷”等栏内写“平”字，在余额栏“元”位标注为“0”。现金日记账和银行存款日记账必须逐日结出余额。

（九）承前过次

《会计基础工作规范》第六十条第八款规定：“每一账页登记完毕结转下页时，应当结出本页合计数及余额，写在本页最后一行和下页第一行有关栏内，并在摘要栏内注明‘过次页’和‘承前页’字样；也可以将本页合计数及金额只写在下页第一行有关栏内，并在摘要栏内注明‘承前页’字样。”也就是说，“过次页”和“承前页”的方法有两种，一是在本页最后一行内结出发生额合计数及余额，然后过次页并在次页第一行承前页；二是只在次页第一行承前页写出发生额合计数及余额，不在上页最后一行结出发生额合计数及余额后过次页。

二、掌握登记账簿的方法

（一）日记账的格式与登记方法

日记账分为普通日记账和特种日记账。使用普通日记账的单位很少。一般单位都必须开设现金和银行存款的特种日记账。特种日记账是用来登记某一类经济业务发生情况的日记账。

1. 现金日记账的格式和登记方法

现金日记账是出纳会计根据现金收款凭证、现金付款凭证和银行存款付款凭证，按经济业务发生的先后顺序逐日逐笔进行登记的一种特种日记账。从外表形式上看现金日记账必须是订本式账簿，从账页的格式上看可采用借方、贷方和余额三栏式（如表 4－17 所示），也可采用多栏式。

表 4－17　　　　库存现金日记账

年		凭证号数	摘要	对方科目	借方										贷方										借或贷	余额									
月	日				千	百	十	万	千	百	十	元	角	分	千	百	十	万	千	百	十	元	角	分		千	百	十	万	千	百	十	元	角	分

登记方法如下：

（1）日期栏：是指记账凭证的日期，与现金实际收付日期应一致；

（2）凭证栏：是指登记入账的记账凭证的种类和编号，以便查账和核对；

（3）摘要栏：简要说明登记的经济业务的内容；

（4）对方科目栏：是指与库存现金发生对应关系的会计科目；

（5）借方栏：是根据现金收款凭证和银行存款的付款凭证，按企业现金实际收入金额登记；

（6）贷方栏：是根据现金付款凭证，按企业现金实际付出的金额登记；

（7）余额栏：是根据每日现金收、付的合计数及昨日的余额，结出本日余额，记入余额栏，即通常所说的日清。如账实不符，应查明原因并记录备案。

2. 银行存款日记账的格式和登记方法

银行存款日记账是由出纳会计根据银行存款付款凭证、收款凭证和现金付款凭证，按经济业务发生的先后顺序逐日逐笔登记的账簿。其格式（如表 4－18 所示）与现金日记账相似，也可分为三栏式和多栏式的账页，登记方法与现金日记账登记方法相同。

表 4－18　　　　银行存款日记账

年		凭证号数	结算凭证		摘要	对方科目	借方										贷方										借或贷	余额									
月	日		种类	号数			千	百	十	万	千	百	十	元	角	分	千	百	十	万	千	百	十	元	角	分		千	百	十	万	千	百	十	元	角	分

3. 多栏式日记账的格式和登记方法

库存现金和银行存款日记账通常采用三栏式账簿。如果某些企业现金和银行存款的收付款业务比较多，但与“库存现金”、“银行存款”账户对应科目不多和比较固定的情况下，为了便于分析和汇总也可采用多栏式日记账。

（二）分类账的格式和登记方法

1. 总分类账的格式和登记方法

总分类账又称总账，是按一级会计科目设置，将全部经济业务进行分类登记的账簿，全面、总括地反映和记录经济业务引起的资金运动和变化情况，为编制会计报表提供数据。在总分类账中，一般按照一级会计科目的编码顺序分别开设账户，每个账户在分类账中都占有独立的账页。一般采用订本式账簿，其格式有三栏式、多栏式等。

三栏式总账设有借方、贷方和余额三个金额栏，其格式与三栏式现金日记账相同。三栏式总账是目前广泛采用的形式，它可以根据记账凭证逐笔登记，也可以根据一定的方法汇总，按日、按旬、按月进行汇总登记。其格式（如表 4－19 所示）。

表 4－19 **三栏式总分类账**

会计科目： 第 页

年		凭证		摘要	借方	贷方	借或贷	余额
月	日	种类	编号					

总分类账的登记，可以根据各种记账凭证逐笔登记；也可以根据汇总记账凭证（汇总收款凭证、汇总付款凭证和汇总转账凭证）或科目汇总表汇总登记；还可以根据多栏式现金日记账、银行存款日记账逐笔或定期登记。但是无论采用什么形式，期末都要在全部经济业务登记完毕之后，结出各账户的本期发生额和期末余额。

2. 明细分类账的格式和登记方法

明细分类账又称明细账，是根据明细分类科目开设，用于分类、连续记录和反映某一类经济业务，提供明细核算资料的账簿。各单位应结合自己的经济业务特点和经营管理要求，在总分类账基础上设置若干明细分类账，作为总分类账的必要补充。明细分类账一般采用活页式账簿，根据列有明细项目记账凭证和原始凭证或原始凭证汇总表登记。根据管理要求和各单位经济业务特点的不同，明细分类账的账页格式主要有三栏式、数量金额式和多栏式三种。

（1）三栏式明细分类账。

三栏式明细分类账的账页格式与总分类账的三栏式账页格式基本相同，它只设借方、贷方和余额三个金额栏，不设数量栏。一般适用于采用金额核算的债权、债务结算账户的明细分类核算，如“应收账款”、“应付账款”、“其他应收款”等业务的明细核算。其账页格式如表 4－20 所示。

表 4－20 **三栏式明细分类账**

明细科目： 第 页

年		凭证		摘要	借方	贷方	借或贷	余额
月	日	种类	号数					

（2）数量金额式明细账。

数量金额式明细账的账页格式，如表 4－21 所示。它在收入、发出和结存三栏下又分别设置“数量”、“单价”、“金额”三个栏目，用来登记既要反映金额又要反映实物数量的经济业务。如“原材料”、“库存商品”等账户的明细核算。它能够提供各种财产物资的收入、发出、结存等的数量和金额的详细资料，便于开展业务和加强管理。

表 4-21　　数量金额式明细分类账

类别：　　　　　　　　　　　　　　　　　　　　　　　计量单位：

名称或规格：　　　　　　　　　　　　　　　　　　　　存放地点：

编号：　　　　　　　　　　　　　　　　　　　　　　　储备定量：

年		凭证号数	摘要	收入			发出			结存		
月	日			数量	单价	金额	数量	单价	金额	数量	单价	金额

(3) 多栏式明细分类账。

多栏式明细分类账的账页格式，如表 4-22 所示。它在一张账页上，按明细科目分设若干专栏，用以集中反映各有关明细项目的核算资料，视管理需要而定，如“管理费用”、“本年利润”等成本、费用、收入、利润类账户的明细核算。

表 4-22　　＿＿＿＿多栏式明细账

年		凭证号数	摘要	借方	贷方	借或贷	余额						
月	日												

三、掌握错账更正的方法

在记账过程中，如果账簿记录发生错误，不得任意刮擦、挖补、涂改或用药水消除字迹，必须根据错误的具体情况，采用正确的方法予以更正。更正错账的方法一般有以下几种。

(一) 画线更正法

1. 适用情况

(1) 结账之前；

(2) 账簿记录中的文字或数字有错误，而其所依据的记账凭证没有错误，即纯属记账时的笔误或计算错误。

2. 具体做法

(1) 将错误的文字或数字用一条红色的横线画去，表示注销；

(2) 再在画线的上方用蓝色的字迹写上正确的文字或数字；

(3) 在画线处盖上更正人的图章，以明确责任。

3. 注意事项

画掉错误的数字是应将整笔数字画掉，不要只画掉其中的一个或几个写错的数字，并保持被画去的字迹可以清楚辨认；而文字错误则可只画掉错字立即完成更正。

【例 4-1】会计凭证正确无误，在登记应收账款总账借方发生额时将金额 865.80 误记为 856.80。账户更正业务如图 4-4 所示。

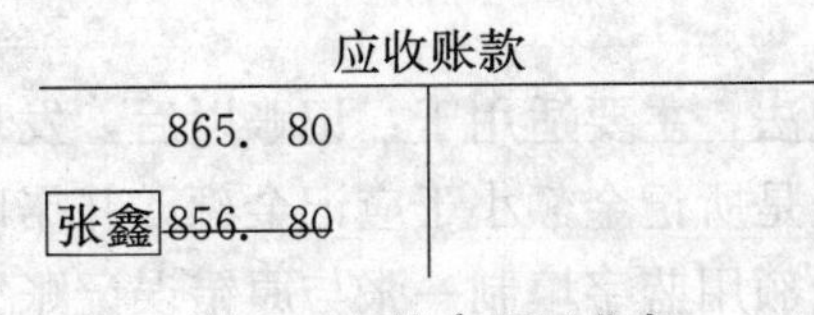

图 4-4　账户更正业务

(二) 红字更正法

红字更正法又称红字冲销法，是用红字冲销原有记录后再予以更正的方法，主要适用于以下两种情况。

(1) 记账凭证中的应借、应贷会计科目或记账方向有错误，并据此记账凭证登记账簿的。

更正的方法是：先用红字金额填制一张会计科目、借贷方向和金额与原错误记账凭证完全相同的记账凭证，在"摘要"栏中写明"冲销×月×日×号凭证错账"，并据以用红字登记入账，以冲销原来错误的账簿记录；然后再用蓝字或黑字填写一张正确的记账凭证，在"摘要"栏中写明"更正×月×日×号凭证错账"，并据以用蓝字或黑字登记入账。

【例 4-2】天华旅游饭店 2 月 10 日出租包装物收取 3 000 元押金。在填制记账凭证时，误记入"应付账款"科目，并已据以登记入账，其错误记账凭证所反映的会计分录如下：

借：银行存款　　3 000

　贷：应付账款　　3 000

该业务的会计分录应是贷记"其他应付款"。在更正时，首先用红字金额填制一张记账凭证冲销原会计分录，并据以登记入账，冲销原错误的账簿记录是：

借：银行存款　　3 000

　贷：应付账款　　3 000

再填制一张正确的记账凭证，并据以用蓝字登记入账，会计分录如下：

借：银行存款　　3 000

　贷：其他应付款　　3 000

(2) 记账凭证中应借、应贷会计科目和记账方向都正确，只是所记金额大于应记金额，并按照凭证上的错误数据登记了账簿。

更正的方法是：将多记的金额用红字填制一张记账凭证，而应借、应贷会计科目与原错误记账凭证相同，在"摘要"栏写明"冲销×月×日×号凭证多记金额"，并据以登记入账。

【例4－3】天华旅游饭店2月12日厨房使用新购入蔬菜一批加工菜品，价值1 000元。在填制记账凭证时，误记金额为10 000元，但会计科目、借贷方向均没有错误，并已据以登记入账。其错误记账凭证所反映的会计分录如下：

借：主营业务成本　　10 000

　贷：原材料　　10 000

更正时，应将多记的金额9 000元用红字编制如下的记账凭证，并登记入账。

借：主营业务成本　　9 000

　贷：原材料　　9 000

（三）补充登记法

补充登记法也称蓝字补记法，主要适用于：记账以后，发现记账凭证中应借、应贷会计科目和记账方向都正确，只是所记金额小于应记金额，并据以记账。

更正的方法是：将少记金额用蓝字填制一张与原错误记账凭证科目名称和方向一致的记账凭证，并用蓝字据以登记入账，以补足少记的金额。

【例4－4】天华旅游饭店2月15日用转账支票外购价值1 620元的材料，验收入库，凭证误记为1 260元。但会计科目、借贷方向均没有错误，并已据以登记入账。其错误记账凭证所反映的会计分录如下：

借：原材料　　1 260

　贷：银行存款　　1 260

更正时应将少计的360元用蓝字或黑字编制如下记账凭证，并据以登记入账：

借：原材料　　360

　贷：银行存款　　360

四、对账和结账

（一）对账

对账就是对会计账簿中有关会计记录的内容、数量与金额等项目进行核对。账簿记录的准确与否与其是否真实可靠，不仅取决于账簿本身，还涉及账簿与凭证的关系，账簿记录与实际情况是否相符的问题等。企业必须建立定期的对账制度，在结账之前和结账过程中，把账簿记录的有关数字与库存实物、货币资金、有价证券、往来单位或个人等进行相互核对，保证各种账簿记录的真实与完整，做到账证相符、账账相符、账实相符。因此，对账工作一般包括账证核对、账账核对和账实核对。一般企业每年至少应进行一次对账工作。

1. 账证核对

账证核对是指账簿记录与记账凭证及其所附原始凭证的核对，主要包括总分类账、明细分类账和日记账同原始凭证、记账凭证的时间、凭证号数、内容、金额、记账方向等进行核对。这是保证账账相符、账实相符的基础。账证核对工作主要是在平时编制记账凭证和记账过程中随时进行，结账时，如有疑问，应进行重点抽查与核对。

2. 账账核对

账账核对主要指各种账簿之间的核对，主要包括：总分类账户之间的核对，主要检查各总分类账户的本期借方发生额之和与贷方发生额之和、期末所有账户的借方余额之和与

贷方余额之和是否相等；总分类账户与所属明细分类账户之间的核对，主要检查各总分类账户的期初余额、本期借贷方发生额及期末余额与其所属明细分类账的期初余额、本期借贷发生额及期末余额合计数是否相同；总分类账户与库存现金、银行存款日记账之间的核对，主要检查库存现金、银行存款日记账的本期发生额及期末余额与总分类账户是否相同；财会部门登记的各种财产物资明细分类账金额与财产物资保管或使用部门记录的内容是否相同。

3. 账实核对

账实核对是指账簿记录的结存数与现金、银行存款、各种有价证券及其他各项财产物资的实存数之间的核对，主要包括：现金日记账的账面余额与库存现金的实际库存数每日的核对；银行存款日记账的账面余额与开户银行对账单的核对，每月至少核对一次；各种财产物资明细分类账账面余额与清查盘点后的实存数的核对；各种应收、应付款明细分类账账面余额与有关债权、债务单位或个人的账目的核对。

（二）结账

结账是指将一定时期内发生的经济业务在全部登记入账的基础上，于会计期末结出各账户本期发生额和期末余额，并将其余额结转下期的记账行为。结账是一项将账簿记录进行定期结算的工作。一般在月末、季末或年末，为了编制会计报表，必须进行结账。此外，企业因撤销、合并、重组等原因，也要结账。

1. 结账的内容

结账主要是结算各资产、负债和所有者权益类账户，分别结出本期发生额合计和余额；结算各种收入、费用账户，据以计算确定本期利润。

结账前，必须将本期内发生的各项经济业务全部登记入账；按照权责发生制的要求，进行期末账项调整；结账时应该结出库存现金、银行存款日记账以及总分类账和明细分类账户的本期发生额和期末余额。编制本期发生额及其余额试算平衡表，如平衡，则将期末余额结转下期；如不能平衡，则应及时查明原因，进行更正。

2. 结账前的工作

（1）在结账时，应先查明在本期内所发生的经济业务是否已经全部填制会计凭证，并已登记入有关的账簿。对于所有已经发生的债权、债务，已经生产完成的产成品的成本，在财产清查时所发现的财产物资的盘盈、盘亏等，都应当在结账前全部登记入账，如不能提前结账，也不得将本期发生的业务延至下期登账。

（2）根据权责发生制原则，将所有已经发生的收益、费用登记入账，并进行期末账项调整。

（3）对本期实现的各项收入及应负担的费用，分别从各收入账户与费用账户转入“本年利润”账户的贷方和借方，以便计算确定本期财务成果。

3. 结账的方法

在实际工作中，结账一般是在月末、季末和年末进行，所以结账有月结、季结和年结之分。通常采用画线结账法，即首先在最后一笔经济业务下面画一条通栏红单线，表示开始结账，然后根据账簿的需要，再进行相应的月结、季结和年结。

（1）月结。每月结账时，应在各账户本月最后记录下面画一条通栏红线表示本月账目结束；然后，在红线下面结出本月发生额合计和月末余额。同时，在摘要栏内注明“本月合计”，在下面画一条通栏红线，表示完成月结工作。

(2) 季结。季结的结账方法与月结基本相同，但在摘要栏内注明“本季合计”。

(3) 年结。年结时，在月结和季结下面画一条通栏红线，再将全年1～12月累计发生额合计和年末余额填列在“本月合计”和“本季度累计”下面，并在摘要栏内注明“本年累计”，在该行下面画一条通栏双红线，即表示封账。最后在年结线下摘要栏内注明“结转下年”，即完成了年结工作。

注意，结账时，如果账户没有余额，在余额栏“方向”栏内标注为“平”并在元的位置写上“0”。

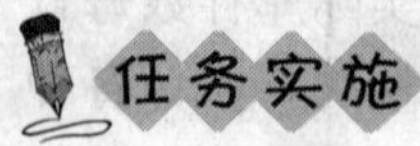

任务实施

一、根据记账凭证及所附原始凭证登记甲、乙、丙三种“原材料”的明细账，如表4－23、表4－24、表4－25所示

本账页数	
本户页数	

表4－23

原材料 明细账

类别：原材料　　名称：甲材料　　规则：　　计量单位：千克　　编号

2012年		凭单号	摘要	收入			发出			结存		
月	日			数量	单价	金额	数量	单价	金额	数量	单价	金额
2	1		承前页	50 000	5	250 000	30 000	5	15 000	20 000	5	100 000
2	2	收1	购料入库	10 000	5	50 000				30 000	5	150 000
2	6	领2	主营业务成本				8 000	5	40 000	22 000	5	110 000
2	19	领5	主营业务成本				7 000	5	35 000	15 000	5	75 000
2	29		本月合计	60 000	5	300 000	45 000	5	225 000	15 000	5	75 000
			……									

本账页数	
本户页数	

表4－24

原材料 明细账

类别：原材料　　名称：材料乙　　规则：　　计量单位：千克　　编号

2012年		凭单号	摘要	收入			发出			结存		
月	日			数量	单价	金额	数量	单价	金额	数量	单价	金额
2	1		承前页	30 000	2	60 000				30 000	2	60 000
2	3	领1	主营业务成本				15 000	2	30 000	15 000	2	30 000
2	11	收2	购料入库	20 000	2	40 000				35 000	2	70 000

续　表

2012年		凭单号	摘　　要	收入			发出			结存		
月	日			数量	单价	金额	数量	单价	金额	数量	单价	金额
2	14	领4	主营业务成本				30 000	2	60 000	5 000	2	10 000
2	20	收4	购料入库	10 000	2	20 000				15 000	2	30 000
2	29		本月合计	60 000	2	120 000	45 000	2	90 000	15 000	2	30 000
			……									

本账页数	
本户页数	

表 4－25　　　　**原材料 明细账**

类别：原材料　　　　名称：材料丙　　　　规则：　　　　计量单位：千克　　　　编号

2012年		凭单号	摘　　要	收入			发出			结存		
月	日			数量	单价	金额	数量	单价	金额	数量	单价	金额
2	1		承前页	80 000	1	80 000	42 000	1	42 000	38 000	1	38 000
2	10	领1	主营业务成本				3 000	1	3 000	35 000	1	35 000
2	16	收3	购料入库	60 000	1	60 000				95 000	1	95 000
2	27	领6	主营业务成本				63 000	1	63 000	32 000	1	32 000
2	29		本月合计	140 000	1	140 000	108 000	1	108 000	32 000	1	32 000

二、根据记账凭证登记“库存现金”日记账，如表 4－26 所示

表 4－26　　　　**库存现金日记账**　　　　21

2012年		凭证号数	摘　　要	对方科目	借方										贷方										借或贷	余额									
月	日				千	百	十	万	千	百	十	元	角	分	千	百	十	万	千	百	十	元	角	分		千	百	十	万	千	百	十	元	角	分
2	1		承前页																						借				1	8	0	0	0	0	0
2	4	1	支付购料运费	应收账款																6	0	0	0	0											
2	4	1	提现备发工资	银行存款				1	1	2	0	0	0	0																					
2	4	2	发放工资	应付工资														1	1	2	0	0	0	0					1	7	4	0	0	0	0
2	10	3	预借差旅费	其他应收款																8	0	0	0	0											
2	10	1	报差旅费	其他应收款					1	2	0	0	0	0															1	7	8	0	0	0	0

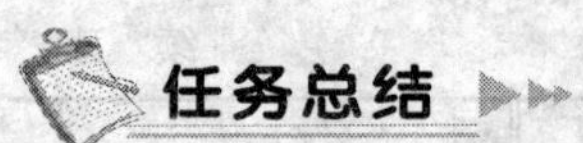

任务总结

账簿的登记需要在掌握账簿登记规则后进行，最主要的是要认真、仔细，不能有任何遗漏。出纳人员根据现金收款凭证和与现金有关的银行存款付款凭证（从银行提取现金的业务）登记现金收入，根据现金付款凭证登记现金支出。登记时，应当将会计凭证的日期、编号、业务内容摘要、金额等逐项记入现金日记账内。账簿登记完毕，应在记账凭证上签名或者盖章，并在记账凭证的“过账”栏内注明账簿页数或画对钩，表示记账完毕，避免重记、漏记。根据“上日余额＋本日收入－本日支出＝本日余额”的公式，逐日结出现金余额，与库存现金实存数核对，以检查每日现金收付是否有误。

原材料明细账的登记，应以记账凭证和自制原始凭证“收料单”、“领料单”等作为记账依据的。对不需要按月结计本期发生额的账户，如各项应收应付明细账等，每次记账后，都要随时结出余额，每月最后一笔余额即为月末余额。月末结账时，一般在月底最后一笔业务记录下面画一条通栏红线，以示月结，在红线下结出本月发生额合计和月末余额，在摘要栏内注明“本月合计”字样，并在下面通栏画单红线，以示本月结账结束。

实训项目

【实训目标】

掌握银行存款日记账的登记方法。

【内容与要求】

旺市旅游企业2011年4月1日银行存款日记账的余额为430 000元，该月上旬发生以下有关银行存款收付的业务如下：

(1) 2日，以银行存款支付宣传资料费3 000元。

(2) 3日，向银行借入为期三个月的借款80 000元。

(3) 10日，从银行提取现金准备发放工资1 120 000元。

根据审核无误的记账凭证逐日、逐笔登记银行存款日记账。

【组织与实施】

银行存款的空白表如下：

银行存款日记账

2011年		凭证		结算方式		摘要	对方科目	借方	贷方	借或贷	余额
月	日	种类	编号	类	号数						
4	1					承前页				借	430 000

（1）出纳人员根据银行存款收款凭证和有关的银行存款付款凭证（库存现金存入银行的业务）登记银行存款收入栏，根据银行付款凭证登记支出栏。登记时，应当将会计凭证的日期、编号、业务内容摘要、金额等逐项记入银行存款日记账内。其中："年、月、日"根据记账凭证上的日期填写；"凭证号数"根据记账凭证上的编号填写；"结算凭证"根据银行结算凭证的种类及编号填写；"摘要"根据记账凭证上的摘要内容填写；"借方"栏根据银行存款收款凭证中的合计金额；"贷方"栏根据银行存款付款凭证中的合计金额。

（2）注明记账符号。账簿登记完毕，应在记账凭证上签名或者盖章，并在记账凭证的"过账"栏内注明账簿页数或画对钩，表示记账完毕，避免重记、漏记。

（3）根据"上日余额＋本日收入－本日支出＝本日余额"的公式，逐日结出银行存款余额。

【评价标准】

1. 能够正确填写期初余额。

2. 能够正确填写日期、凭证类别、摘要、对方科目。

3. 能够正确填写借方、贷方和余额。

复习思考题

一、单项选择题

1. 启用账簿时，不能在扉页上书写的是（　）。

A. 单位名称　　B. 账簿名称　　C. 账户名称　　D. 启用日期

2. 必须逐日结出余额的账簿是（　）。

A. 现金日记账　　B. 现金总账

C. 银行存款总账　　D. 应收账款明细账

3. 账簿登记完毕，在记账凭证的"记账"栏做出标记，主要是为（　　）。

A. 便于明确记账责任　　B. 避免错行或隔页

C. 避免重记或漏记　　D. 避免凭证丢失

4. 登记账簿时，错误的做法是（　）。

A. 文字和数字的书写占格距的 1/2　　B. 使用圆珠笔书写

C. 用红字冲销错误记录　　D. 在发生的空页上注明"此页空白"

5. 记账凭证填制正确，记账时文字或数字发生笔误引起的错账，应采用（　）进行更正。

A. 画线更正法　　B. 重新登记法　　C. 红字更正法　　D. 补充登记法

6. 记账人员在登记账簿后，发现所依据的记账凭证中使用的会计科目有误，则更正时应采用的更正方法是（　）。

A. 画线更正法　　B. 红字更正法　　C. 补充登记法　　D. 涂改更正法

7. 用转账支票归还欠 A 公司货款 50 000 元，会计人员编制的记账凭证为：借记应收账款 50 000 元，贷记银行存款 50 000 元，审核并以入账。审核记账凭证（　）。

A. 没有错误　　B. 有错误，使用画线更正法更正

C. 有错误，使用红字冲销法更正　　　D. 有错误，使用补充登记法更正

8. 某企业通过银行收回应收账款 8 000 元，在填制记账凭证时，误将金额记为 6 000 元，并已登记入账。当年发现记账错误，更正时应采用的更正方法是（　　）。

A. 重编收款凭证　B. 画线更正法　C. 红字更正法　D. 补充登记法

9. 企业应收账款的账面余额定期与有关债务单位或个人进行的核对，属于（　　）。

A. 账证核对　B. 账账核对　C. 账实核对　D. 账表核对

10. 对账时，账账核对不包括（　　）。

A. 总账相关账户的余额核对　B. 总账与明细账之间的核对

C. 总账与备查账之间的核对　D. 总账与日记账的核对

11. 对账的内容不包括（　　）。

A. 账实核对　B. 账账核对　C. 账证核对　D. 账表核对

12. 根据《会计档案管理办法》，各种明细账的保管期限为（　　）。

A. 5 年　B. 10 年　C. 15 年　D. 25 年

二、多项选择题

1. 记账错误主要表现为漏记、重记和错记三种。错记又表现为（　　）等。

A. 会计科目错记　B. 记账方向错记　C. 金额错记　D. 记账墨水错用

2. 账实核对的主要内容包括（　　）。

A. 现金日记账账面余额与现金实际库存数核对

B. 银行存款日记账账面余额与银行对账单余额核对

C. 财产物资明细账账面结存数与财产物资实存数核对

D. 各种应收款项明细账账面余额与有关债务单位或个人核对

3.（　　）总分类账与明细分类账平行登记的要点。

A. 依据相同　B. 期间相同　C. 金额相等　D. 方向相同

4. 下列情况可以用红色墨水记账的是（　　）。

A. 按照红字冲账的记账凭证，冲销错误记录

B. 在不设借贷等栏的多栏式账页中，登记减少数

C. 在三栏式账户的余额栏前，印明余额方向的，在余额栏内登记负数余额

D. 在三栏式账户的余额栏前，未印明余额方向的，在余额栏内登记负数余额

5. 下列可以作为总分类账登记依据的是（　　）。

A. 记账凭证　B. 科目汇总表　C. 汇总记账凭证　D. 明细账

6. 下列属于对账的是（　　）。

A. 账簿记录与原始凭证之间的核对

B. 总分类账不与其所属明细分类账簿之间的核对

C. 现金日记账的期末余额合计与现金总账期末余额的核对

D. 财产物资明细账账面余额与财产物资实存金额的核对

三、判断题

（　　）1. 登记现金日记账的依据是现金收付款凭证和银行收付款凭证。

（　　）2. 会计账簿登记中，如果不慎发生隔页，应立即将空页撕掉，并更改页码。

（　　）3. 根据具体情况，会计人员可以使用圆珠笔、钢笔、蓝黑墨水或红色墨水填制会计凭证，登记账簿。

（　　）4. 为了明确划分各会计年度的界限，年度终了，各种会计账簿都应更换新账。

（　　）5. 任何单位，对账工作应该每年至少进行一次。

（　　）6. 若发现记账凭证上应记科目和金额错误，并已登记入账，则可将填错的记账凭证销毁，并另填一张正确的记账凭证，据以入账。

任务四　编制会计报表

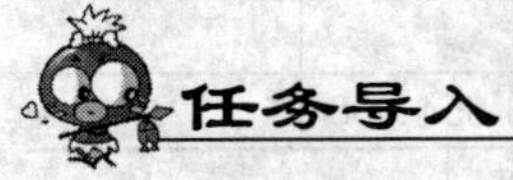

1. 华兴旅游饭店于2010年12月31日的资产负债表和2011年12月31日的总账科目期末余额分别如表4－27和表4－29所示。

表4－27　　　　**资产负债表**

编制单位：华兴旅游饭店　　　　2010年12月31日　　　　单位：元

资产	期末余额	年初余额	负债和所有者权益	期末余额	年初余额
流动资产：			流动负债：		
货币资金	1 505 000		短期借款	350 000	
交易性金融资产	20 000		交易性金融资产		
应收票据	200 000		应付票据	300 000	
应收账款	199 000		应付账款	885 000	
预付账款	50 000		预收账款		
应收利息			应付职工薪酬	120 000	
应收股利			应交税费	36 500	
其他应收款	10 000		应付利息		
存货	2 170 000		应付股利		
一年内到期的非流动资产			一年内到期的非流动负债	815 000	
其他流动资产			其他应付款	147 500	
流动资产合计	4 154 000		其他流动负债		
非流动资产：			流动负债合计	2 654 000	
可供出售金融资产			非流动负债：		
持有至到期投资			长期借款	500 000	
长期应收款			应付债券		
长期股权投资	300 000		长期应付款		
投资性房地产			专项应付款		
固定资产	1 500 000		预计负债		
在建工程	200 000		递延所得税负债		

续 表

资产	期末余额	年初余额	负债和所有者权益	期末余额	年初余额
工程物资	100 000		其他非流动负债		
固定资产清理			非流动负债合计	500 000	
生产性生物资产			负债合计	3 154 000	
油气资产			所有者权益：		
无形资产	400 000		实收资本	3 300 000	
开发支出			资本公积		
商誉			减：库存股		
长期待摊费用			盈余公积	100 000	
递延所得税资产			未分配利润	100 000	
其他非流动资产			所有者权益合计	3 500 000	
非流动资产合计	2 500 000				
资产总计	6 654 000		负债和所有者权益总计	6 654 000	

表 4－28　　总账科目余额表　　单位：元

账户名称	借方余额	贷方余额	账户名称	借方余额	贷方余额
库存现金	2 000		短期借款		250 000
银行存款	662 100		应付票据		300 000
其他货币资金	6 200		应付账款		885 000
交易性金融资产	20 000		其他应付款		147 500
应收票据	200 000		应付职工薪酬		335 000
应收账款	701 000		应交税费		33 575
坏账准备		11 000	应付利息		37 500
预付账款	50 000		长期借款		980 000
其他应收款	10 000		实收资本		3 300 000
库存商品	2 550 000		盈余公积		112 000
长期股权投资	200 000		利润分配		217 225
固定资产	4 748 000				
累计折旧		2 891 000			
固定资产减值准备		531 000			
工程物资	540 000				
无形资产	341 500				

要求：请根据所给资料编制该企业 2011 年年末的资产负债表。

2. 华兴旅游饭店于 2011 年 11 月损益类有关账户发生额如表 4－29 所示。

表 4－29　　11 月损益类账户累计发生额　　单位：元

科目名称	借方发生额	贷方发生额
主营业务收入		1 200 000
其他业务收入		210 000

续表

科目名称	借方发生额	贷方发生额
投资收益		38 000
营业外收入		800 000
主营业务成本	410 000	
营业税金及附加	180 000	
其他业务成本	190 000	
销售费用	70 000	
管理费用	120 000	
财务费用	5 000	
营业外支出	23 000	
所得税费用	412 500	

要求：请根据所给资料编制天华旅游饭店2011年11月的利润表。

进行资产负债表和利润表的编制，第一要了解什么是资产负债表、什么是利润表；第二要熟悉资产负债表和利润表的构成和作用；第三要掌握资产负债表和利润表的格式和编制方法；第四可以根据给出的资料，具体分析可能用到的数据以及数据之间的关系，然后进行报表的编制。

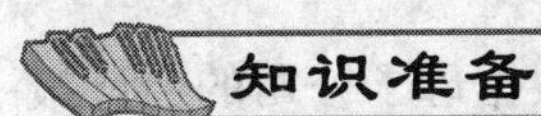

一、会计报表概述

（一）会计报表的概念

会计报表是综合反映企业某一特定日期的资产、负债和所有者权益状况，以及一定时期的经营成果和现金流动情况的书面文件，是根据企业日常会计核算资料进行加工、整理、汇总后编制的，是企业财务会计报告的主要组成部分。财务会计报告由会计报表、会计报表附注和财务情况说明书组成。

（二）会计报表的分类

根据国务院颁布的《企业财务会计报告条例》规定，企业应当编制的会计报表包括资产负债表、利润表和现金流量表及有关附表。按照不同的标准可以分为不同类别，比较常见的分类标准及类型有五种。

1. 按其反映的经济内容分类

会计报表按其所反映的经济内容的不同，可分为反映企业财务状况的报表和反映经营成果的报表。

（1）反映企业财务状况的报表主要包括资产负债表和现金流量表。资产负债表通过反映一个企业在某一时点的资产、负债和所有者权益的基本情况，揭示企业资产、负债和所有者权益的规模、结构及其相互关系等财务状况；现金流量表通过综合反映一定会计期间内现金和现金等价物流入和流出情况，系统地揭示会计主体在一定时期内重要的财务事项，并对资金变化的原因作出具体的说明。

(2) 反映企业经营成果的报表主要包括利润表和利润分配表。利润表和利润分配表是反映企业在一定时期内收入实现、成本耗费和利润形成以及利润分配等情况的会计报表。

2. 按其编制时间的不同分类

企业必须分期进行会计核算和编制财务会计报表。根据报表所反映期间长短的不同，可以分为月度、季度、半年度和年度财务会计报表。

(1) 月度（或季度）财务会计报表，是在月份（或季度）终了后，通过资产负债表、利润表，以简明扼要的形式反映某一月份（或某一季度）财务状况和经营成果主要指标的报表。

(2) 半年度会计报表，是指在每个会计年度的前六个月结束后编制和对外提供的会计报表，主要包括资产负债表、利润表及有关附表。

(3) 年度财务会计报表，是在年度终了后，按会计年度编制和报送，以全面反映会计主体全年经济活动、财务收支和财务成果的报表。年报在种类、揭示的指标信息方面最为完整、齐全。它包括资产负债表、利润表、现金流量表等。

半年度、季度和月度财务会计报表统称为中期财务会计报表。

3. 按其编制单位的不同分类

会计报表按编制单位的不同可分为基层报表和合并报表。

(1) 基层报表是在企业自身会计核算基础上对账簿记录进行加工编制的会计报表，反映企业自身的财务状况、经营成果和现金流量情况。

(2) 合并报表是以母公司和子公司组成的企业集团为会计主体，根据母子公司的会计报表，由母公司编制的综合反映企业集团财务状况、经营成果和现金流量情况的会计报表。

4. 按其所反映的资金运动状况分类

财务会计报表按其反映的资金运动状况，可分为静态报表和动态报表。

(1) 资产负债表是反映企业一定时间财务状况的一种静态报表。

(2) 利润表和现金流量表是反映企业在一定时期内经营成果的一种动态报表。

5. 按其编制的用途不同分类

财务会计报表按其编制用途不同可分为对外报表和内部报表。

(1) 外部报表一般是按照国家统一会计制度所规定的格式和编制要求编制的公开报告的会计报表。

(2) 内部报表则是根据企业内部管理需要而编制的会计报表，一般不需要向外报告，没有统一的编制要求与格式。

(三) 会计报表的编制要求

编制会计报表的目的是向企业相关的使用者提供会计信息，及时、准确、完整和清晰地反映会计主体的财务状况和经营成果。为了充分发挥会计信息的作用，确保信息质量，各会计主体单位应当按照《中华人民共和国会计法》的有关规定，编制并提供真实和完整的会计报表。

1. 会计报表编制的时间要求

信息的基本特征是时效性。会计报表信息有着极强的时间性，一旦过期，即使是真实、可靠、全面和完整的会计信息，它的价值、功效也会丧失。为了确保会计报表编制的及时性，政府有关部门对各单位会计报表的编制时间作出了明确的规定。

(1) 月度报告应于月份终了后 6 天内报出（节假日顺延，下同）；

(2) 季度中期会计报表应当于季度终了后 15 天内对外提供；

(3) 半年度中期会计报表应当于年度中期结束后 60 天内对外提供；

(4) 年度会计报表应当于年度终了后 4 个月内报出。

2. 会计报表编制的格式要求

各会计主体单位必须按照会计制度的统一规定，编制和报送特定内容、种类和特定格式的会计报表。具体要求如下：

(1) 会计报表格式要符合会计制度的规定。资产负债表、利润表和现金流量表要遵循统一的报表格式的规定。

(2) 表首项目要齐全。对于任何一张报表，都要清楚地标明报表名称、编报单位的确切名称、报告日期或时期、报表编号和计价单位等内容。

(3) 报表项目分类及排列顺序，要符合会计准则和会计制度的规定。对于性质相同的有关项目，在报表上要归类反映；需要反映净值的项目，应对有关项目进行调整；重要的项目要单独列示；对于不同类别的项目在报表上的排列顺序，要遵循会计准则和会计惯例，不允许任意改动。

(4) 对于某些表内未能详尽提供的重要资料，应利用附注或附表等形式加以说明。

(5) 企业对外投资如占被投资企业资本总额半数以上，或者实质上拥有被投资企业控制权的，应当编制合并会计报表。特殊行业的企业不宜合并的，可不予合并，但应当将其会计报表一并报送。

3. 会计报表编制的内容要求

企业在进行会计报表编制时，在内容上要保持报表的客观性、一致性和提供资料的充分性。

4. 会计报表编制的质量要求

为了确保会计报表的质量，使会计信息真正成为使用者进行管理和决策的重要依据，各单位要在结账、对账和财产清查的基础上，以登记完整、核对无误的会计账簿记录和其他有关资料为主要依据，编制会计报表。会计报表的编制要做到数字真实、计算准确、内容完整和易于理解。

二、资产负债表的编制

(一) 资产负债表的概念

资产负债表是指反映企业某一特定日期（如月末、季末、年末等）财务状况的会计报表。它是根据“资产＝负债＋所有者权益”这一会计等式，依照一定的分类标准和顺序，将企业在一定日期的全部资产、负债和所有者权益项目进行适当分类、汇总和排列后编制而成的。资产负债表是所有独立核算的企业单位都必须对外报送的会计报表。

（二）资产负债表的作用

资产负债表是最基本的会计报表。任何企业单位都必须定期编制并向有关部门报送资产负债表。资产负债表是进行财务分析的主要信息来源，是进行各项经济活动分析的基础。

（1）企业管理当局通过资产负债表，可以了解企业在生产经营活动中所控制的经济资源和承担的责任和义务，了解资产和负债各项目的构成比例是否合理。通过前后期资产负债表的对比，还可以从企业资产和负债的结构变化中，分析企业经营管理工作的绩效。

（2）企业的投资者通过资产负债表，可以考核企业管理人员是否有效地利用了经济资源，是否使资产得到增值，从而对企业经营管理人员的业绩进行考核评价。

（3）企业债权人和供应商通过资产负债表，可以了解企业的偿债能力与支付能力及现有的财务状况，为他们掌握投资风险、预测企业发展前景、作出投资决策，提供必要的信息。

（4）财政税务等部门，根据资产负债表可以了解企业贯彻执行财经法规和缴纳税款情况，以便进行宏观调控。

（三）资产负债表的格式

资产负债表的格式有账户式和报告式两种。账户式资产负债表是依据“资产＝负债＋所有者权益”的基本等式编制的。报表左方列示的是资产项目，按资产流动性或变现能力递减顺序排列；报表右方列示的是负债和所有者权益项目，负债一般按偿还期递增顺序排列，所有者权益项目按持有时间递减的顺序排列。最终报表左方资产项目的合计等于右方负债和所有者权益项目的合计。按照我国会计制度规定资产负债表采用账户式，其格式如表 4－30 所示。

表 4－30 　　　　**资产负债表**

编制单位：　　　　　　年　　月　　日　　　　　　单位：元

资　产	期末余额	年初余额	负债和所有者权益（或股东权益）	期末余额	年初余额
流动资产：			流动负债：		
货币资金			短期借款		
交易性金融资产			交易性金融负债		
应收票据			应付票据		
应收账款			应付账款		
预付账款			预收账款		
应收利息			应付职工薪酬		
应收股利			应交税费		
其他应收款			应付利息		
存货			应付股利		
一年内到期的非流动资产			其他应付款		
其他流动资产			一年内到期的非流动负债		
流动资产合计			其他流动负债		
非流动资产：			流动负债合计		
可供出售金融资产			非流动负债：		
持有至到期投资			长期借款		
长期应收款			应付债券		

续　表

资　产	期末余额	年初余额	负债和所有者权益（或股东权益）	期末余额	年初余额
长期股权投资			长期应付款		
投资性房地产			专项应付款		
固定资产			预计负债		
在建工程			递延所得税负债		
工程物资			其他非流动负债		
固定资产清理			非流动负债合计		
生产性生物资产			负债合计		
油气资产			所有者权益（或股东权益）：		
无形资产			实收资本（或股本）		
开发支出			资本公积		
商誉			减：库存股		
长期待摊费用			盈余公积		
递延所得税资产			未分配利润		
其他非流动资产			所有者权益合计		
非流动资产合计					
资产总计			负债和所有者权益总计		

资产负债表在形式上，分为表头、表体、表尾三个部分。表头主要包括资产负债表的名称、编制单位、编制日期和货币计量单位；表体包括资产、负债和所有者权益各项目及其金额，也是资产负债表的主要部分；表尾主要包括附注资料等。

（四）资产负债表的编制要求

1. 资产负债表的资料来源

资产负债表的各项目均需填列“年初余额”和“期末余额”两栏。其中，“年初余额”栏内各项数字，应根据上年末资产负债表的“期末余额”栏内所列数字填列。“期末余额”则可为月末、季末或年末的数字，其资料来源有以下几个方面。

（1）总账余额。资产负债表中的大多数项目，可直接根据总账有关各账户的余额填列，如“交易性金融资产”、“短期借款”等；有些项目，则需根据总账中几个账户的余额填列，如“货币资金”是根据总账中“库存现金”、“银行存款”和“其他货币资金”三个账户的余额之和填列的。

（2）根据明细账余额分析填列。如“应收账款”项目，是根据“应收账款”所属各明细账户的期末借方余额合计，减去根据应收账款计提的“坏账准备”账户期末余额后的金额填列。同时，如果“预收账款”所属明细账户出现期末借方余额，也应在“应收账款”项目内列示。

（3）资产负债表的许多项目，需要依据总账和明细账两者的余额计算填列。

（4）备查登记簿记录。会计报表附注中的某些资料，需要按照备查登记簿中的记录编制。

2. 资产负债表各项目的填列方法

（1）资产项目的填列方法。

①“货币资金”项目，反映企业库存现金、银行基本存款户存款、银行一般存款户存款、外埠存款等的合计数。本项目应根据“库存现金”、“银行存款”和“其他货币资金”账户期末余额的合计数填列。

②“交易性金融资产”项目，反映企业为交易目的而持有的债券投资、股票投资和基金投资等交易性金融资产的公允价值。本项目应根据“交易性金融资产”账户的期末余额填列。

③“应收票据”项目，反映企业收到的未到期、也未向银行贴现的商业承兑汇票等应收票据余额，减去已计提坏账准备后的净额。本项目应根据“应收票据”账户的期末余额减去根据应收票据计提的“坏账准备”账户期末余额后的金额填列。

④“应收账款”项目，反映企业因销售商品、产品和提供劳务等而应向购买单位收取的各种款项，减去已计提的坏账准备后的净额。本项目应根据“应收账款”和“预收账款”账户所属各明细账户的期末借方余额合计，减去根据应收账款计提的“坏账准备”账户期末余额后的金额填列。

⑤“预付账款”项目，反映企业按照购货合同规定预付给供应单位的款项等。本项目应根据“预付账款”和“应付账款”科目所属各明细科目的期末借方余额合计数，减去根据预付账款计提的“坏账准备”账户期末余额后的金额填列。如“预付账款”账户所属各明细科目期未有贷方余额的，应在资产负债表“应付账款”项目内填列。

⑥“应收利息”项目，反映企业应收取的债券投资等的利息。本项目应根据“应收利息”账户的期末余额，减去根据应收利息计提的“坏账准备”账户期末余额后的金额填列。

⑦“应收股利”项目，反映企业应收取的现金股利和应收取其他单位分配的利润。本项目应根据“应收股利”科目的期末余额，减去根据应收股利计提的“坏账准备”账户期末余额后的金额填列。

⑧“其他应收款”项目，反映企业除应收票据、应收账款、预付账款、应收股利、应收利息等经营活动以外的其他各种应收、暂付的款项。本项目应根据“其他应收款”账户的期末余额，减去根据其他应收款计提的“坏账准备”账户期末余额后的金额填列。

⑨“存货”项目，反映企业期末在库、在途和在加工中的各种存货的可变现净值，包括各种原材料、库存商品、包装物、低值易耗品、委托加工物资和委托代销商品等。本项目应根据“原材料”、“低值易耗品”、“库存商品”、“包装物”、“委托加工物资”和“委托代销商品”等账户的期末余额合计，减去“受托代销商品款”和“存货跌价准备”账户期末余额后的金额填列。

⑩“一年内到期的非流动资产”项目，反映企业将于一年内到期的非流动资产项目金额。本项目应根据有关账户的期末余额填列。

⑪“其他流动资产”项目，反映企业除以上流动资产的其他流动资产，本项目应根据有关账户的期末余额填列。如其他流动资产价值较大的，应在财务报告附注中披露其内容和金额。

⑫“长期应收款”项目，反映企业长期应收款净额。本项目根据“长期应收款”期末余额，减去一年内到期的部分、“未确认融资收益”账户期末余额、“坏账准备”账户中按

长期应收款计提的坏账损失后的金额填列。

⑬“长期股权投资”项目，反映企业不准备在1年内（含1年）变现的各种股权性质投资的账面余额，减去“长期股权投资减值准备”账户的期末余额后的金额填列。

⑭“投资性房地产”项目，反映企业持有的投资性房地产。企业采用成本模式计量投资性房地产的，本项目应根据“投资性房地产”科目的期末余额，减去“投资性房地产累计折旧（摊销）”和“投资性房地产减值准备”科目期末余额后的金额填列；企业采用公允价值模式计量投资性房地产的，本项目应根据“投资性房地产”科目的期末余额填列。

⑮“固定资产”项目，反映企业各种固定资产原价减去累计折旧和累计减值准备后的净额。本项目应根据“固定资产”账户的期末余额，减去“累计折旧”和“固定资产减值准备”账户期末余额后的金额填列。

⑯“在建工程”项目，反映企业期末各项未完工程的实际支出，包括交付安装的设备价值、未完建筑安装工程已经安装完毕但尚未交付使用的建筑安装工程成本等。本项目应根据“在建工程”账户的期末余额，减去“在建工程减值准备”账户期末余额后的金额填列。

⑰“工程物资”项目，反映企业各项工程尚未使用的工程物资的实际成本。本项目应根据“工程物资”账户的期末余额填列。

⑱“固定资产清理”项目，反映企业因出售、毁损、报废等原因转入清理但尚未清理完毕的固定资产的净值，以及固定资产清理过程中所发生的清理费用和变价收入等各项金额的差额。本项目应根据“固定资产清理”账户的期末借方余额填列；如“固定资产清理”账户期末为贷方余额，则以“—”号填列。

⑲“生产性生物资产”项目，反映企业持有的生产性生物资产。本项目应根据“生产性生物资产”科目的期末余额，减去“生产性生物资产累计折旧”和“生产性生物资产减值准备”科目期末余额后的金额填列。

⑳“油气资产”项目，反映企业持有的矿区权益和油气井及相关设施的原价减去累计折耗和累计减值准备后的净额。本项目应根据“油气资产”科目的期末余额，减去“累计折耗”科目期末余额和相应减值准备后的金额填列。

㉑“无形资产”项目，反映企业各项无形资产的原价扣除摊销额后的净额。本项目应根据“无形资产”账户的期末余额，减去“累计摊销”和“无形资产减值准备”账户期末余额后的金额填列。

㉒“开发支出”项目，反映企业开发无形资产过程中发生的、尚未形成无形资产成本的支出。本项目根据“开发支出”账户的期末余额填列。

㉓“商誉”项目，反映企业商誉的价值。本项目根据“商誉”账户期末余额填列。

㉔“长期待摊费用”项目，反映企业尚未摊销完毕的、摊销期限在一年以上的各项费用。本账户根据期末借方余额填列。

㉕“递延所得税资产”项目，反映企业可抵扣暂时性差异形成的递延所得税资产。本项目应根据“递延所得税资产”账户的期末借方余额填列。

㉖“其他非流动资产”项目，反映企业除长期股权投资、固定资产、在建工程、工程物资、无形资产等资产以外的其他非流动资产。本项目应根据有关科目的期末余额填列。

(2) 负债项目的填列方法。

①“短期借款”项目，反映企业借入尚未归还的一年期以下（含一年）的借款。本项目应根据“短期借款”账户的期末余额填列。

②“交易性金融负债”项目，反映企业发行短期债券等所形成的交易性金融负债公允价值。本项目根据“交易性金融负债”账户期末余额填列。

③“应付票据”项目，反映企业为了抵付货款等所开出并承兑的尚未到期付款的应付票据，包括银行承兑汇票和商业承兑汇票。本项目应根据“应付票据”账户的期末余额填列。

④“应付账款”项目，反映企业购买材料、商品或接受劳务供应等而应付给供应单位的款项。本项目应根据“应付账款”和“预付账款”账户所属各明细账户的期末贷方余额合计数填列；如“应付账款”账户所属明细账户期末有借方余额的，应在本表“预付账款”项目内填列。

⑤“预收账款”项目，反映企业预收购买单位的货款。本项目应根据“预收账款”和“应收账款”科目所属各明细科目的期末贷方余额合计数填列。如“预收账款”科目所属各明细科目期末有借方余额，应在本表“应收账款”项目内填列。

⑥“应付职工薪酬”项目，反映企业应付未付的工资和社会保险费等职工薪酬。本项目应根据“应付职工薪酬”账户的期末贷方余额填列，如“应付职工薪酬”账户期末为借方余额，以“—”号填列。

⑦“应交税费”项目，反映企业期末未交、多交或未抵扣的各种税金。本项目应根据“应交税费”账户的期末贷方余额填列；如“应交税费”账户期末为借方余额，以“—”号填列。

⑧“应付利息”项目，反映企业应付未付的各种利息。本项目根据“应付利息”账户期末余额填列。

⑨“应付股利”项目，反映企业尚未支付的已分配给股东的现金股利。本项目应根据“应付股利”账户的期末余额填列。

⑩“其他应付款”项目，反映企业所有应付和暂收其他单位和个人的款项，本项目应根据“其他应付款”账户的期末余额填列。

⑪“一年内到期的非流动负债”项目，反映企业各种非流动负债在一年之内到期的金额，包括一年内到期的长期借款、长期应付款和应付债券。本项目应根据上述账户分析计算后填列。

⑫“其他流动负债”项目，反映企业除以上流动负债以外的其他流动负债。本项目应根据有关账户的期末余额填列，如“待转资产价值”账户的期末余额可在本项目内反映。如其他流动负债价值较大的，应在会计报表附注中披露其内容和金额。

⑬“长期借款”项目，反映企业借入尚未归还的一年期以上（不含一年）的借款本息。本项目应根据“长期借款”账户的期末余额填列。

⑭“应付债券”项目，反映企业发行的尚未归还的各种债券的本息。本项目应根据“应付债券”账户的期末余额填列。

⑮“长期应付款”项目，反映企业除长期借款和应付债券以外的其他长期应付款。本

项目应根据“长期应付款”账户的期末余额，减去“未确认融资费用”账户期末余额后的金额填列。

⑯“专项应付款”项目，反映企业取得政府作为企业所有者投入的具有专项或特定用途的款项。本项目应根据“专项应付款”科目的期末余额填列。

⑰“预计负债”项目，反映企业计提的各种预计负债。本项目根据“预计负债”账户期末余额填列。

⑱“递延所得税负债”项目，反映企业根据应纳税暂时性差异确认的递延所得税负债。本项目根据“递延所得税负债”账户期末余额填列。

⑲“其他非流动负债”项目，反映企业除长期借款、应付债券等项目以外的其他非流动负债。其他非流动负债项目应根据有关科目的期末余额填列，以及有关科目期末余额减去将于一年内（含一年）到期偿还数后的余额填列。非流动负债各项目中将于一年内（含一年）到期的非流动负债，应在“一年内到期的非流动负债”项目内单独反映。

（3）所有者权益项目的填列方法。

“实收资本（或股本）”、“资本公积”和“盈余公积”项目，分别反映企业实际收到的资本（或股本）总额、资本公积的期末余额和盈余公积的期末余额，直接根据各账户的期末余额填列。

“未分配利润”项目，反映企业尚未分配的利润。本项目应根据“本年利润”和“利润分配”账户的余额计算填列，未弥补的亏损在本项目内以“—”号填列。

三、利润表的编制

（一）利润表的概念及作用

利润表是反映企业在一定会计期间（如月度、季度、年度）经营成果的报表。该表是按利润形成以及计算的过程编制的，是进行分配利润的依据，是财务报告的主表之一。

（1）利润表提供的信息是企业投资人、债权人及外部信息使用者进行相关经济决策的主要依据。

通过利润表提供的反映企业经营成果的数据，并对不同时期利润表数据的比较，可以分析企业的获利能力和偿债能力，预测未来收益，分析企业今后利润的发展趋势，便于投资者、债权人进行投资决策和信贷决策。

（2）利润表提供的信息是考核和评价企业经营管理人员经营业绩和经营管理水平的一个重要依据。

通过对利润表中各项构成因素的比较分析，可以明确各项收入、费用及利润之间的消长趋势，考核企业经营目标的完成情况，发现各方面工作中存在的问题，促使企业经营管理人员找出差距，明确重点，不断提高经营管理水平。

（3）利润表提供的利润数据，是税收部门课征所得税的依据。

通过利润表反映的收入、费用成本及利润情况，可作为有关贸易组织和政府有关部门制定价格的基本依据。此外，利润表还是国民经济核算中国民收入计算的主要资料来源。

（二）利润表的格式

利润表的格式主要有多步式和单步式两种。利润表在形式上，分为表头和表体两个部分。表头主要反映利润表的名称、编制单位、编制日期和金额单位；表体分为反映报告期间的各项收支、利润指标及其金额的项目和“本期金额”栏和“上期金额”栏。我国企业利润表一般采用多步式，其格式如表 4－31 所示。

表 4－31　　利润表

编制单位：　　　　____年____月　　　　单位：元

项　目	本期金额	上期金额
一、营业收入		
减：营业成本		
营业税金及附加		
销售费用		
管理费用		
财务费用		
资产减值损失		
加：公允价值变动收益（损失以“—”号填列）		
投资收益（损失以“—”号填列）		
二、营业利润（亏损以“—”号填列）		
加：营业外收入		
减：营业外支出		
三、利润总额（亏损总额以“—”号填列）		
减：所得税		
四、净利润（净亏损以“—”号填列）		

利润表按以下多步骤计算填列的：

1. 营业利润的计算

营业利润＝营业收入－营业成本－营业税金及附加－销售费用－管理费用－财务费用－资产减值损失＋公允价值变动收益＋投资收益

2. 利润总额的计算

利润总额＝营业利润＋营业外收入－营业外支出

3. 净利润的计算

净利润＝利润总额－所得税

（三）利润表的编制方法

（1）利润表反映企业一定时期内利润（或亏损）的实现情况。利润表中的“本期金额”栏反映各项目的本月实际发生数，在编制时依据损益类相关账户的发生额填列，一般而言，各收入类项目应根据相应的收入类账户的贷方发生额填列，各费用类项目则应根据相应的费用类账户的借方发生额填列；“上期金额”栏应根据上年度（或上半年、上季、上月）利润表“本期金额”栏内所列数字填列。

（2）利润表各项目的填列方法如下：

①“营业收入”项目，反映企业经营主要业务和其他业务所确认的收入总额，应根据

“主营业务收入”和“其他业务收入”账户的发生额之和填列。

②“营业成本”项目，反映企业经营主要业务和其他业务所发生的成本总额，应根据“主营业务成本”和“其他业务成本”账户的发生额之和填列。

③“营业税金及附加”项目，反映企业经营业务应负担的消费税、营业税、城市建设维护税、资源税、土地增值税和教育费附加等，应根据“营业税金及附加”账户的发生额填列。

④“销售费用”项目，反映企业为销售商品而发生的包装费、广告费等费用，以及为销售本企业商品而专设的销售机构的职工薪酬、业务费等，应根据“销售费用”账户的发生额填列。

⑤“管理费用”项目，反映企业管理部门为组织和管理生产经营发生的费用，应根据“管理费用”账户的发生额填列。

⑥“财务费用”项目，反映企业为筹集生产经营所需资金等而发生的筹资费用，应根据“财务费用”账户的发生额填列。

⑦“资产减值损失”项目，反映企业各项资产发生的减值损失，应根据“资产减值损失”账户的发生额填列。

⑧“公允价值变动收益”项目，反映企业应当计入当期损益的资产或负债公允价值变动收益，应根据“公允价值变动损益”账户的发生额填列；如为净损失，则以“－”号填列。

⑨“投资收益”项目，反映企业以各种方式对外投资所取得的收益，应根据“投资收益”账户的发生额填列；如为投资损失，则以“－”号填列。

⑩“营业利润”项目，反映企业实现的营业利润。如为亏损，则以“－”号填列。

⑪“营业外收入”项目，反映企业发生的与经营业务无直接关系的各项收入，应根据“营业外收入”账户的发生额填列。

⑫“营业外支出”项目，反映企业发生的与经营业务无直接关系的各项支出，应根据“营业外支出”账户的发生额填列。

⑬“利润总额”项目，反映企业实现的利润。如为亏损，则以“－”号填列。

⑭“所得税”项目，反映企业应从当期利润总额中扣除的所得税费用，应根据“所得税费用”账户的发生额填列。

⑮“净利润”项目，反映企业实现的净利润。如为亏损，则以“－”号填列。

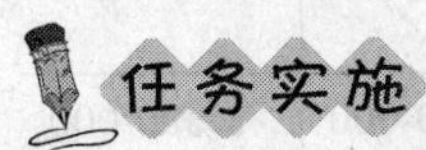

一、编制资产负债表

根据任务导入所给资料编制资产负债表，如表 4－32 所示。

表 4－32　　　　资产负债表

编制单位：华兴旅游饭店　　　　2011 年 12 月 31 日　　　　单位：元

资产	期末余额	年初余额	负债和所有者权益	期末余额	年初余额
流动资产：			流动负债：		

续 表

资产	期末余额	年初余额	负债和所有者权益	期末余额	年初余额
货币资金	670 300	1 505 000	短期借款	250 000	350 000
交易性金融资产	20 000	20 000	交易性金融资产	300 000	
应收票据	200 000	200 000	应付票据	885 000	300 000
应收账款	690 000	199 000	应付账款	335 000	885 000
预付账款	50 000	50 000	预收账款		
应收利息			应付职工薪酬	335 000	120 000
应收股利			应交税费	33 575	36 500
其他应收款	10 000	10 000	应付利息		
存货	2 550 000	2 170 000	应付股利		
一年内到期的非流动资产			一年内到期的非流动负债		815 000
其他流动资产			其他应付款	147 500	147 500
流动资产合计	4 190 300	4 154 000	其他流动负债		
非流动资产：			流动负债合计	1 988 575	2 654 000
可供出售金融资产	200 000		非流动负债：		
持有至到期投资	1 226 000		长期借款	980 000	500 000
长期应收款			应付债券		
长期股权投资		300 000	长期应付款		
投资性房地产			专项应付款		
固定资产		1 500 000	预计负债		
在建工程	370 000	200 000	递延所得税负债		
工程物资	270 000	100 000	其他非流动负债		
固定资产清理			非流动负债合计	980 000	500 000
生产性生物资产			负债合计	2 968 575	3 154 000
油气物质			所有者权益：		
无形资产	341 500	400 000	实收资本	3 300 000	3 300 000
开发支出			资本公积		
商誉			减：库存股		
长期待摊费用			盈余公积	112 000	100 000
递延所得税资产			未分配利润	217 225	100 000
其他非流动资产			所有者权益合计	3 629 225	3 500 000
非流动资产合计	2 407 500	2 500 000			
资产总计	6 597 800	6 654 000	负债和所有者权益总计	6 597 800	6 654 000

二、编制利润表

根据任务导入所给资料编制利润表，如表 4－33 所示。

表 4－33　　**利润表**

编制单位：华兴旅游饭店　　2011 年 11 月　　单位：元

项　　目	本期金额	上期金额
一、营业收入	1 310 000	略
减：营业成本	600 000	
营业税金及附加	180 000	
销售费用	70 000	
管理费用	120 000	
财务费用	5 000	
加：投资收益	800 000	
二、营业利润	1 235 000	
加：营业外收入	3 800	
减：营业外支出	23 000	
三、利润总额	1 250 000	
减：所得税	412 500	
四、净利润	837 500	

任务总结

进行资产负债表和利润表的编制，要理解报表编制的依据，熟悉报表编制方法，特别是各项目填列的依据。在编制资产负债表时需要注意表中根据总账中几个账户的余额填列、根据明细账余额分析填列项目的正确性，以及表合计数计算的正确性；在编制利润表时，要熟悉各步骤之间的关系，能正确填列各直接填列项目，注意每一步计算的正确性。在编制过程中，一定要严谨、细心，一丝不苟，只有这样，才能保证会计报表编制的准确性。

实训项目

【实训目标】

掌握利润表的编制方法。

【内容与要求】

天华旅游饭店 2011 年度各项目自年初期起至报告期末止的累计实际发生数如下表所示。

2011 年损益类账户累计发生额　　单位：元

项　　目	本月数	本年累计数
主营业务收入		950 000

续 表

项　　目	本月数	本年累计数
其他业务收入		50 000
投资收益		72 500
营业外收入		3 000
主营业务成本		550 000
营业税金及附加	（略）	3 000
其他业务成本		30 000
销售费用		20 000
管理费用		211 250
财务费用		40 000
营业外支出		50 200
资产减值损失		50 925
所得税费用		3 200

要求：请根据所给资料编制天华旅游饭店2011年的利润表。

【组织与实施】

1. 了解利润表的构成，熟悉表中各项目及其关系

利润表

编制单位：　　　　　　　　____年____月　　　　　　　　单位：元

项　　目	本月金额	上期金额
一、营业收入		
减：营业成本		
营业税金及附加		
销售费用		
管理费用		
财务费用		
资产减值损失		
加：公允价值变动收益（损失以“—”号填列）		
投资收益（损失以“—”号填列）		
二、营业利润（亏损以“—”号填列）		
加：营业外收入		
减：营业外支出		
三、利润总额（亏损总额以“—”号填列）		
减：所得税		
四、净利润（净亏损以“—”号填列）		

2. 熟悉利润表相关的计算公式

（1）营业利润的计算公式。

营业利润＝营业收入－营业成本－营业税金及附加－销售费用－管理费用－财务费

用一资产减值损失＋公允价值变动收益＋投资收益

(2) 利润总额的计算公式。

利润总额＝营业利润＋营业外收入一营业外支出

(3) 净利润的计算公式。

净利润＝利润总额一所得税

【评价标准】

1. 能根据所给本年度各账户发生额正确填表。

2. 能根据表中关系正确运用公式计算相应的利润。

一、单项选择题

1. 根据我国现行会计制度的规定，(　　) 不属于财务会计报告的组成部分。

A. 会计报表　　B. 会计报表附注　　C. 财务分析报告　　D. 财务情况说明书

2. (　　) 不属于财务会计报表编制要求。

A. 全面完整　　B. 相关可比　　C. 真实可靠　　D. 节约成本

3. 目前，我国会计制度规定，企业的资产负债表的编制采用 (　　) 格式。

A. 报告式　　B. 账户式　　C. 单步式　　D. 多步式

4. 我国现行会计准则和行业会计制度规定，利润表的格式采用 (　　)。

A. 账户式　　B. 报告式　　C. 单步式　　D. 多步式

5. 静态会计报表是指综合反映资产、负债和所有者权益的会计报表。一般情况下，反映企业某一特定日期的财务状况的 (　　) 属于静态会计报表。

A. 资产负债表　　B. 利润表　　C. 现金流量表　　D. 利润分配表

二、多项选择题

1. (　　) 属于企业的年度会计报表。

A. 资产负债表　　B. 利润表　　C. 利润分配表　　D. 现金流量表

2. 资产负债表左方反映的经济内容有 (　　)。

A. 流动负债　　B. 流动资产

C. 长期投资　　D. 无形资产及其他资产

3. 资产负债表中，根据总账有关账户期末余额直接填列的项目有 (　　)。

A. 累计折旧　　B. 短期借款　　C. 应交税费　　D. 实收资本

4. 资产负债表中"货币资金"项目的期末数，应根据 (　　) 账户的期末余额计算填列。

A. 库存现金　　B. 预收账款　　C. 其他货币资金　　D. 预付账款

5. (　　) 不属于我国企业利润表编制格式。

A. 报告式　　B. 账户式　　C. 单步式　　D. 多步式

6. 利润表是企业的 (　　)。

A. 主要会计报表　　B. 经营成果报表　　C. 动态报表　　D. 静态报表

三、判断题

(　　) 1. 每个企业都必须定期编制会计报表。

(　　) 2. 根据我国现行《企业会计制度》的规定，季度、月度的会计报表至少应当包括资产负债表和利润表。

(　　) 3. 资产负债表和利润表都是反映企业特定日期财务状况的会计报表。

(　　) 4. 账户式结构指的是资产负债表按上下顺序依次排列资产、负债、所有者权益项目。

(　　) 5. 利润表可以帮助报表使用者分析企业某一特定日期的经营成果和利润的未来发展趋势。

项目五　熟悉旅游企业典型核算业务

◆知识目标

1. 熟悉资产、负债和所有者权益管理的有关规定。
2. 掌握旅游企业资产、负债和所有者权益核算内容。
3. 熟悉收入、费用和利润管理的有关规定。
4. 掌握旅游企业收入、费用和利润的核算内容。

◆能力目标

在实务中，能正确运用资产、负债和所有者权益以及收入、费用和利润各类账户进行核算。

任务一　掌握旅游企业资产、负债和所有者权益的核算

小刘自己当老板，在一处旅游风景区开一家小餐厅，开设银行存款账户后，投入自有资金10万元，向银行借入为期六个月的款项10万元，存入本企业账户。餐厅共有人员6人，出纳1人，小刘自己做会计记账，厨师1人，服务人员3人。

小刘应如何针对餐厅开办初期的情况进行会计核算？

任务分析

针对餐厅经营业务情况，判断经济业务所引起的会计六要素资产、负债和所有者权益的具体哪些要素发生了变化。根据要素变化情况，确定其所涉及的会计账户及其性质，而后进行会计核算。正确完成任务必须熟悉各要素及其要素具体分类设的账户的结构并熟悉对相关账户的有关管理。本任务涉及的主要是资产、负债和所有者权益三要素的变化，具体涉及的会计账户有银行存款、实收资本、短期借款等。

知识准备

任何企业开展经营活动都必须拥有一定的资产，资产是企业经营活动的基础和前提条件。资产的形成只有两条渠道：一是投资者向企业进行投资；二是债权人把钱借给企业。

一、掌握旅游企业资产的核算

旅游企业的资产按其流动性可分为流动资产和非流动资产。流动资产主要包括货币资金、应收及预付款项和存货等；非流动资产主要包括固定资产、无形资产和其他资产等。

（一）货币资金的核算

在旅游企业的经营活动中，最常见且流动性最强的资产就是库存现金、银行存款以及存放在金融机构的其他款项，它们共同构成了企业货币资金的内容，是资产的重要组成部分，是在企业经营的过程中停留在货币形态的资金，可以随时变现使用。

1. 库存现金的核算

现金有广义和狭义之分。广义的现金包括库存现金、银行存款、银行本票、银行汇票、信用证存款、信用卡存款等内容。狭义的现金即库存现金。

企业的库存现金在使用过程中通过设置库存现金总账（一般采用三栏式）和库存现金日记账进行核算。核算要求每日终了，库存现金总账余额应等于库存现金日记账余额，库存现金日记账余额应等于实际库存现金的余额。企业内部周转使用的备用金，在“其他应收款”账户核算，或单独设置“备用金”账户核算，不在本科目核算。

（1）库存现金的管理。

① 库存现金使用范围的规定。任何企业在进行经济活动的过程中，使用现金都必须按照国务院颁布的《现金管理暂行条例》，在规定的范围内使用。现金的使用主要限用于以下几个方面。

A. 职工工资，津贴；

B. 个人劳务报酬；

C. 根据国家制度条例的规定，颁发给个人的科学技术，文化艺术，体育等方面的各种奖金；

D. 向个人收购农副产品和其他物资的价款；

E. 出差人员必须随身携带的差旅费；

F. 结算起点（1 000 元）以下的零星支出等；

G. 中国人民银行确定需要支付现金的其他支出。

② 库存现金的限额规定。企业库存现金的限额是开户银行根据该企业的实际需要核定的，以用于日常零星支付。一般按照企业 3～5 天日常零星开支的需要确定，核定后的库存现金限额，开户单位必须严格遵守，超过部分应于当日终了前存入银行。边远地区和交通不发达地区开户企业的库存现金限额可以适当放宽，但最多不能超过 15 天的日常零星开支。

③ 库存现金的日常收支管理。企业在经营活动中发生的现金收入，应及时送存银行，不得直接支出，即不得“坐支现金”。企业如因特殊情况需要坐支现金的，应当事先报经

开户银行审查批准，经开户银行审批后，由开户银行核定坐支范围和限额。企业不得用不符合财务制度的凭证顶替库存现金，即不得“白条顶库”；不准谎报用途套取现金；不准用银行账户代其他单位和个人存入或支取现金；不准保留账外公款，即不得公款私存，不得设置“小金库”等。企业应当严格按照国家有关现金管理的规定收支现金，超过库存现金限额的部分应当及时交存银行，并严格按照制度规定核算现金的各项收支业务。

(2) 库存现金收付的核算。

①“库存现金”账户的设置。“库存现金”账户是根据资产类科目开设的，核算库存现金的收、支和结余情况。“借方”登记库存现金的增加额，“贷方”登记库存现金的减少额，余额一般在“借方”，反映库存现金的库存金额。

借方 库存现金	贷方
库存现金增加的金额	库存现金减少的金额
库存现金的库存金额	

② 库存现金收付的核算。企业库存现金收付的核算相对比较简单，收入的业务主要包括：从银行提取现金；收取不足转账起点的小额销货款；支付业务主要包括现金开支范围以内的各项支出。

收到现金

借：库存现金

贷：资产、负债、收入类科目

支出现金

借：资产、费用、负债等科目

贷：库存现金

【例 5-1】天华旅游饭店 6 月 5 日从银行提取现金 10 000 元。

借：库存现金 10 000

贷：银行存款 10 000

【例 5-2】天华旅游饭店 6 月 11 日支付从鲜蔬公司购入的各类蔬菜未付款5 000元。

借：应付账款 5 000

贷：银行存款 5 000

2. 银行存款的核算

(1) 银行存款账户的有关规定。

银行存款是指企业存放在银行和其他金融机构的货币资金。按照国家现金管理和结算制度的规定，每个企业都要在银行开立账户，称为结算户存款，用来办理存款、取款和转账结算。

根据《银行账户管理办法》的规定，企业存款账户分为基本存款账户、一般存款账户、临时存款账户和专用存款账户。企业在其账户内应有足够资金保证支付。

① 基本存款账户是存款人办理日常转账结算和现金收付的账户。存款人的工资、奖金等现金的支取，只能通过本账户办理。企业只能在银行开立一个基本存款账户。

② 一般存款账户是存款人在基本存款账户以外的银行借款转存、与基本存款账户的存款人不在同一地点的附属非独立核算单位开立的账户。存款人可以通过本账户办理转账结算和现金缴存，但不能办理现金支取。

③ 临时存款账户是存款人因临时经营活动需要开立的账户。存款人可以通过本账户办理转账结算和根据国家现金管理的规定办理现金收付。

④ 专用存款账户是存款人因特定用途需要开立的账户。

(2) 银行存款常用结算方式。

旅游企业银行收付业务结算方式可采用银行汇票、商业汇票、银行本票、支票、汇兑、委托收款、异地托收承付结算方式共七种。其主要内容如表 5－1 所示。

表 5－1　　银行存款常用结算方式

常用结算方式	银行汇票	商业汇票		银行本票		支票			汇兑		委托收款		托收承付
分类	—	商业承兑汇票	银行承兑汇票	定额本票	不定额本票	普通支票	现金支票	转账支票	电汇	信汇	邮寄	电划	—
签发人	银行	收款人或付款人		银行		存款人			付款人		收款人		收款人
金额起点	500 元	不受限制		500 元、1 000 元、5 000 元和 10 000 元	100 元	100 元			不受限制		不受限制		10 000 元①
票据期限	提示付款期 1 个月	承兑期一般为 3～6 个月		付款期 1 个月最长不超过 2 个月		有效期限 10 天			付款期限 2 个月		付款期限 3 天		验单付款的承付期为 3 天；验货付款的承付期为 10 天
适用结算方式	先收款后发货交易；钱货两清交易的异地结算	通用结算方式；不适用于非商品交易		同城结算支取现金的票据		同城结算			银行不负审查责任的异地结算		通用结算		银行有责任在付款单位验货后付款的异地结算②

注：①新华书店系统每笔的金额起点为 1 000 元。

②代销、寄销、赊销商品的款项不得办理托收承付。

企业在使用支票时，需要注意空白支票必须与印章分开存放；支票要指定专人保管和

签发；不得随意携带空白支票外出购物，不得在空白支票上预先盖好印鉴备用；不得出租、出借支票或转让支票给其他单位和个人使用。

（3）银行存款的核算。

①“银行存款”账户的设置。“银行存款”账户是根据资产类科目开设的，核算银行存款的存入、支取和结余情况。“借方”登记企业向银行存入款项的增加额，“贷方”登记企业从银行支取存款的减少额，余额一般在“借方”，反映企业实际存放在银行的存款金额。

借方　　　　　　　　银行存款	贷方
银行存款存入的增加金额	银行存款支出的减少金额
银行存款的实际金额	

② 银行存款收付的核算。企业银行存款收入业务主要包括：经营中取得的收入款项；额外取得的利得等；支出业务主要包括从银行提取现金、偿还借款及各种债务、支付工资、支付税款等。

收款业务

借：银行存款

　　贷：负债、所有者权益、收入类科目

付款业务

　借：费用、负债、资产、所有者权益等科目

　　贷：银行存款

【例 5-3】天华旅游饭店 2011 年 6 月 20 日餐饮部销售饮品取得收入 3 500 元，当即存入银行。

借：银行存款　　　　　　　　　　3 500

　贷：主营业务收入　　　　　　　　3 500

【例 5-4】天华旅游饭店 2011 年 6 月 25 日从银行提取现金 260 000 元，备发工资。

借：库存现金　　　　　　　　　260 000

　贷：银行存款　　　　　　　　　260 000

2. 其他货币资金的核算

其他货币资金是指企业除库存现金、银行存款以外的其他各种货币资金，即存放地点和用途均与库存现金和银行存款不同的货币资金，主要包括外埠存款、银行汇票存款、银行本票存款、信用卡存款、信用证保证金存款和存出投资款等。

外埠存款是指企业到外地进行临时或零星采购时，汇往采购地银行开立采购专户的款项；银行汇票存款是指企业为取得银行汇票按规定存入银行的款项；银行本票存款是指企业为取得银行本票按规定存入银行的款项；信用卡存款是指企业为取得信用卡按照规定存入银行的款项；信用证保证金存款是指企业为取得信用证按规定存入银行的保证金；存出投资款是指企业已存入证券公司但尚未进行短期投资的现金。

企业进行其他货币资金核算，存入款项时，借记本科目，贷记“银行存款”科目；使用其他货币资金进行交易，按实际发生额，借记有关科目，贷记本科目；将多余的存款转回当地银行时，根据银行的收账通知，借记“银行存款”，贷记本科目。

（二）应收及预付款项的核算

在企业经营活动中，由于日常往来交易而形成的应收及预付款项构成了企业的债权资产。应收及预付款项主要包括应收票据、应收账款、预付账款和其他应收款等。

1. 应收票据的核算

应收票据是指企业因销售商品、产品或提供劳务等而收到的商业汇票，包括银行承兑汇票和商业承兑汇票。

（1）“应收票据”账户的设置。

“应收票据”账户是根据资产类科目开设的，核算企业因销售商品、产品、提供劳务等而收到的商业汇票。“借方”登记企业取得的商业汇票的面值，“贷方”登记企业到期收回票款或到期前向银行贴现的应收票据或背书转让的应收票据，余额一般在“借方”，反映企业持有的商业汇票票面金额。

借方　　　　应收票据	贷方
企业取得的商业汇票的票面价值	企业到期收回票款或到期前向银行贴现的应收票据或背书转让的应收票据
企业持有的商业汇票票面金额	

（2）应收票据的核算。

按现行制度规定，企业收到开出承兑的商业汇票，无论是否带息，均按应收票据的票面价值入账。带息的应收票据应于期末按票据的票面价值和确定的利率计提利息，并同时计入当期损益。具体核算概括如表 5－2 所示。

表 5－2　　　　应收票据的一般核算

票据类型及核算	不带息的应收票据	带息的应收票据
取得时 （无论带息与否）	借：应收票据（面值） 　贷：主营业务收入	借：应收票据（面值） 　贷：主营业务收入
计提票据利息		（1）持有期间在期末计提利息 借：应收票据 　贷：财务费用 （2）到期利息 借：银行存款 　贷：财务费用

续　表

票据类型及核算	不带息的应收票据	带息的应收票据
到期收回	借：银行存款 　贷：应收票据	借：银行存款（实收金额） 　贷：应收票据（账面金额） 　　财务费用（未计提利息部分）
到期付款人无力偿还，银行退回（商业承兑汇票）	借：应收账款 　贷：应收票据	借：应收账款 　贷：应收票据（账面余额）
抵偿应收账款时	借：应收票据 　贷：应收账款	

注：①期末不再计提利息，其包含利息在备查簿中登记，待实际收到时在冲减“财务费用”。

应收票据贴现，是指企业将未到期的商业汇票经背书交给贴现银行，银行受理后从到期值中扣除按银行贴现率计算确定的贴现息后，将余额支付给贴现企业的一种融资行为。贴现企业收到的贴现收入与贴现票据面值或账面余额的差额，计入财务费用。

应收票据转让，是指企业为取得所需商品物资将持有的未到期商业汇票经过背书，转让给供货单位的一种商业信用方式。背书是指在票据背面或者贴单上记载有关事项并签章的票据行为，即持票人在票据背面签字，签字人称为背书人，背书人对票据的到期付款承担责任。企业通过应收票据换取所需物资，一方面反映为物资的增加，另一方面反映为应收票据的减少。

2. 应收账款的核算

应收账款是指企业因日常经营活动而发生的销售商品、产品或提供劳务等，应向购货单位或接受劳务单位收取的款项。

（1）应收账款的计价。

企业因销售形成的应收账款，应按实际发生时的金额计量和记录。实际发生的金额包括货款，也包括代购货单位垫付的运杂费。计价时还需要考虑商业折扣和现金折扣等因素。

商业折扣指企业根据市场需求情况或针对不同的客户，在商品标价上给予的折扣，是企业最常用的促销方式之一。一般情况下，企业发生商业折扣时，应收账款按实际售价确定，也就是根据商品标价减去商业折扣后的实际价格来确定入账金额。

现金折扣是指企业为鼓励购货单位在规定的期限内付款，而向其提供的一种付款优惠的赊销方式，其目的是为了促进企业资金及时回笼，加速资金流转速度，减少坏账损失。购货单位在不同期限内付款可享受不同比例的折扣。现金折扣通常表示方式为“折扣/付款期限”，即 2/10，1/20，n/30，分别表示十天内付款给予 2%的折扣，二十天付款给予1%的折扣，三十天付款无折扣。

（2）“应收账款”账户的设置。

“应收账款”账户是根据资产类科目开设的，核算企业因日常经营活动而发生的销售商品、产品或提供劳务等，应向购货单位或接受劳务单位收取的款项，以及代垫运杂费和承兑到期而未能收到款的商业承兑汇票。“借方”登记企业日常经营活动形成的各种应收款项，“贷方”登记收回的各种应收款项、改用商业汇票结算及转销为坏账的应收账款，期末“借方”余额，反映企业尚未收回的应收账款，期末“贷方”余额，反映企业向有关单位预收款项。一般应按不同的购货或接受劳务的单位进行明细核算。

借方　　　　　应收账款	贷方
1. 应收取的购买商品、材料等账款 2. 应收代垫包装费、运杂费 3. 已冲减坏账准备而又收回的坏账损失 4. 已贴现的承兑汇票，因承兑企业无力支付的票款 5. 预收款项的结算	1. 收取购买商品、材料等账款 2. 收回代垫的包装费、运杂费 3. 已转销而又收回的坏账损失 4. 企业的应收账款改用商业承兑汇票结算 5. 退回的预收账款
尚未收回的账款	向有关单位预收款项

按现行制度规定，不单独设置“预收账款”账户的企业，预收的账款也在本账户核算。

（3）应收账款的核算。

应收账款账户主要反映应收账款的发生与收回情况。应收账款的发生一般是因企业进行日常销售活动，或提供劳务等经营活动产生的、应收而未收的，流动资产性质的债权款项，应收对象是企业日常交易的对象。收回业务是指企业过去交易事项形成的应收而未收的款项的收回，即债务人还款。

① 企业发生应收账款时，按应收金额：

借：应收账款

　　贷：主营业务收入

② 收回应收账款时：

借：银行存款

　　贷：应收账款

③ 企业代购货单位垫付的包装费、运杂费时：

借：应收账款

　　贷：银行存款

④ 收回代垫费用时：

借：银行存款

　　贷：应收账款

⑤ 如果企业应收账款改用商业汇票结算，在收到承兑的商业汇票时，按票面价值：

借：应收票据

　　贷：应收账款

【例 5-5】天华旅游饭店与飞腾公司有长年提供客房服务协议，一般按季以转账支票方式结算。2011 年 7 月 6 日该公司到饭店举办会议，饭店为其提供客房服务，总价款 6 000元，编制会计分录如下：

借：应收账款　　　　6 000

　贷：主营业务收入　　　　6 000

【例 5-6】2011 年 7 月 9 日天华旅游饭店与飞腾公司以转账方式结算上季度客房服务款项共计 50 000 元，编制会计分录如下：

借：银行存款　　　　50 000

　贷：应收账款　　　　50 000

3. 预付账款的核算

预付账款是指企业按照购销合同规定预付给供应单位的款项。

“预付账款”账户的设置。“预付账款”账户是根据资产类科目开设的，核算企业因日常经营活动而形成的预付款项。“借方”登记预付、补付的款项，“贷方”登记收到所购物资的应付金额及退回的多付款项，期末“借方”余额，反映企业实际预付的款项，期末“贷方”余额，反映企业尚未补付的款项。一般应按供应单位进行明细核算。

借方　　　　　　预付账款	贷方
预付、补付账款的金额	应付及退回多付的款项
实际预付的金额	尚未补付的金额

按现行制度规定，预付账款情况不多的企业，将预付的款项直接记入“应付账款”账户的借方，不设置“预付账款”账户。但在期末编制财务报表时，需要对“应付账款”账户的明细账进行分析，分别填列“应付账款”和“预付账款”项目。

（1）企业因购货而预付的款项时：

借：预付账款

　贷：银行存款

（2）收到所购物资时，根据发票账单等列明应计入购入物资成本的金额：

借：物资采购

　　原材料

　　库存商品等

　贷：预付账款

（3）补付的款项时：

借：预付账款

　贷：银行存款

（4）收到退回多付的款项时：

借：银行存款

　贷：预付账款

【例5-7】天华旅游饭店2011年7月10日因承办宴席20桌，向鲜蔬公司预订新鲜蔬菜，按协议交订金1 000元，编制会计分录如下：

借：预付账款　　　　　　　　　　　　　　1 000

　贷：银行存款　　　　　　　　　　　　　　1 000

【例5-8】天华旅游饭店2011年7月15日收到向鲜蔬公司预订新鲜蔬菜，补付余款2 000元，编制会计分录如下：

借：预付账款　　　　　　　　　　　　　　2 000

　贷：银行存款　　　　　　　　　　　　　　2 000

4. 其他应收款

其他应收款是指除应收账款、应收票据和预付账款等以外的其他各种应收、暂付款项。如各种应收赔款、罚款，存出保证金，以及企业应向职工收取的各种垫付款项等。

“其他应收款”账户的设置。“其他应收款”账户是根据资产类科目开设的，核算企业临时性应收、暂付款的发生和结算情况。“借方”登记各种其他应收款项的发生，“贷方”登记其他应收款项的收回，期末“借方”余额，反映企业尚未收回的其他应收款。一般应按其他应收款的项目分类，并按不同的债务人进行明细核算。

借方　　　　　　　　其他应收款	贷方
其他应收款的发生额	其他应收款收回的金额
尚未收回的其他应收款	

企业发生其他应收款时，按应收金额：

借：其他应收款

　贷：有关账户

收回各种款项时：

借：有关账户

　贷：其他应收款

（三）存货资产的核算

旅游企业的存货是指企业在日常活动中持有以备出售的产成品或商品、处在生产过程中的在产品、在生产过程或提供劳务过程中耗用的材料或物料等，主要包括各类原材料、库存商品、包装物和低值易耗品等。企业持有存货的最终目的是为了出售，是存货最基本、最明显区别于固定资产等非流动资产的特征。

1. 存货的计量

旅游企业的存货成本主要包括采购成本和加工成本。

（1）存货的采购成本，指企业物资从采购到入库前所发生的全部支出，包括购买价款、相关税费、运输费、装卸费、保险费以及其他可归属于存货采购成本的费用。

(2) 存货的加工成本，指企业存货进一步加工过程中耗用的存货成本，如饭店企业中餐厅部加工菜品用到的蔬菜、调料等，而在加工过程中发生人工费和制造费用，不计入存货成本，直接计入销售费用。

2. 存货发出计价

在日常经营活动中，存货发出时，即发生领用材料、销售产成品或商品，都需要对发出存货进行计价。企业存货发出的计价方法，主要有先进先出法、加权平均法和个别计价法。对于性质和用途相似的存货，应当采用相同的方法计算其发出成本。企业销售产品或商品时，应当在确认商品销售收入时结转相应的产成品或商品成本，计入主营业务成本。

3. 存货的核算

(1) 原材料的核算。

在企业经营活动中，存货资产中原材料资产是最常见和最重要的资产，旅游企业的原材料主要包括原料（如粮食类、副食类、菜蔬、各种配料、调料等）、燃料（包括固体、液体和气体燃料等）和物料用品（日常办公、维修、包装等用品）等。

“原材料”账户的设置。“原材料”账户是根据资产类科目开设的，核算企业库存的各种材料的成本。“借方”登记企业购入或自制并已验收入库的材料，“贷方”登记被领用并出库的原材料，期末“借方”余额，反映企业库存原材料成本。一般按原材料的类别进行明细核算。

借方	原材料 贷方
购入或自制并验收入库的原材料成本	被领用并出库的原材料成本
库存原材料的成本	

企业应按材料的保管地点（仓库）、材料的类别、品种和规格设置材料明细账（或材料卡片账）。材料明细账根据收料凭证和发料凭证逐笔登记。财务会计部门对仓库登记的材料明细账，必须定期稽核，以保证记录准确无误。

① 企业生产经营领用原材料时，按实际成本或计划成本：

借：主营业务成本

　　销售费用

　　管理费用等

　贷：原材料

② 企业出售原材料时，按已收或应收的价款：

借：银行存款

　　应收账款

　贷：其他业务收入

③ 月度终了，按出售原材料的实际成本：

借：其他业务成本

贷：原材料

【例 5 - 9】天华旅游饭店 2011 年 7 月 10 日因承办宴席 20 桌，购入价值 300 元的面粉，验收入库，编制会计分录如下：

借：原材料——面粉　　300

贷：银行存款　　300

【例 5 - 10】天华旅游饭店 2011 年 7 月 15 日承办宴席 20 桌，从库房领用价值 3 000 元的蔬菜加工菜品，编制会计分录如下：

借：主营业务成本　　3 000

贷：原材料　　3 000

(2) 原材料发出成本计价。

采用实际成本进行材料日常核算的企业，发出原材料的实际成本，可以采用先进先出法、加权平均法或个别计价法方法计算确定。对不同的原材料可以采用不同的计价方法，原材料计价方法一经确定，不得随意变更。

【例 5 - 11】天华旅游饭店 2011 年 7 月面粉材料的明细账如表 5 - 3 所示。

表 5 - 3　**原材料的明细账**

原材料：面粉　　单位：斤

2011 年		摘要	收入			发出			结存		
月	日		数量	单价（元）	金额（元）	数量	单价（元）	金额（元）	数量	单价（元）	金额（元）
7	1	期初余额							200	1.5	300
7	5	购入	100	1.6	160						
	10	发出				220					
	15	购入	300	1.7	510						
	20	发出				260					
	25	购入	150	1.9	285						
	30	发出				200					
	31	本月合计	550		955	680					

要求：采用先进先出法计算原材料（面粉）发出及月末材料成本。

① 先进先出法。

先进先出法是假定先购入的存货先发出，即按照货物购入的先后顺序发货，确定发出存货和期末存货的成本。先购入的存货成本先从账面转出。采用这种方法，购入存货时要逐笔登记每一批存货的数量、单价和金额；发出存货时要按照先进先出的原则计价，逐笔登记存货发出、结存数量和金额。其计算如表 5 - 4 所示。

表 5－4　　原材料（先进先出法）的明细账

原材料：面粉　　单位：斤

2011年		摘要	收入			发出			结存		
月	日		数量	单价（元）	金额（元）	数量	单价（元）	金额（元）	数量	单价（元）	金额（元）
7	1	期初余额							200	1.5	300
7	5	购入	100	1.6	160				200 100	1.5 1.6	300 160
	10	发出				220 20	1.5 1.6	300 32	80	1.6	128
	15	购入	300	1.7	510				80 300	1.6 1.7	128 510
	20	发出				80 180	1.6 1.7	128 306	120	1.7	204
	25	购入	150	1.9	285				120 150	1.7 1.9	204 285
	30	发出				120 80	1.7 1.9	204 152	70	1.9	133
	31	本月合计	550		955	680		1122	70	1.9	133

根据表 5－4 中数据，可以得出 2011 年 7 月天华旅游饭店发出面粉的成本＝（200×1.5＋20×1.6）＋（80×1.6＋180×1.7）＋（120×1.7＋80×1.9）＝1 122（元），月末结存成本为 133 元。

采用先进先出法的优点是实物资产的成本流与实体流相符；期末存货价值与市价接近。缺点是当企业存货收发频繁时，工作量较大，当物价上涨时，会高估企业当期利润和库存存货价值，不符合谨慎性原则。

② 加权平均法。

加权平均法又称月末一次加权平均法，是指在月末，将某种材料期初结存数量和本月购入数量为权数，用来计算出该材料的平均单位成本的一种方法。其计算公式如下：

$$加权平均单价=\frac{期初库存材料成本+本月购进材料成本之和}{期初库存材料数量+本月购进材料数量之和}$$

本月发出材料成本＝本月发出材料数量 × 加权平均单价

期末库存存货成本＝月末库存存货数量 × 加权平均单价

【例 5－12】 使用表 5－4 资料，采用加权平均法计算原材料（面粉）发出材料及月末材料成本如下：

面粉加权平均单价＝（300＋955）÷（200＋550）＝1 255÷750＝1.67（元）

本月发出材料成本＝680 × 1.67＝1 135.6（元）

期末库存存货成本＝70 × 1.67＝116.9（元）

采用加权平均法的优点是简单了核算工作；缺点是不利于存货日常管理和及时核算，在物价变动幅度较大的情况下，按加权平均单价计算的期末存货价值与现行成本有较大的差异。因此，该方法适合物价变动幅度不大的情况。

③ 个别计价法。

个别计价法又称个别认定法，是指每次（批）发出存货的实际成本均按收入时的实际成本分别计价的方法。其计算公式如下：

每次（批）发出材料成本＝该次（批）本月发出材料数量 × 该次（批）材料的单位成本

采用这种计价法需要在仓库中将每次（批）材料分别存放，标明单价。其优点是成本流与实体流完全一致；缺点是由于每次（批）购入的材料要分别保管，并单独标识，工作量很大。因此，该计价法一般适用于单位价值较高、品种规格不多、批量较少且容易分辨的材料。

(3) 库存商品的核算。

库存商品是指企业存放在仓库以备销售的商品。

①“库存商品”账户的设置。“库存商品”账户是根据资产类科目开设的，核算企业自有或外购的库存商品的资产类账户。“借方”登记企业自制或外购商品的售价金额，“贷方”登记按商品售价结转的销售商品的成本，期末“借方”余额，反映库存商品的售价金额。一般按实物进行明细核算。

借方	库存商品　　　　　　　　　　　　贷方
企业自制或外购的库存商品售价金额	按售价结转的商品成本
库存商品的售价金额	

旅游饭店商品部为了核算商品采购业务，除设置“库存商品”账户外，还需要设置“商品进销差价”账户，以核算商品售价与进价之间的差额。

②“商品进销差价”账户的设置。“商品进销差价”账户是根据资产类科目开设的，是“库存商品”账户的抵减账户，核算商品售价与进价之间的差额的资产类账户。“借方”登记期（月）末分摊已销商品的进销差价，“贷方”登记企业购入、加工收回以及销售退回等增加的库存商品，期末“贷方”余额，反映企业库存商品的进销差价。一般应按商品类别或实物负责人进行明细核算。

借方	商品进销差价　　　　　　　　　　　　贷方
期（月）末分摊已销商品的进销差价	企业购入、加工收回以及销售退回等库存商品的进销差价
	企业库存商品的进销差价

【例 5－13】 天华旅游饭店 2011 年 7 月 20 日商品部从批发市场购进服装一批，商品不含税进价金额为 7 000 元，不含税售价金额为 9 200 元，签发转账支票支付货款，商品已验收入库（不考虑增值税），编制会计分录如下。

借：库存商品　　9 200

　贷：商品进销差价　　2 200

　　　银行存款　　7 000

（四）固定资产的核算

企业拥有的固定资产一般使用期限超过 1 年，持有的目的是供企业生产经营使用，是企业不可缺少的有形资产。

1. 固定资产的特征

《企业会计准则 4 号——固定资产》中规定，固定资产是指同时具有下列特征的有形资产：

(1) 为生产商品、提供劳务、出租或经营管理而持有的；

(2) 使用寿命超过一个会计年度。

使用寿命是指企业使用固定资产的预计时间，或者该固定资产所能生产产品或提供劳务的数量。

企业常见的固定资产主要有房屋及建筑物、机器设备、运输设备、工具器具等。不属于生产经营主要设备的物品，单位价值在 2 000 元以上，并且使用年限超过 2 年的，也应当作为企业的固定资产。

固定资产在使用过程中其价值将随着使用发生有形损耗和无形损耗而逐渐地减少，减少的价值以折旧的形式转移到产品成本中，构成产品价值的组成部分，并随着产品价值的实现而转化为企业的货币资金。

2. 固定资产的分类

(1) 按经济用途分类，可分为生产经营用和非生产经营用的固定资产。生产经营用固定资产是指直接服务于企业生产、经营过程的各种固定资产，如生产经营用的房屋、建筑物、机器、设备、工具和器具等；非生产经营用固定资产是指不直接服务于企业生产、经营过程的各种固定资产，如职工宿舍、食堂、浴池和理发室等。

(2) 按使用情况分类，可分为使用中固定资产、未使用固定资产和不需用固定资产。使用中固定资产是指正在使用中的经营性和非经营性固定资产，由于季节性经营或修理等原因，暂时停止使用的固定资产仍属于企业使用中的固定资产，企业出租给其他单位使用的固定资产以及内部替换使用的固定资产，也属于使用中的固定资产；未使用固定资产是指已完工或已购建的尚未交付使用的新增固定资产以及因进行改建、扩建等原因暂停使用的固定资产，如企业购建的尚待安装的固定资产、经营任务变更停止使用的固定资产等；不需用固定资产是指本企业多余或不适用的各种固定资产。

(3) 综合分类，可分为生产经营用固定资产、非生产经营用固定资产、租出固定资产、不需用固定资产、未使用固定资产、土地和融资租入固定资产等。其中，租出固定资产指企业以经营性租赁的方式出租给外单位使用的固定资产；土地指过去已经估价单独入账的土地。因征地而支付的补偿费，应计入与土地有关的房屋、建筑物的价值内，不单独作为土地价值入账。企业取得的土地使用权，应作为无形资产管理，不作为固定资产管理；融资租入固定资产指企业以融资租赁方式租入的固定资产，在租赁期内应视同自有固定资产进行管理。

3. 固定资产的确认

企业固定资产的确认，不仅要符合固定资产的特征，同时还满足固定资产的确认需满足的两个条件：①与该固定资产有关的经济利益很可能流入企业；②该固定资产的成本能够可靠地计量。

4. 固定资产的核算

固定资产的成本是指企业购建某项固定资产达到预定可使用状态前所发生的一切合理必要的支出。这些支出包括直接发生的价款、运杂费、包装费和安装费等，也包括间接发生的一些费用，如外币折算差额等。

（1）购入固定资产的核算。

“固定资产”账户的设置。“固定资产”账户是根据资产类科目开设的，核算企业固定资产增加、减少及在用情况。“借方”登记固定资产增加时的原始价值，“贷方”登记减少的固定资产原始价值，期末“借方”余额，反映正在使用的固定资产原始价值。一般按照固定资产类别或用途进行明细核算。

借方　　　　固定资产	贷方
固定资产增加时的原始价值	减少的固定资产原始价值
正在使用的固定资产原始价值	

① 购入不需安装的固定资产。不需安装的固定资产是指企业购入就可以直接交付使用的固定资产。购入不需要安装的固定资产按实际支付的买价，加上包装费、运杂费及缴纳的有关税金等支出，借记“固定资产”科目，贷记“银行存款”科目。

【例 5－14】天华旅游饭店购入不需安装的设备一台，价值为 30 000 元，另外支付运费 1 000 元，款项已由银行存款支付（不考虑增值税），编制会计分录如下：

借：固定资产　　　　　　　　　　　　31 000

　贷：银行存款　　　　　　　　　　　　　31 000

② 购入需要安装的固定资产。需要安装的固定资产是指购入后需要经过安装后才能交付使用的固定资产，其在安装交付使用前发生的支付需要通过“在建工程”账户核算。

“在建工程”账户是根据资产类科目开设的，核算企业在建各项工程的成本。“借方”登记在建各项工程实际发生的成本，“贷方”登记完工转出各项工程的实际成本，期末“借方”余额，反映在建中尚未完工或虽已完工但尚未办理竣工决算的工程实际支出的实际成本。一般按不同的工程项目进行明细核算。

借方　　　　在建工程	贷方
工程在建时实际发生的成本	工程完工转出的实际成本
尚未完工或虽已完工但尚未办理竣工决算工程的实际成本	

企业购入需要安装的固定资产时，按实际支付的价款买价、税金、包装费和运输费等，借记“在建工程”科目，贷记“银行存款”等科目；发生的安装费用，借记“在建工程”科目，贷记“银行存款”、“原材料”等科目；安装完成交付验收使用时，按其实际成本转入固定资产账户，借记“固定资产”科目，贷记“在建工程”科目。

【例 5-15】天华旅游饭店购入一台需要安装的设备，设备买价为 100 000 元，支付的运输费为 2 000 元。安装设备时，领用材料等的价值为 600 元，支付给专业安装公司的安装费为 3 000 元（不考虑增值税），编制会计分录如下：

购入

借：在建工程　102 000

　贷：银行存款　102 000

安装

借：在建工程　600

　贷：原材料　600

支付安装费

借：在建工程　3 000

　贷：银行存款　3 000

安装完毕交付使用

借：固定资产　105 600

　贷：在建工程　105 600

③ 投资者投入的固定资产。企业收到所有者向企业投入的固定资产，应按投资双方确认公允的价值入账。

企业收到所有者投资转入的机器设备等固定资产，一方面使企业固定资产增加，另一方面增加了所有者的投资额。企业最终应按经双方确认的公允价值，借记“固定资产”科目，贷记“实收资本”科目。

【例 5-16】天华旅游饭店收到腾飞公司投入的固定资产一台，该固定资产的账面原价为 100 000 元，计提折旧 10 000 元，经双方确认其公允价值为 85 000 元，编制会计分录如下：

借：固定资产　85 000

　贷：实收资本　85 000

5. 固定资产的折旧

(1) 固定资产折旧的性质。

固定资产在使用过程中，因使用中的磨损和生产力水平提高等原因会发生各种有形和无形的损耗，其损耗应随着其为企业提供的生产或服务逐期分摊，转移到相应的产品或劳务中去，这个过程即为计提折旧，将其损耗分摊到各经营期，记作每期的费用即折旧费。固定资产折旧费用根据固定资产的原值和规定的折旧率计算确定。

固定资产的有形损耗指固定资产使用中物质磨损，以及不使用可能发生的损耗，如自然气候条件的侵蚀及意外毁损造成的损耗；无形损耗是指因技术进步、市场变化和企业规模改变等原因引起的。例如，有的资产因技术落后或陈旧，不再适应生产发展的需要，而需要在其使用年限届满前提前报废。

(2) 固定资产折旧的范围。

企业应计提折旧的固定资产包括房屋、建筑物；在用的机器设备、仪表仪器、运输车辆、工具器具；以融资租赁方式租入和经营方式租出的固定资产等。

企业不计提折旧的固定资产包括未使用、不需用的固定资产；在建工程项目达到预定可以使用状态之前的固定资产；处于更新改造过程（从停止使用开始到达预定可使用状态之前）的固定资产；按规定单独估价作为固定资产入账的土地；已提足折旧仍在继续使用的固定资产；未提足折旧提前报废的固定资产。

(3) 影响固定资产折旧的因素。

影响固定资产折旧的因素主要有预计净残值、固定资产减值准备和固定资产的使用寿命。

① 预计净残值。固定资产预计使用寿命已满并处于使用寿命终了时，从该项资产处置中获得的扣除预计处置费用后的金额进行折现，以此作为预计净残值。

② 固定资产减值准备。固定资产的可收回金额低于其账面价值的差确认为资产减值损失，计入当期损益，同时计提相应的资产减值准备。

所谓可收回金额是指资产的公允价值减去处置费用后的净额与资产预计未来现金流量的现值两者中的较高者。

③ 固定资产使用寿命是指固定资产预计经济使用年限。

(4) 固定资产折旧方法。

折旧是指在固定资产使用寿命内，按照确定的方法对应计折旧额进行系统分摊。应计折旧额是指应当计提折旧的固定资产的原值扣除其预计的净残值后的金额。企业应当根据固定资产的性质和消耗方式，合理地确定固定资产的预计使用年限和预计净残值，并根据科技发展、环境及其他因素，选择合理的固定资产折旧方法。目前我国会计制度和会计准则规定，企业可选用的折旧方法有年限平均法、工作量法、双倍余额递减法和年数总和法四种。

① 年限平均法。年限平均法又称直线法，是将应计折旧额在固定资产预计使用年限内平均分摊，是计算固定资产折旧最常用、最简单的方法。这种方法计算的每期（年、月）折旧额都是相等的。其计算公式如下：

$$年折旧率=\frac{1-预计净残值率}{预计使用年限}\times 100\%$$

$$年折旧额=\frac{固定资产原价-预计净残值}{预计使用年限}$$

$$=固定资产原值\times 年折旧率$$

$$月折旧率=年折旧率\div 12$$

$$月折旧额=固定资产原值\times 月折旧率$$

【例 5－17】 天华旅游饭店厨房购入一套设备，原始价值为 5 000 000 元，预计净残值率为 10%，预计使用年限为 10 年，采用直线法计提折旧，则每月折旧额计算如下：

$$年折旧额=\frac{5\ 000\ 000\times（1-10\%）}{10}=450\ 000（元）$$

$$月折旧额=450\ 000\div 12=37\ 500（元）$$

$$年折旧率=\frac{450\ 000}{5\ 000\ 000}=9\%$$

②工作量法。工作量法是将应计提折旧总额按工作量平均分摊，以固定资产各个会计期间所完成的实际工作量为依据，计算各期折旧额的方法，弥补了平均年限法只重视使用时间，不考虑使用强度的缺点。其计算公式如下：

单位工作量折旧额＝（固定资产原值－预计净残值）÷ 预计总工作量
＝［固定资产原价×（1－预计净残值率）］÷预计总工作量

月折旧额＝该项固定资产当月工作量 × 单位工作量折旧额

【例 5－18】天华旅游饭店购入汽车一辆，价值 100 万元，预计可以行驶 30 万千米，预计净残值率为 5%，若本月的行驶里程为 2 000 千米，采用工作量法，则单位折旧额和各会计期间的折旧额计算如下：

每行驶 1 千米的折旧额＝［100 ×（1－5%）］÷50＝1.9（元/千米）

本月的折旧额＝2 000×1.9＝3 800（元）

③ 双倍余额递减法。双倍余额递减法是在不考虑固定资产净残值的情况下，按双倍直线折旧率和固定资产净值来计算折旧的方法，但在固定资产折旧年限到期最后两年内，需将固定资产净值扣除预计净残值后改用直线折旧法计提折旧，以平均摊销折旧额。

其计算公式如下：

年折旧率＝2÷折旧年限

年折旧额＝固定资产账面净值×年折旧率

月折旧额＝年折旧额÷12

双倍余额递减法是一种加速折旧法，是在不缩短折旧年限和不改变净残值率的情况下，改变固定资产折旧额在各年之间的分布，在固定资产使用前期提取较多的折旧，而在使用后期则提取较少的折旧。其特点是固定资产账面余额随着折旧的计提逐年减少，而折旧率不变，因此，各期计提的折旧额必然逐年减少。

【例 5－19】天华旅游饭店客房购入一台大型电子设备，价值 100 万元，预计可以使用 5 年，预计残值率为 10%，采用双倍余额递减法，每年计提折旧额如表 5－5 所示。

$$双倍余额递减法折旧率=\frac{2}{5}\times 100\%=40\%$$

表 5－5　　双倍余额递减法折旧计算表　　单位：元

年次	年初固定资产账面价值	折旧率	折旧额	累计折旧	年末固定资产净值
1	1 000 000	40%	400 000	400 000	600 000
2	600 000	40%	240 000	640 000	360 000
3	360 000	40%	144 000	784 000	216 000
4	216 000	50%	58 000	842 000	158 000
5	158 000	50%	58 000	900 000	100 000

第四、第五年改用直线折旧法计提折旧，折旧额的计算方法：

年折旧额＝（216 000－100 000）÷2＝58 000（元）

④ 年数总和法。年数总和法是以固定资产的原值减去预计净残值后的余额为基数，按递减的折旧率计算折旧的方法。递减的折旧率以固定资产尚可折旧的年限为分子，折旧年限的各年数字之和为分母计算得出。其计算公式如下：

年折旧率＝尚可使用年限 ÷ 预计使用年限的年数总和

年折旧额＝（固定资产原价－预计净残值）× 年折旧率

月折旧率＝年折旧率 ÷ 12

月折旧额＝年折旧额 ÷ 12

【例 5－20】上例若采用年数总和法，各年折旧计算如表 5－6 所示。

表 5－6　　　　年数总和法折旧计算表　　　　单位：元

年次	应计提折旧总额	剩余年限	使用年限总额	年折旧率	年折旧额	累计折旧额	年末账面折余价值
1	900 000	5	15	5/15	300 000	300 000	700 000
2	900 000	4	15	4/15	240 000	540 000	460 000
3	900 000	3	15	3/15	180 000	720 000	280 000
4	900 000	2	15	2/15	120 000	840 000	160 000
5	900 000	1	15	1/15	60 000	900 000	100 000

（5）月折旧额的计算。

企业固定资产折旧是按月核算。当月计算出的固定资产折旧总额，分别计入有关成本费用项目，并通过“累计折旧”账户进行核算。

“累计折旧”账户的设置。“累计折旧”账户是根据资产类科目开设的，是“固定资产”账户的备抵调整账户，其结构与一般资产账户的结构相反，核算企业固定资产计提的折旧额。“贷方”登记固定资产每月计提的折旧额，“借方”登记固定资产减少时冲销的折旧额，期末“贷方”余额，反映固定资产累计计提的折旧额。一般不进行明细核算。

借方　　　　累计折旧	贷方
固定资产减少时冲销的折旧额	固定资产每月计提的折旧额
	固定资产累计计提的折旧额

在企业实务中，本月增加的固定资产，本月不计提折旧，从下月起计提折旧；本月减少的固定资产，本月照计提折旧。因此，企业月折旧额计算公式如下：

固定资产月折旧额＝上月计提的固定资产折旧额＋上月增加固定资产应计提折旧额－上月减少固定资产应计提折旧额

【例 5－21】天华旅游饭店本月固定资产折旧计算如表 5－7 所示。

表5-7　　固定资产折旧计算表　　单位：元

使用部门及固定资产类别		上月计提折旧额	上月增加固定资产应计提折旧额	上月减少固定资产应计提折旧额	本月应计提折旧额
餐厅部	房屋与建筑物	300 000			300 000
	机器设备	200 000	10 000	5 000	205 000
	小　计	500 000	10 000	5 000	505 000
客房部	房屋与建筑物	200 000			200 000
	机器设备	150 000	30 000	3 000	177 000
	小　计	350 000	30 000	3 000	377 000
管理部门	房屋与建筑物	100 000			100 000
	运输设备	30 000		1 000	29 000
	电子设备	10 000	7 000		17 000
	小　计	140 000	7 000	1 000	146 000
合　　计		990 000	65 000	13 000	1 028 000

根据表5-7提供的资料，可编制会计分录如下：

借：销售费用——餐厅部　　505 000
　　　　　　　　客房部　　377 000
　　管理费用　　146 000
　贷：累计折旧　　1 028 000

固定资产累计折旧不需要进行明细分类核算，若需要了解某项固定资产的折旧额，只需根据固定资产卡片上记载的该项固定资产的原值、折旧率、已使用年限及折旧方法即可以计算求得。

（五）无形资产的核算

无形资产是指企业拥有或者控制的没有实物形态的、可辨认的非货币性资产。企业常见的无形资产有专利权、非专利技术、商标权、著作权、土地使用权和特许权等。

1. 无形资产的可辨认性

（1）无形资产能够从企业中分离或者划分出来，并能单独或者与相关合同、资产或负债一起，用于出售、转移、授予许可、租赁或者交换。

（2）无形资产源自合同性权利或其他法定权利，无论这些权利是否可以从企业或其他权利和义务中转移或者分离。

2. 无形资产的特征

（1）不具有实物形态。不具有实物形态是无形资产区别于固定资产以及其他资产的显著特征。

（2）持有的目的是使用而非出售。企业持有无形资产的目的是用于生产商品或提供劳务、出租给他人，或为了管理目的，而不是为了对外销售。脱离了生产经营活动，无形资产就失去其经济价值。

(3) 所提供的未来经济利益具有较大的不确定性。无形资产的经济价值在很大程度上受企业外部因素的影响，其预期的获利能力在获利金额和获利两个方面都不能准确地加以确定。无形资产的取得成本不能代表其经济价值，一项取得成本较高的无形资产可能为企业带来较少的经济效益，而取得成本较低的无形资产也可能给企业带来较大的利益。

(4) 属于非货币性长期资产。无形资产是能在超过一年的多个生产经营期间内使用，且使企业长期受益的非货币性长期性资产。

(5) 通常是企业有偿取得的。只有花费了支出的无形资产，才能作为无形资产入账。否则，不能作为无形资产入账。

3. 无形资产的确认条件

(1) 与该无形资产有关的经济利益很可能流入企业；

(2) 该无形资产的成本能够可靠地计量。

4. 无形资产取得的核算

(1)“无形资产”账户的设置。

“无形资产”账户是根据资产类科目开设的，核算无形资产取得、摊销和转让等经济业务所引起的无形资产价值增减变动情况。“借方”登记企业取得各项无形资产的原始价值，“贷方”登记由于注销、转让等原因而减少的价值，期末“借方”余额，反映期末企业拥有的无形资产原始价值。一般按无形资产的项目内容进行明细分类核算。

借方　　　　　　　　　　　　无形资产　　　　　　　　　　　　贷方

无形资产增加时的原始金额	注销、转让等原因而减少的无形资产金额
无形资产的原始价值	

(2) 无形资产增加的核算。

企业无形资产增加的途径主要包括购入、接受所有者投资，接受捐赠或自行研发等。企业购入无形资产时，按其购入发生的实际成本入账，包括购买价款、相关税费以及直接归属于使该项资产达到预定用途所发生的其他支出；购买无形资产的价款超过正常信用条件延期支付，实质上具有融资性质的，其成本以购买价款的现值为基础确定。所有者投资企业的无形资产成本应按投资合同或协议约定的公允价值确定。企业接受捐赠的无形资产的入账价值应根据与资产相关的凭据确定。

① 企业购入：

借：无形资产

　贷：银行存款

② 接受所有者投资：

借：无形资产

　贷：实收资本

③ 接受捐赠：

借：无形资产

贷：营业外收入——捐赠利得

【例 5-22】胜华旅游饭店购入特色龙虾制作专利权，实际支付价款 24 万元，编制会计分录如下：

借：无形资产　　240 000

　贷：银行存款　　240 000

(3) 无形资产的摊销。

无形资产的摊销是指将无形资产应摊销金额在使用寿命内，系统合理分配到各会计期间的费用中。无形资产的应摊销金额为其入账成本扣除预计残值后的金额。已计提减值准备的无形资产，还应扣除已计提的无形资产减值准备累计金额。无形资产摊销仅仅限于使用寿命有限的无形资产，对使用寿命不确定的无形资产不应摊销。使用寿命有限的无形资产，其残值应当视为零，但以下情况除外：

① 有第三方承诺在无形资产使用寿命结束时购买该无形资产。

② 可以根据活跃市场得到预计残值信息，并且该市场在无形资产使用寿命结束时很可能存在。

企业应当按月对无形资产进行摊销。无形资产的摊销额一般应当计入当期损益，企业自用的无形资产摊销时，借记“管理费用——无形资产摊销”账户，贷记“累计摊销”账户；出租的无形资产摊销时，借记“其他业务成本”账户，贷记“累计摊销”账户；某项无形资产包含的经济利益通过所生产的产品或其他资产实现的，其摊销额应记入相关资产成本。

“累计摊销”账户的设置。“累计摊销”账户是根据资产类科目开设的，核算企业对使用寿命有限的无形资产计提的累计摊销额。“贷方”登记企业按期（月）计提无形资产的摊销额，“借方”登记处置无形资产时结转的累计摊销额，期末“贷方”余额，反映企业无形资产累计摊销额。一般按无形资产项目进行明细核算。

借方　　累计摊销　　贷方

借方	贷方
处置无形资产时结转的累计摊销额	企业按期（月）计提无形资产的摊销额
	企业无形资产累计摊销额

【例 5-23】胜华旅游饭店购入特色龙虾制作专利权，实际支付价款 24 万元，专利合同规定受益期限为 10 年，则该企业每月应摊销 2 000 元，编制会计分录如下：

借：管理费用——无形资产摊销　　2 000

　贷：累计摊销——专利权　　2 000

若预计某项无形资产已经不能给企业带来未来经济利益，应当将该项无形资产的摊余价值全部转入当期管理费用。

(4) 无形资产转让的核算。

企业所拥有的无形资产，可以依法转让其使用权和所有权。

① 无形资产使用权的转让。转让无形资产的使用权，仅仅是将部分使用权让渡给其

他单位或个人，出让方仍保留对该项无形资产的所有权，因而仍拥有使用、收益和处置的权利。对一般企业而言，无形资产使用权转让收入不是主营业务，可以通过“其他业务收入”和“其他业务成本”账户处理。

【例 5－24】 胜华旅游饭店购入特色龙虾制作专利权，以 60 000 元价格转让使用权，且约定受让方每年按销售收入的 2%支付年度使用费，2011 年收到受让方支付的使用费 70 000元。编制会计分录如下：

收取转让款：

借：银行存款　　60 000

　贷：其他业务收入　　60 000

收到年度使用费：

借：银行存款　　70 000

　贷：其他业务收入　　70 000

② 无形资产所有权的转让。转让无形资产的所有权，意味着放弃对无形资产的占有、使用、收益、处置的权利，而将这些权利转移给购买方。出售无形资产不属于企业的日常经营活动。

【例 5－25】 胜华旅游饭店购入特色龙虾制作专利权，于使用 5 年后转让，转让所收价款为 50 万元，该项资产净值 24 万元，同时支付转让手续费 5 000 元，企业营业税税率为 5%。编制会计分录如下：

借：银行存款　　500 000

　贷：无形资产　　240 000

　　应交税费——应交营业税　　25 000

　　营业外收入——处置非流动资产利得　　235 000

（5）无形资产报废的核算。

当无形资产预期不能为企业带来未来经济利益时，应当将该无形资产的账面价值予以转销。转销时，应按已计提的累计摊销：借记“累计摊销”账户，按其账面余额；贷记“无形资产”账户，按其差额。借记“营业外支出——处置非流动资产损失”账户，编制会计分录如下：

借：累计摊销

　　营业外支出——处置非流动资产损失

　贷：无形资产

二、掌握旅游企业负债的核算

企业经营必然会有债务产生，债务是企业资产形成的来源之一。负债经营是企业经营的一种方式。负债是过去的交易或事项形成的、预期会导致经济利益流出企业的现实义务。企业负债按其流动性一般可分为流动负债和非流动负债两大类。

（一）流动负债的核算

流动负债主要包括短期借款、应付票据、应付账款、预收账款、应付职工薪酬、应交税费、应付利息、应付股利和其他应付款等。

1. 短期借款的核算

借入短期借款是企业的一种筹资行为，借入的款项一方面使企业的负债增加，另一方面使企业的资产也同时增加，其目的是进一步开展企业经营活动。借入的款项需要通过“短期借款”账户进行核算。

“短期借款”账户的设置。“短期借款”账户是根据负债类科目开设的，核算企业向银行或其他金融机构等借入的期限在1年以下（含1年）的各种借款。“贷方”登记短期借款的增加额，“借方”登记短期借款的减少额，期末“贷方”余额，反映企业尚未偿还的短期借款的本金。一般按借入款项的种类进行明细核算。

借方　　　　短期借款	贷方
偿还的短期借款的减少额	借入的短期借款的增加额
	尚未偿还的短期借款金额

(1) 企业借入各种短期借款时：

借：银行存款

　贷：短期借款

(2) 归还借款时：

借：短期借款

　贷：银行存款

(3) 发生的短期借款利息时，应当直接计入当期财务费用：

借：财务费用——利息支出

　贷：银行存款

　　应付账款

企业与银行之间为简化往来业务工作，利息支付一般采取按月计提，按季支付的方式。

“应付利息”账户的设置。“应付利息”账户是根据负债类科目开设的，核算企业按照合同约定支付的利息。“贷方”登记按合同利率计算确定的应付未付利息金额，“借方”登记实际支付的利息金额，期末“贷方”余额，反映企业应付而未付的利息。一般按存款人或债权人进行明细核算。

借方　　　　应付利息	贷方
实际支付的利息金额	按合同利率计算确定的应付未付的利息金额
	尚未偿还的短期借款金额

【例5－26】 胜华旅游饭店2011年3月20日向开户行借入期限为六个月的短期借款200 000元，用于企业临时性资金周转，借入款项年利率6%。9月20日饭店按期归还前述借入款项，编制会计分录如下：

(1) 3月20日借入短期借款：

借：银行存款　　200 000

　贷：短期借款　　200 000

(2) 按月计提短期借款利息：

借：财务费用——利息支出　　1 000

　贷：应付利息　　1 000

(3) 按季支付利息：

借：应付利息　　3 000

　贷：银行存款　　3 000

(4) 9月20日到期归还借款及利息：

借：短期借款　　200 000

　　应付利息　　3 000

　贷：银行存款　　203 000

2. 应付账款的核算

应付账款一般与所购入物资所有权相关的主要风险和报酬已经转移到企业，或者所购买的劳务已经接受时确认。通过“应付账款”账户进行核算。

“应付账款”账户的设置。“应付账款”账户是根据负债类科目开设的，核算企业因购买材料、商品或接受劳务供应等日常经营活动应支付给供应单位的款项。“贷方”登记应付而未付的账款金额，“借方”登记收到的应付账款金额，期末“贷方”余额，反映企业尚未支付的应付款金额。一般按应付对象进行明细核算。

借方　　应付账款	贷方
收到的应付账款金额	应付而未付的账款金额
	尚未支付的应付款金额

(1) 企业购入材料、商品等验收入库，但货款尚未支付：

借：物资采购

　　库存商品等

　贷：应付账款

(2) 企业接受供应单位提供劳务而发生的应付未付款项：

借：主营业务成本

　　管理费用等

　贷：应付账款

(3) 支付未付款项：

借：应付账款

　贷：银行存款

（4）企业开出、承兑商业汇票抵付应付账款：

借：应付账款

　贷：应付票据

（5）确实无法支付的应付账款：

借：应付账款

　贷：营业外收入

【例5-27】胜华旅游饭店2011年7月20日赊购原材料5 000元，次月月底用银行存款支付未付款，编制会计分录如下：

（1）购入：

借：原材料　　5 000

　贷：应付账款　　5 000

（2）付款：

借：应付账款　　5 000

　贷：银行存款　　5 000

3. 预收账款的核算

预收账款是指有往来业务的企业双方按协议或合同规定，供货方向购货方收取一定比例的定金。通过“预收账款”账户核算。

“预收账款”账户的设置。“预收账款”账户是根据负债类科目开设的，核算企业按照合同规定向购货方提前收取的款项。“贷方”登记向购货方提前收取的货款金额，“借方”登记发货后冲销的货款金额以及退回购货方多付账款的金额，期末“贷方”余额，反映企业向购货方提前预收的款项金额。一般按预收对象进行明细核算。

借方　　　　预收账款	贷方
发货后冲销的货款以及退回购货方多付账款的金额	向购货方提前收取的货款金额
购货方多付的账款金额	向购货方提前预收及应由购货方补付的款项金额

（1）向购货方提前预收货款时：

借：银行存款

　贷：预收账款

（2）期末发货，确认销售实现时：

借：预收账款

　贷：主营业务收入

（3）购货方补付余款时：

借：银行存款

　贷：预收账款

（4）退回多付的款项，作相反会计分录。

预收账款情况不多的企业，也可以将预收的款项直接记入“应收账款”账户的贷方，通过“应收账款”核算。不设本科目。

【例 5－28】 天华旅游饭店 2011 年 7 月 15 日收到预订在 20 日宴席 20 桌的预收款2 000 元；20 日宴席承办完毕，当即收到余款 10 000 元，编制会计分录如下：

（1）15 日收到预订金：

借：银行存款　　　　2 000

　贷：预收账款　　　　2 000

（2）20 日确认销售实现：

借：预收账款　　　　12 000

　贷：主营业务收入　　　　12 000

（3）20 日确认销售实现的同时收到对方补付的余款：

借：银行存款　　　　10 000

　贷：预收账款　　　　10 000

4. 其他应付款的核算

“其他应付款”账户的设置。“其他应付款”账户是根据负债类科目开设的，核算企业除应付票据、应付账款、预收账款、应付职工薪酬、应付股利、应付利息、应交税费以及长期应付款等经营活动以外的其他各项应付，暂收的款项。“贷方”登记收到其他应付、暂收款的金额，“借方”登记已支付或转销的其他应付、暂收款金额，期末“贷方”余额，反映企业尚未支付的其他应付、暂收款项。一般按照应付款项目和对方单位（或个人）进行明细核算。

借方　　　　其他应付款	贷方
已支付或转销的其他应付、暂收款的金额	收到其他应付、暂收款的金额
	应付而未付的其他应付、暂收款的金额

当企业收到其他各种应付、暂收款项时，借记“银行存款”、“管理费用”等账户，贷记“其他应付款”账户；支付或退回其他各种应付、暂收款项时，借记“其他应付款”账户，贷记“银行存款”等账户。

5. 应付职工薪酬的核算

应付职工薪酬是企业根据有关规定应付给职工的各种薪酬，主要核算内容如下：

（1）职工工资、奖金、津贴和补贴：是指按照国家统计局《关于职工工资总额组成的规定》，构成工资总额的计时工资、计件工资、支付给职工的超额劳动报酬和增收节支的劳动报酬、为了补偿职工特殊或额外的劳动消耗和因其他特殊原则支付给职工的津贴，以及为了保证职工工资水平不受物价影响支付给职工的物价补贴等。

（2）职工福利费：是指企业为职工集体提供的福利，如补助生活困难职工等。

（3）五险一金：包括医疗保险费、养老保险费、失业保险费、工伤保险费和生育保险

费等社会保险费以及住房公积金。

(4) 工会经费和职工教育经费：是指企业为了改善职工文化生活、提高职工业务素质用于开展工会活动和职工教育及职业技能培训，根据国家规定的基准和比例，从成本费用中提取的金额。

(5) 非货币性福利：包括企业以自己的产品或其他有形资产发放给职工作为福利、企业向职工提供无偿提供商品或类似医疗保健的服务等。

(6) 其他职工薪酬：如因解除与职工的劳动关系给予的补偿（又称辞退福利），即企业在职工劳动合同到期之前解除与职工的劳动关系，或者为鼓励职工自愿接受裁减而提出补偿建议的计划中给予职工的经济补偿。

"应付职工薪酬"账户的设置。"应付职工薪酬"账户是根据负债类科目开设的，核算企业应支付给职工的工资额。"贷方"登记已分配计入成本费用项目的职工薪酬，"借方"登记实际发放的职工薪酬，期末"贷方"余额，反映企业尚未支付的职工薪酬。一般按核算内容进行明细科目核算。

借方　　　　　应付职工薪酬	贷方
实际发放的职工薪酬的金额	已分配计入成本费用项目的职工薪酬金额
	尚未支付的职工薪酬的金额

旅游企业进行工资分配、确认职工薪酬时，借记"主营业务成本"、"销售费用"、"管理费用"等科目，贷记"应付职工薪酬"科目；实际发放时，借记"应付职工薪酬"科目，贷记"库存现金"科目；企业按工资总额的2%和1.5%分别计提工会经费和职工教育经费时，借记"管理费用"科目，贷记"应付职工薪酬"科目；企业为职工缴纳的五险一金，应在职工为其提供服务期间，按职工工资总额的一定比例计算，并确认为当期费用；职工的福利费在实际发生时确认为费用，同时记入"应付职工薪酬"账户；非货币性福利发生时，做视同销售处理，借记"应付职工薪酬"科目，贷记"主营业务收入"科目，以及"应交税费——应交增值税（销项税额）"，并计算增值税的销项税额；其他职工薪酬发生时，借记"管理费用"等科目，贷记"应付职工薪酬"科目。

【例5-29】天华旅游饭店2011年7月25日经分配餐饮部员工工资80 000元，编制会计分录如下：

借：主营业务成本　　　　80 000

　贷：应付职工薪酬　　　　80 000

【例5-30】天华旅游饭店员工工资总额500 000元。按规定计提比例2%，提取工会经费10 000元，按规定计提比例1.5%，计提职工教育经费7 500元，编制会计分录如下：

借：管理费用　　　　17 500

　贷：应付职工薪酬——工会经费　　　　10 000

　　　　　　　——职工教育经费　　　　7 500

【例 5-31】天华旅游饭店 2011 年 7 月 30 日从银行提出现金 500 000 元，并发放员工工资，编制会计分录如下：

（1）提取现金：

借：库存现金　　　　500 000

　贷：银行存款　　　　500 000

（2）发放工资：

借：应付职工薪酬　　　　500 000

　贷：库存现金　　　　500 000

6. 应交税费的核算

企业经营的目的是获取利润，利润合法取得以按时纳税为前提。企业赚取收入之后应按国家税法规定计算并缴纳各种税费，在计算出税费未缴纳之前形成企业的负债，通过"应交税费"账户核算（印花税、耕地占用税除外）。

"应交税费"账户的设置。"应交税费"账户是根据负债类科目开设的，核算企业取得收入后按税法规定应交的各种税费，一般包括增值税、消费税、营业税、城建税、资源税、所得税、土地增值税、房产税、教育费附加等。"贷方"登记按规定应交而未交的各种税费的金额，"借方"登记已经缴纳的各种税费金额，期末"贷方"余额，反映企业尚未缴纳的各种税费金额。一般按应交的各种税费的种类进行明细核算。关于旅游企业税费的核算详见项目五任务二中相关内容。

借方　　　　应交税费	贷方
已经缴纳的各种税费金额	按规定应交而未交的各种税费金额
	尚未缴纳的各种税费的金额

（二）非流动负债的核算

非流动负债是指偿还期在一年以上或者超过一年的一个营业周期以上的负债。

1. 长期借款的核算

长期借款是指企业向银行或其他金融机构借入的期限在一年以上（不含一年）的各种借款。一般用于固定资产的购建、改扩建工程、大修理工程、对外投资以及为了保持长期经营能力等方面。企业通过"长期借款"科目核算。

"长期借款"账户的设置。"长期借款"账户是根据负债类科目开设的，核算企业向银行或其他金融机构借入的长期借款本金和利息。"贷方"登记企业向银行或其他金融机构借入的长期借款本息的增加额，或其他金融机构借入长期借款的本息增加额，"借方"登记本息减少额，期末"贷方"余额，反映企业尚未偿还的长期借款本息额。一般按借款的单位和种类设置明细账。

借方	长期借款　　　　　　贷方
已经偿还的借款本息额	向银行或其他金融机构借入款项的本息额
	尚未偿还的长期借款本息额

企业取得长期借款时，借记“银行存款”科目，贷记“长期借款”科目；归还长期借款时，借记“长期借款”科目，贷记“银行存款”科目；利息偿还应根据不同情况分别处理：长期借款用于购建固定资产的，在达到预定可使用状态之前，符合资本化条件的，计入“在建工程”；达到预定可使用状态之后的，计入当期损益“财务费用”；长期借款是用于研发无形资产，计入“研发支出——费用化支出”或“研发支出——资本化支出”；如果借款是筹建期间取得的，与购建固定资产无关的，计入“管理费用”；正常生产期间取得的，计入“财务费用”。

2. 应付债券的核算

应付债券是指企业为筹建（长期）资金而发行的债券。债券发行有面值发行，溢价发行和折价发行三种情况。企业通过“应付债券”账户进行核算。

“应付债券”账户的设置。“应付债券”账户是根据负债类科目开设的，核算企业筹集（长期）资金而发行债券的本金和利息。“贷方”登记企业发行债券实际收到的金额，“借方”登记企业偿还的长期债券金额，期末“贷方”余额，反映企业尚未偿还的长期债券摊余成本。一般按“面值”、“利息调整”和“应付利息”等进行明细核算。

借方	应付债券　　　　　　贷方
已经偿还的长期债券金额	企业发行债券实际收到的金额
	尚未偿还的长期借款本息额

企业发行债券时，借记“银行存款”科目，贷记“应付债券——面值”；债券利息到期一次还本付息的债券，其利息计入“应付债券——应计利息”；分期付息，到期一次还本的债券，利息计入“应付利息”；利息费用分别计入相关的成本费用中，同长期借款的核算一样，符合资本化条件的利息费用则计入在建工程。

3. 长期应付款的核算

企业的长期应付款是指除长期借款和应付债券以外的长期负债，通过“长期应付款”账户核算。

“长期应付款”账户的设置。“长期应付款”账户是根据负债类科目开设的，核算企业除长期借款和应付债券以外的其他各种长期应付款，包括采用补偿贸易引进设备应付款、融资租入固定资产应付款。“贷方”登记发生的长期应付款金额，“借方”登记归还的长期应付款金额，期末“贷方”余额，反映企业尚未支付的各种长期应付款的金额。一般按长期应付款的种类进行明细核算。

借方	长期应付款	贷方
已经偿还的长期应付款金额		发生的长期应付款金额
		尚未偿还的长期应付款金额

企业融资租入固定资产是指企业通过分期支付租赁费取得设备的使用权。企业融资租入的固定资产，在租赁开始日，按应计入固定资产成本的金额，借记“在建工程”科目或“固定资产”科目；按最低租赁付款额，贷记本科目；按发生的初始直接费用，贷记“银行存款”等科目；按其差额，借记“未确认融资费用”科目。按期支付的租金，借记本科目，贷记“银行存款”科目。

三、熟悉旅游企业所有者权益的核算

企业经营需要投资者对企业进行投资，投资者投入是企业资产形成的另一来源。投资者是企业资产的所有人，因此投资者有权参与企业决策，并按投资比例分得经营赚取的红利等。

所有者权益按其构成分为实收资本（或股本）、资本公积和留存收益三类。

（一）实收资本（或股本）的核算

实收资本即企业收到的投入资本，是指企业收到所有者在企业注册资本范围内实际投入的资本。

在股份有限公司，收到的所有者投入资本表现为实际发行股票的面值，称为股本；在其他企业，收到的所有者投入资本表现为所有者在注册资本范围内的实际出资额，称为实收资本。

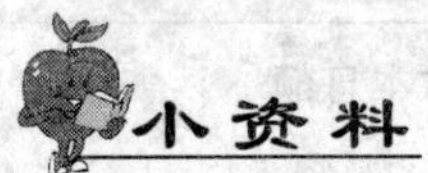

企业的注册资本

所谓注册资本，是指企业在设立时向工商行政管理部门登记的资本总额，也就是全部出资者设定的出资额之和。企业对资本的筹集，应该按照法律法规、合同和章程的规定及时进行。如果是一次筹集的，投入资本应等于注册资本；如果是分期筹集的，在所有者最后一次缴入资本以后，投入资本应等于注册资本。

注册资本是企业的法定资本，是企业承担民事责任的财力保证。所有者对依法投入的资本享有法定权利并以此为限对企业负债承担责任。

《中华人民共和国公司法》将股东出资达到法定资本最低限额作为公司成立的必要条件。

(1) 有限责任公司注册资本的最低限额为人民币 3 万元；

(2) 股份有限公司注册资本的最低限额为人民币 500 万元。

对于一些特殊行业，如金融业，在有关的法律中，对其注册资本还有更为严格的限定。

根据《中华人民共和国公司法》规定，投资人可以用货币资金投资（包括人民币和外币），也可以采用现金以外的固定资产、材料物资等实物资产投资，还可以采用无形资产的方式出资，但企业不得吸收已设立担保物资和租赁资产的出资。对于投资者以无形资产方式出资的，企业吸收的无形资产出资总额不得超过注册资本总额的20%。如有特殊情况，可以报经国家工商行政管理部门审查批准，但最高不得超过30%。

一般而言，投资者投入企业的资金，应直接构成实收资本，但在某些情况下，投资者投入的资金并不全部构成实收资本。我国企业法人登记管理条例规定：除国家另有规定外，企业的注册资金应当与实有资金相一致。因此，投资者投入的资金中只有按投资者占被投资企业实收资本比例计算的部分，才作为实收资本，超过按投资比例计算的部分，作为资本溢价或股本溢价，单独核算，不包括在实收资本的核算范围内，记入“资本公积”账户。

在企业经营过程中，如果出现实收资本比原注册资本金额增减超过20%时，应持资金使用证明或者验资证明，向原登记主管机关申请变更登记。如擅自改变注册资金，将受到工商行政管理部门的处罚。

1.“实收资本（或股本）”账户的设置

“实收资本”账户是根据所有者权益类科目开设的，核算企业收到所有者投入资本及增减变动情况。“贷方”登记企业实际收到所有者投入的资本金额，“借方”登记按规定程序减少的注册资本金额，期末“贷方”余额，反映企业期末实际收到的资本结存数。一般按投资者进行明细核算。

借方 实收资本	贷方
按规定程序减少的注册资本金额	企业实际收到的所有者投入的资本金额
	企业期末实际收到的资本结存金额

实收资本按照所有者的性质不同，可以分为国家投入资本、法人投入资本、个人投入资本和外方投入资本。投入资本按照投入资产的形式不同，可以分为货币投资、实物投资和无形资产投资。

2. 实收资本（或股本）增加的核算

(1) 企业收到所有者（包括原企业所有者和新投资者）以货币资金、材料、商品、固定资本以及无形资产等资产投入：

借：库存现金

　　银行存款

　　原材料

　　固定资产

　　无形资产

　贷：实收资本

对于所有者以无形资产方式投资时，新公司法规定全体股本的货币出资金额不得低于有限责任公司注册资本的30%，即企业吸收各投资者以无形资产出资的比例最高可达其注册资本的70%。

(2) 企业将资本公积转为实收资本：

借：资本公积

　贷：实收资本

(3) 企业将盈余公积转为实收资本：

借：盈余公积

　贷：实收资本

【例5-32】 天华旅游饭店是甲、乙双方共同筹资建立，公司注册资本为100万元，双方的出资比例各为50%。现收到甲方投入的资金50万元，编制会计分录如下：

借：银行存款	500 000	
贷：实收资本——甲投资人		500 000

【例5-33】 接上例，天华旅游饭店收到乙方以价值10万元的专利技术和价值40万元的设备一台的投资，编制会计分录如下：

借：无形资产	100 000	
固定资产	400 000	
贷：实收资本——乙投资人		500 000

3. 实收资本（或股本）减少的核算

企业实收资本的减少，一是资本过剩；二是企业发生重大亏损而需要减少实收资本。企业因资本过剩而减资，一般要返还投资（或股款）。有限责任公司和一般企业返还投资比较简单，按返还投资的金额，借记“实收资本”科目，贷记“银行存款”科目。

【例5-34】 天华旅游饭店因资产过剩，决定减资20万元（甲、乙共同出资，出资比例各为50%）。公司向投资者返还投资时，编制会计分录如下：

借：实收资本——甲	100 000	
——乙	100 000	
贷：银行存款		200 000

(二) 资本公积的核算

资本公积是指归所有者所共有的、非收益转化而形成的资本，主要包括资本溢价（或股本溢价）和直接计入所有者权益的利得和损失等。

1. “资本公积”账户的设置

“资本公积”账户是根据所有者权益类科目开设的，核算企业资本公积的增减变动情况。“贷方”登记按规定增加的资本公积金额，“借方”登记按规定减少的资本公积金额，期末“贷方”余额，反映企业拥有的资本公积金额。一般按其形成来源进行明细分类核算。

借方	资本公积 贷方
按规定减少的资本公积金额	按规定增加的资本公积金额
	企业拥有的资本公积金额

经股东大会或类似机构决议，用资本公积转增资本时，应冲减资本公积（资本溢价或股本溢价）。资本溢价是指投资者缴付的出资额大于注册资本而产生的差额，它是资本公积中最主要的来源。

2. 资本公积增加的核算

企业的资本公积可用于转增资本。转增资本时，按各个投资者在实收资本中所占的投资比例计算的金额，分别转增各个投资者的投资金额。

在企业创立时，出资者认缴的出资额全部记入“实收资本”账户。在企业重组时，如有新的投资者加入，为了维护原有投资者的权益，新加入的投资者的出资额往往要付出大于原有投资者的出资额，才能取得与投资者相同的投资比例。因此，投资者投入的资本中按其投资比例计算出资额部分应记入“实收资本”账户，大于部分应记入“资本公积”账户。

企业采用溢价发行股票时取得的收入，不能全部作为股本入账，而只能把相当于股票面值部分记入“股本”账户，超出股票面值的溢价收入扣除委托证券商代理发行股票而支付的手续费、佣金等费用后的金额计入“资本公积”科目。经股东大会或类似机构决议，企业用资本公积金转增资本时，借记“资本公积”账户，贷记“实收资本”或“股本”账户。

（三）留存收益的核算

留存收益是指企业从历年实现的利润中提取或形成的留存于企业的内部积累，源于企业资本的增值，包括盈余公积和未分配利润两类。其中盈余公积可用于弥补亏损、转增资本、发放现金股利或利润。未分配利润是企业经过弥补亏损、提取盈余公积和向投资者分配利润后剩余的利润，是待以后年度进行分配的留存利润。

1. “盈余公积”账户的设置

“盈余公积”账户是根据所有者权益类科目开设的，核算企业盈余公积提取、使用等情况。“贷方”登记按照规定从净利润中提取的盈余公积金额，“借方”登记按规定减少的盈余公积金额，期末“贷方”余额，反映企业提取的尚未使用的盈余公积金余额。一般应当设置“法定盈余公积”、“任意盈余公积”明细账户进行明细核算。

借方	盈余公积 贷方
按规定减少的盈余公积金额	按规定从净利润中提取的盈余公积金额
	已经提取尚未使用的盈余公积金额

2. 盈余公积的核算

盈余公积是企业按照规定从税后利润中提取的积累资金。根据《企业财务通则》规定，法定盈余公积的提取比率为10%，当提取的法定盈余公积累计金额超过企业注册资本的50%以上时，可以不再提取。任意公积提取比例由投资者决议确定。

企业提取的盈余公积主要用于弥补亏损和转增资本。企业以提取的盈余公积弥补亏损时，应当由公司董事会提议，并经股东大会批准；企业将盈余公积转增资本时，也须经股东大会决议批准，按股东原有持股比例结转。用盈余公积转增资本后留存的盈余公积数额不得少于转增前注册资本的25%。

(1) 企业按规定提取盈余公积

借：利润分配——提取法定盈余公积

　　　　　　——提取任意盈余公积

　贷：盈余公积

(2) 用盈余公积弥补亏损或转增资本

借：盈余公积

　贷：利润分配——盈余公积补亏

　　　实收资本（或股本）

(3) 经股东大会决议用盈余公积派送新股

借：盈余公积

　贷：股本

【例5-35】 天华旅游饭店2011年实现的税后利润为80万元，按规定提取10%的法定盈余公积，编制会计分录如下：

借：利润分配——提取法定盈余公积　　　　800 000

　贷：盈余公积　　　　　　　　　　　　　　　800 000

【例5-36】 天华旅游饭店经管理层决议，用以前年度提取的盈余公积30万元转增资本，20万元弥补当期亏损，编制会计分录如下：

(1) 转增资本

借：盈余公积　　　　　　　　　　　　　　300 000

　贷：实收资本　　　　　　　　　　　　　　　300 000

(2) 弥补亏损

借：盈余公积　　　　　　　　　　　　　　200 000

　贷：利润分配——盈余公积补亏　　　　　　　300 000

3. 未分配利润的核算

未分配利润是企业留待以后年度进行分配的结存利润，也是所有者权益的一个组成部分。从数量上讲，未分配利润是期初未分配利润，加上本期实现的净利润，再减去已提取的盈余公积和已向投资者分配的利润后的余额。企业未分配利润一般通过“利润分配——未分配利润”明细账户进行核算。（详见项目五利润核算部分）

任务实施

一、判断经济业务所引起的会计六要素的变化

小刘开餐厅初期，投入自有资金10万元，向银行借入为期六个月的款项10万元，存入本企业账户。涉及资产、负债和所有者权益要素的变化。具体涉及的会计账户有库存现金、银行存款、实收资本、短期借款。

二、根据经济业务所引起的会计六要素的变化情况分析，进行会计核算

小刘开餐厅初期，投入自有资金10万元，向银行借入为期六个月的款项10万元，存入本企业账户。

1. 投入自有资金：

借：银行存款　　　　100 000

　贷：实收资本　　　　100 000

2. 向银行借入为期六个月的款项：

借：银行存款　　　　100 000

　贷：短期借款　　　　100 000

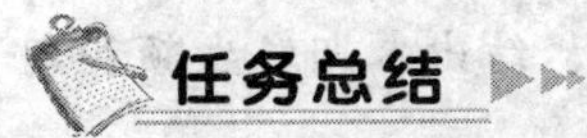

任务总结

通过任务的实施可以看到企业在开办初期企业资金处于静态，表现为资产、负债和所有者权益要素的变化。涉及的内容主要是企业为开展经营活动进行资金筹集。进行会计核算时必须熟悉资产、负债和所有者权益的相关知识和有关规定，熟练掌握资产、负债和所有者权益各账户的结构，能正确地运用。

实训项目

【实训目标】

掌握资产、负债和所有者权益的核算。

【内容与要求】

资料：百齐旅游饭店是甲、乙、丙三方共同筹资建立，公司注册资本为150万元，三方的出资比例各为1/3。甲方以固定资产形式投入，乙方以货币资金形式投入，丙方以30万元原材料和价值20万元的非专利技术投入。饭店2011年8月发生如下经济业务：

1. 5日支付从鲜蔬公司购入的各类蔬菜未付款6 000元。

2. 7日餐饮部销售饮品取得收入5 000元，当即存入银行。

3. 8日购入不需安装的设备一台，价值为50 000元，另外支付运费1 000元，款项已由银行存款支付（不考虑增值税）。

4. 10日经计算饭店员工工资总额为245 000元，其中客房部员工工资65 000元，餐

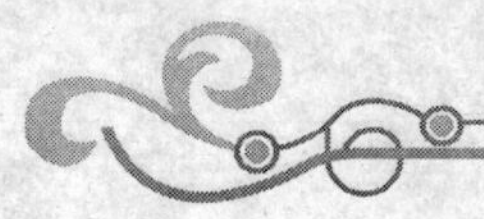

饮部员工工资 98 000 元、商场部员工工资 30 000 元，管理部员工工资 52 000 元。

5. 12 日从银行提取现金 245 000 元，备发工资。

6. 12 日收到创新公司以转账支票支付的为其提供客房服务款项 10 000 元。

7. 14 日购入特色麻辣香锅制作专利权，实际支付价款 20 万元，专利合同规定受益期限为 5 年，则该企业每月应摊销 4000 元。

8. 15 日发放员工工资。

9. 19 日因承办宴席 30 桌，按合同约定，预收定金 2 000 元。

10. 20 日商品部从批发市场购进服装一批，商品不含税进价金额为 8 000 元，不含税售价金额为 10 000 元，签发转账支票支付货款，商品已验收入库（不考虑增值税）。

11. 21 日为承办的宴席购入价值 600 元的面粉，验收入库。

12. 25 日为承办宴席从库房领用价值 300 元的面粉。

13. 25 日根据饭店员工工资总额 245 000 元，按规定计提比例 2%，提取工会经费 4 900元，按规定计提比例 1.5%，计提职工教育经费 3 675 元。

14. 27 日支付上月赊购的价值 5 000 元原材料款项。

15. 28 日购入一台需要安装的设备，设备买价为 200 000 元，支付的运输费为 2 000 元。安装设备时，领用材料等的价值为 800 元，人工费 500 元，支付安装费为 3 500 元（不考虑增值税）。

16. 29 日宴席承办完毕，当即收到余款 10 000 元。

要求：根据资料所述经济业务内容进行相关的账务处理，登账、结出本期发生额和期末余额，并进行结账，编制试算平衡表。

【组织与实施】

1. 在学生熟悉旅游企业经济业务的基础上，引导学生进行旅游企业账务处理。

2. 根据所给资料，分别进行旅行社企业和饭店企业账务处理，引导学生辨别经济业务中涉及的资产、负债和所有者权益内容，正确判断业务类型，编写会计分录，编写时注意正确运用相关会计科目；根据编写无误的会计分录，开设业务中涉及会计科目的账户，并进行业务登记；月末结出本期发生额和期末余额，并进行结账；编制试算平衡表。

【评价标准】

熟悉旅游企业资产、负债和所有者权益业务，正确判断业务类型、运用相关科目进行账户处理，完成登账和试算平衡表编制。

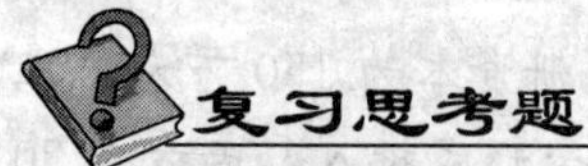

复习思考题

一、单项选择题

1. 企业一般不得从本单位的现金收入中直接支付现金，因特殊情况需要支付现金的，应事先报经（　　）审查批准。

A. 本企业单位负责人　　　　B. 上级主管部门

C. 开户银行　　　　D. 财税部门

2. 商业汇票的付款期限，最长不得超过（　　）个月。

A. 3　　B. 6　　C. 9　　D. 12

3. 企业支出的包装物押金属于（　　）项目。

A. 应收账款　　B. 应收票据　　C. 其他应收款　　D. 预付账款

4. 某固定资产原值为 6 000 元，预计净残值为 240 元，使用年限为 4 年，若采用双倍余额递减法计提折旧，则第 3 年应计提的折旧额为（　　）。

A. 530 元　　B. 630 元　　C. 730 元　　D. 830 元

5. 购买一计算机，原价 10 000 元，预计净残值为 1 000 元，折旧年限为 5 年，则采用年数总和法计算第二年折旧额为（　　）元。

A. 1 800　　B. 2 000　　C. 2 400　　D. 3 000

6. 为反映股份有限公司股东投入公司的股本金额及其变动情况，应设置的账户是（　　）。

A. 资本公积　　B. 实收资本　　C. 盈余公积　　D. 股本

7. 某公司现有注册资本 20 000 000 元，盈余公积的金额为 10 000 000 元，可用于转增资本的金额最多为（　　）。

A. 4 000 000 元　　B. 5 000 000 元　　C. 6 000 000 元　　D. 10 000 000 元

8. 资本公积的主要用途是（　　）。

A. 弥补亏损　　B. 转增资本　　C. 分配股利　　D. 归还投资

9. 股份有限公司发行股票的溢价收入应计入（　　）。

A. 资本公积　　B. 实收资本　　C. 营业外收入　　D. 盈余公积

10. 盈余公积提取的依据是（　　）。

A. 当年实现的净利润

B. 可供投资者分配的利润

C. 可供分配的利润

D. 当年实现的净利润加年初未分配利润

11. 有限责任公司增资扩股时，如果有新的投资者加入，则新加入的投资者缴纳的出资额大于按约定比例计算的其在注册资本中所占份额部分应记入（　　）账户的贷方。

A. 实收资本　　B. 股本　　C. 资本公积　　D. 盈余公积

12. 年末结账后，利润分配账户的贷方余额表示（　　）。

A. 本年实现的利润总额　　B. 本年实现的净利润额

C. 本年利润分配总额　　D. 历年累计的未分配利润额

二、多项选择题

1. 下列各项中，属于货币资金的有（　　）。

A. 基金　　B. 库存外币

C. 银行存款　　D. 其他货币资金

2. 我国会计实务中，不作为应收票据核算的票据有（　　）。

A. 支票　　B. 银行承兑汇票　　C. 银行本票　　D. 银行汇票

3. 下列各项中，属于企业流动资产的有（　　）。

A. 应付票据　　B. 短期投资　　C. 预付账款　　D. 应收票据

4. 所有者权益包括（ ）。

A. 实收资本 B. 资本公积 C. 盈余公积 D. 未分配利润

5. 所有者权益与负债统称为权益，两者的区别在于（ ）。

A. 性质不同 B. 偿还期限不同 C. 权利不同 D. 风险不同

6. 影响固定资产折旧的基本因素有（ ）。

A. 固定资产的原值 B. 固定资产的净残值

C. 固定资产的使用寿命 D. 固定资产的减值准备

7. 下列属于固定资产折旧的方法有（ ）。

A. 平均年限法 B. 工作量法

C. 双倍余额递减法 D. 移动加权平均法

8. 在以下项目中，投资者可以使用的投资方式包括（ ）。

A. 用专利权投资 B. 用机器设备投资 C. 用现金投资 D. 用存货投资

9. 下列各项中，属于留存收益的内容有（ ）。

A. 公司管理权 B. 盈余公积 C. 实收资本 D. 未分配利润

10. 企业接受投资者以无形资产方式投入的资本，编制会计分录可能涉及的会计账户有（ ）。

A. 资本公积 B. 盈余公积 C. 无形资产 D. 实收资本

11. 资本公积的主要来源包括（ ）。

A. 从净利润中提取 B. 从营业收入中提取 C. 资本溢价 D. 股本溢价

12. 下列各项中属于盈余公积金用途的有（ ）。

A. 弥补亏损 B. 转增资本 C. 分配、股利 D. 归还投资

13. 下列各项中，可以用来转增资本的有（ ）。

A. 应付股利 B. 资本公积 C. 盈余公积 D. 未分配利润

14. 企业实现的净利润应进行（ ）分配。

A. 计算缴纳所得税 B. 支付银行借款利息

C. 提取盈余公积金 D. 向投资人分配利润

15. 关于“本年利润”账户，下列说法正确的有（ ）。

A. 借方登记期末转入的各项费用金额 B. 贷方登记期末转入的各项收入金额

C. 贷方余额为实现的累计净利润额 D. 借方余额为本期发生的亏损额

三、判断题

（ ）1. 资产减去负债后的余额为所有者权益，亦称净资产。

（ ）2. 年末结账后，利润分配账户贷方余额为企业的累积的未分配利润。

（ ）3. 接受投资者所捐赠的现金，应贷记实收资本账户。

（ ）4. 我国目前实行的是注册资本制度，要求企业的实收资本与其注册资本相一致。

（ ）5. 外币投资资本折算差额也为所有者权益，记入“实收资本”账户。

（ ）6. 在溢价发行股票的情况下，应将相当于股票面值的部分记入“股本”账户。

四、业务题

1. 安心旅游饭店 2011 年 9 月 30 日银行存款日记账账面余额为 67 400 元，银行对账单上企业存款余额为 63 500 元，经逐笔核对，发现以下未达账项：

① 饭店委托银行代收 10 000 元预订金，但尚未通知企业。

② 饭店开出转账支票 3 500 元用于购入食材，银行尚未办理转账。

③ 银行代饭店支付的水电费 2 400 元，尚未通知企业。

④ 饭店餐饮部当月取得销售收入 15 000 元登记入账，银行尚未入账。

要求：根据以上资料编制银行存款余额调节表。

银行存款余额调节表

年　　月　日　　　　　　　　　　　　　　单位：元

项目	金额	项目	金额
银行存款日记账余额		银行对账单余额	
加：银行已收款入账，企业未入账款项		加：企业已收款入账，银行未入账款项	
减：银行已付款入账，企业未入账款项		减：企业已付款入账，银行未入账款项	
调节后余额		调节后余额	

2. 顺意旅行社有电子设备一台，原价 200 000 元，预计可使用 5 年，预计净残值为 2 000元。要求：分别用年限平均法、双倍余额递减法和年数总和法计算企业的年折旧额。

3. 安心旅游饭店 2011 年 3 月 1 日向开户行借入期限为五个月的短期借款 100 000 元用于企业临时性资金周转，协议约定到期一次还本付息，借入款项年利率 6%。2011 年 7 月 31 日饭店按期归还前述借入款项。要求：根据所发生的经济业务，编制相关的会计分录。

任务二　掌握旅游企业收入、成本税费和利润的核算

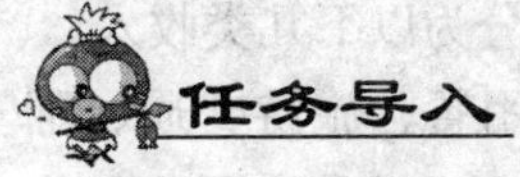

小刘的餐厅开业第一个月的经济业务情况如下：

(1) 购买餐厅的日常用品 3 600 元；

(2) 支付半年的房租 30 000 元；

(3) 购入各种原料 30 000 元，当月领用 20 000 元的原料；

(4) 分配并支付雇员的工资 7 000 元；

(5) 支付本月的水电费 3 000 元；

(6) 计算并支付本月应交营业税金 3 096 元；

(7) 本月取得营业收入总计 46 300 元。

小刘应如何针对餐厅经营业务情况进行会计核算，并计算当月利润？

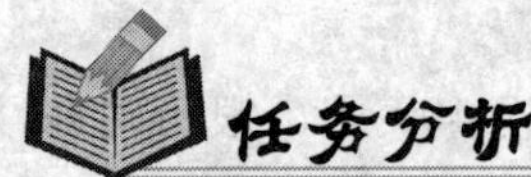

任务分析

针对餐厅经营业务情况，判断经济业务所引起的会计六要素资产、负债、所有者权益、收入、费用和利润的具体哪些要素发生了变化。根据要素变化情况，确定其所涉及的会计账户及其性质，进行会计核算。正确完成任务必须熟悉各要素及其要素具体分类设的账户的结构，同时还要熟悉对相关账户的有关管理。本任务涉及会计六要素都有所变化，具体涉及的会计账户有库存现金、银行存款、原材料、应付职工薪酬、应缴税费、主营业务收入、主营业务成本和管理费用等。

知识准备

收入是依靠企业资产而取得的，没有资产的存在不可能有收入的产生。收入的取得一定表现为一定的资产，即可用于偿还债务也可用于分配给投资者。

一、掌握旅游企业收入的核算

（一）收入的含义及确认原则

《企业会计准则》明确指出，收入是指企业在日常活动中形成的、会导致所有者权益增加、与所有者投入资本无关的经济利益的总流入。会计人员应按《企业会计准则第14号——收入》的有关规定对本日营业收入进行确认。收入只有在经济利益很可能流入从而导致企业资产增加或者负债减少且经济利益的流入能够可靠计量时才能予以确认。

旅行社企业在组织境外旅游者到国内旅游，应以旅行团离境（或离开本地）时确认营业收入实现；旅行社组织国内旅游者到境外旅游，应以旅行团旅行结束返回时确认营业收入实现。旅行社组织国内旅游者在国内旅游，也应以旅行团旅行结束返回时确认营业收入实现。

（二）旅行社收入的核算

1. 旅行社的收入类型

旅行社经营收入按其为游客提供各项服务的形式和内容的不同，可分为以下几类收入。

（1）组团外联收入，即由组团社自组外联，向旅游者提供住房、用餐、旅游交通、翻译、导游、文娱活动等所取得的收入，包括旅行社收取的服务费收入。一般多为团队包价收入，即旅游者向当地旅行社一次交清旅游费用，以后如果没有特殊需要，旅游者不需要再付费用。

（2）综合服务收入。除旅游者从组团地到接团地的交通费、服务费一般由组团社支付，其他费用都由组团社拨付给接团社，再由接团社支付给相关的饭店、餐馆、车船公司、旅游景点由此产生的收入构成接团社的综合服务收入。

（3）零星服务收入。它是指各旅行社接待零星旅游者和承办委托事项所取得的收入，包括委托收入、导游接送收入、车费收入、托运服务费收入和手续费收入等。

（4）地游及加项收入。它是指接团社为旅游者提供包价之外的服务项目而形成的收入。

（5）劳务收入。它是指旅行社向其他旅行社提供当地或全程导游翻译人员所得的收入。

（6）票务收入。它是指旅行社办理代售国际联运客票和国内客票的手续费收入。

(7) 其他服务收入。它是指不属于以上各项的其他服务收入。

2. 旅行社的主要收款结算方式

旅行社收款结算，一般分为预收、现收和事后结算三种形式。

(1) 预收结算。预收是指在为旅游者提供服务之前，先全部或部分收取服务费。预收方式，一般在旅行社组团和饭店住宿服务中采用。

(2) 现收结算。现收是指在为旅游者提供服务的同时收取费用。一般零散服务或额外提供服务时多采用这种方式。

(3) 事后结算。事后结算是指导游向客人提供服务后，一次性或定期地进行核算。这种收款方式多用于旅行社间的收付，如组团社与接团社之间，往往在旅行团游览结束后，双方才进行结算；接团社与饭店、车船企业、餐馆之间也多采用事后结算的方式。

3. 旅行社收入的核算

旅行社的经营收入包括主营业务收入和其他业务收入。不论是以组团形式，还是以接团形式取得的，都通过“主营业务收入”账户进行核算；而在此之外取得的与经营有关的收入，如旅行团因故取消而收取的手续费，形成旅行社的其他业务收入，通过“其他业务收入”账户进行核算。

(1)“主营业务收入”账户的设置。

“主营业务收入”账户是根据损益类科目开设的，核算旅行社实现的主营业务收入变化情况。“贷方”登记当月实现的主营业务收入金额，“借方”登记月末转入“本年利润”账户的金额，期末结转后账户无余额。一般按收入类型进行明细分类核算。

借方　　　　主营业务收入	贷方
期末转入“本年利润”账户的金额	当月实现的收入金额
	无余额

① 当旅游企业实现主营业务收入时，应按实际价款：

借：银行存款

　　应收账款等

　贷：主营业务收入

② 期末，将该账户余额转入本年利润账户：

借：主营业务收入

　贷：本年利润

(2)“其他业务收入”账户的设置。

“其他业务收入”账户是根据损益类科目开设的，核算旅行社除主营业务之外的，企业实现的其他业务收入变化情况。“贷方”登记当月实现的其他业务收入金额，“借方”登记月末转入“本年利润”账户的金额，期末结转后账户无余额。一般按收入类型进行明细分类核算。

借方	其他业务收入	贷方
期末转入“本年利润”账户的金额		当月实现的收入金额
		无余额

① 当旅游企业实现其他业务收入时，应按实际价款：

借：银行存款

　　应收账款等

　贷：其他业务收入

② 期末，将该账户余额转入“本年利润”账户：

借：其他业务收入

　贷：本年利润

(3) 组团业务收入的核算。

组团社经营收入是指组团社根据组团报价为旅游者提供服务所取得的收入。

组团业务核算程序一般是：先由外联部与客源地旅行社签订组团协议，确定接待人数、时间、等级、内容、价格等；然后给有关接待单位或部门下达接待计划，根据各接待单位或部门填报的“旅游团费用拨款结算通知单”拨付款项，并根据客源地旅行社确认的函电和接待计划及审核的“旅游团费用拨款结算通知单”填制的“结算账单”，及时向客源地旅行社收款。如图 5-1 所示。

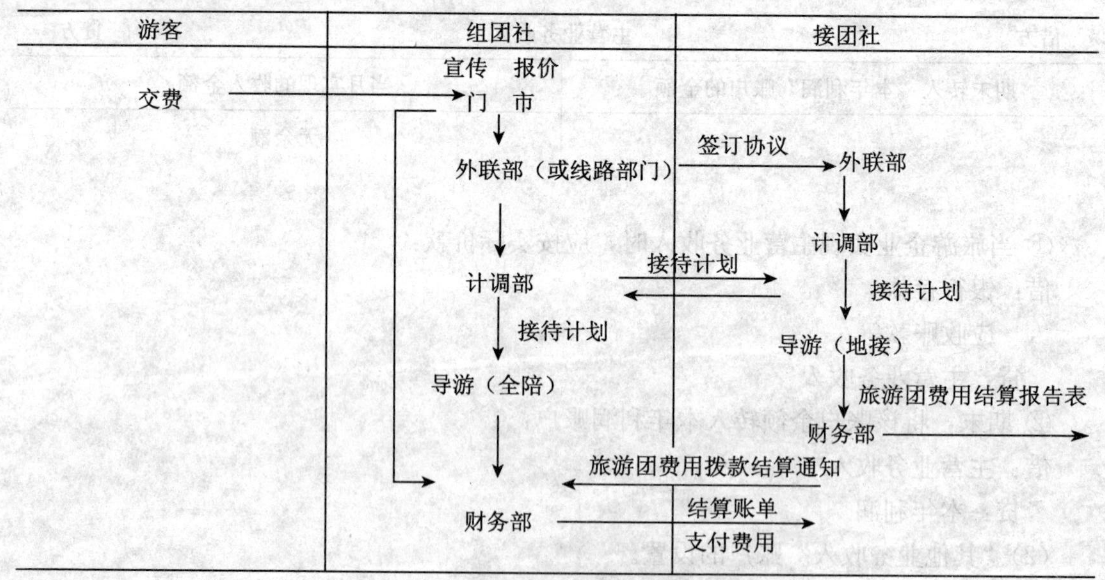

图 5-1　旅行社业务核算程序

组团业务一般都是先收款，后支付费用。

① 组团收款时（依据银行收账通知及收入日报表），编制会计分录如下：

借：库存现金（或银行存款）

　贷：应收账款（或预收账款）——×××

② 当提供旅游服务后，按月根据旅游团结算账单进行结算，确认经营收入实现时（依据有关结算通知单），编制会计分录如下：

借：应收账款（或预收账款）——×××

　贷：主营业务收入——×××

③ 如需退回预收款项的余额时，编制会计分录如下：

借：应收账款（或预收账款）——×××

　贷：银行存款

④ 若旅游费不足需加收时，编制会计分录如下：

借：应收账款（或预收账款）

　贷：主营业务收入 ——×××

⑤ 待收到加收款后，再冲减"应收账款"或"预收账款"账户：

借：银行存款

　贷：应收账款（或预收账款）——×××

⑥ 若旅行团因故取消，应按规定在预收款中扣除手续费再退回原单位：

借：应收账款（或预收账款）——×××

　贷：银行存款

　　其他业务收入——手续费收入

【例 5-37】 北京天开旅行社 8 月 15 日组成 20 人的梦想旅行团赴青岛 7 日游，已收旅行团费用 46 000 元。7 月 22 日该旅行团返回北京，编制会计分录如下：

① 组团收到旅行团费时：

借：库存现金（或银行存款）　　　　　　46 000

　贷：应收账款——梦想旅行团　　　　　　　　46 000

② 8 月 22 日旅行团返回北京，确认营业收入时，编制会计分录如下：

借：应收账款——梦想旅行团　　　　　　46 000

　贷：主营业务收入——组团外联收入　　　　　46 000

(4) 接团社业务收入的核算。

接团社营业收入是指接团社根据组团社下达的接待计划，为旅行团（者）提供各项服务后，应向组团社收取的款项。

接团旅游业务核算的一般程序是：根据组团社发来的接待计划，制订当地接待计划，打印出日程表；结合各旅行团不同的特点和要求，配备合适的全陪和地陪；旅行团离开当地后，根据陪同人员填写的"旅游团费用结算报告表"，编制"旅游团费用结算通知单"报组团社办理款项结算；另外与提供服务的单位实行定期或不定期的结算。如图 5-1 所示。

接团社与组团社之间的结算，通常是接待在前，结算在后。一般按接待的单团进行结算。接团社一般都是在旅行团离开本地后，应及时向组团社报送旅游团费用结算通知单，即结算账单进行结算，也可以向组团社预收部分定金，按期结算。

① 确认营业收入时（依据结算通知单），编制会计分录如下：

借：应收账款——×××

　贷：主营业务收入——×××

② 收到组团社的旅游团费用拨款时（依据银行收账通知），编制会计分录如下：

借：银行存款

　贷：应收账款——×××

【例 5－38】秦皇岛天堂旅行社接北京天开旅行社梦境旅游团 25 人，于 8 月 15 日—8 月 20 日期间在秦皇岛参观游览，20 日下午旅游团结束行程离岛，结算全部费用为34 500 元，其中，综合服务费 30 000 元，增加风味餐 3 次计 1 500 元，风景名胜门票费3 000元。25 日秦皇岛天堂旅行社接到组团社北京天开旅行社转来款项。根据结算账单，编制会计分录如下。

① 20 日根据“结算通知单”确认主营业务收入时：

借：应收账款——北京天开旅行社（梦境旅游团）　　34 500

　贷：主营业务收入——综合服务收入　　30 000

　　　　　　　　　——地游及加项收入　　4 500

② 25 日接到银行通知，收到组团社的旅游团费用拨款时：

借：银行存款　　34 500

　贷：应收账款——北京天开旅行社（梦境旅游团）　　34 500

【例 5－39】北京天开旅行社与德国奇异旅行社签订旅游合同，承接了该社组织的德国梦幻旅行团一行 30 人于 2011 年 10 月 1 日来中国旅游事宜。根据旅游计划应收取包价费用为人民币 150 000 元。9 月 20 日收到德国奇异旅行社预付的梦幻旅行团旅游费用人民币 100 000 元，9 月 30 日奇异旅行社汇来余款人民币 50 000 元。10 月 10 日梦幻旅行团全部旅游活动结束后离境回国，经计算全部费用为人民币 120 000 元。10 月 15 日北京天开旅行社将余款退还德国奇异旅行社，编制会计分录如下：

① 9 月 20 日接到银行通知时，预收部分定金：

借：银行存款——人民币户　　100 000

　贷：应收账款（或预收账款）——奇异旅行社（梦幻旅游团）　　100 000

② 在旅行过程中，根据游客要求增加北京风味小吃品尝项目，费用为 1 500 元，增加参观景点项目，费用为 1 800 元，加收 10%的服务费后，由游客以现金支付：

借：库存现金　　3 300

　贷：主营业务收入——地游及加项收入　　3 300

③ 9 月 30 日收到银行通知时，收到补付的余款：

借：银行存款——人民币户　　50 000

　贷：应收账款（或预收账款）——奇异旅行社（梦幻旅游团）　　50 000

④ 10 月 10 日旅游团离境回国，确认营业收入时：

借：应收账款（或预收账款）——奇异旅行社（梦幻旅游团）　　120 000

　贷：主营业务收入——组团外联收入　　120 000

⑤ 10 月 15 日退回预收余款时：

借：应收账款（或预收账款）——奇异旅行社（梦幻旅游团） 10 000

贷：银行存款 10 000

组团社与境外旅行社进行核算，一般应以境外旅行社确认旅行团出发的传真为依据。在旅行团出发的同时，根据有关合同、协议的规定，填写“结算单”或“账单”进行结算，力争在旅行团入境前收到有关费用，并做相应的账务处理。

（三）旅游饭店收入的核算

随着旅游业的发展，游客住宿和饮食提出了更高和更多的要求，饭店要发展就要不断完善、更新经营项目，由此必然带来营业收入和支出的增加，所以加强饭店经营管理与核算是饭店进一步发展的必要前提，也是保证旅游饭店营业收入安全与完整、营业支出合理与正确的必要前提。

1. 旅游饭店收入的内容

（1）客房收入，指饭店为游客提供住宿环境和服务性劳务后，向其收取的货币收入。

（2）餐饮收入，指饭店为游客提供饮食、酒席、宴会等服务后而取得的货币收入。

（3）销售商品收入，指饭店附设零售商场、购物中心或商品等部门，因销售商品等而取得的货币收入。

（4）其他收入，指饭店除上述收入以外取得的货币收入，主要包括娱乐和健身服务、商务中心服务、美容美发、电话费、洗衣、手续费、会议室出租和俱乐部等取得的相应收入。

小资料

收银和稽核（夜审与日审）

1. 收银工作

收银是取得客房主营业务收入的第一个环节，收银员应按照饭店规定认真收好每一笔应收的款项，分别按库存现金、支票或信用卡进行归类登记收讫。收银员还应严格按照与客户签订的协议处理应收账款的签单业务。目前旅游饭店收款普遍采取预收方式，即宾客入住饭店时，按预计住店天数预收押金，离店时多退少补。对签有信用协议的单位，事先可不预收押金，为客人提供服务后，定期或离店时一次性向客户结清账款。

2. 夜审与日审

夜审人员午夜开始工作，根据收银员编制的报表、账单和发票等资料，核对饭店各项收入，并纠正出现的差错和问题。检查免费房、折扣房的手续和权限。完成每天住店宾客房费挂账及其他数据的计算机操作，负责饭店计算机系统数据更新，保障饭店计算机系统数据的完整性和连续性。按规定打印需要保存的各类报表，并保证报表数据准确。编制《饭店销售收入日报表》，记录《夜审日志》，详细说明夜审过程中发现、发生的有关问题，以及解决措施或处理建议。

日审人员次日早晨与夜审交接，核查饭店各项收入单据，保证其及时、正确、合法，为饭店收入凭证记账工作提供准确的相关资料。交接、整理有关应收账的账单和数据，为应收

账款的及时回收提供依据。解决、处理收银员或服务员出现的差错，及时反馈至收银处或其他营业部门，借此监督、指导饭店的收银工作。日审人员还负责账单、发票、报表的整理、装订和保管。编制营业收入日报表，将审核无误的单据和报表交会计人员作入账处理。

2. 客房收入的核算

（1）客房收入的确认。

饭店的客房收入依据权责发生制记账确认收入。客房一经出售，不论房费是否收到，都应作为客房的销售来计算营业收入，即以客房实际出租的时间作为客房销售的入账时间。从客人入住饭店时间起，就应计算营业收入。总台提供的“客房营业收入日报表”等原始凭证是进行客房收入核算的依据。

（2）客房收款结算方式。

客房按收款方式的不同可分为预收结算、现收结算和事后结算三种。预收结算是指游客入住旅游饭店时先预交部分或全部房费，在顾客离开时再统一结算，多退少补的结算方式；现收结算是指旅游饭店在提供服务后，当即向游客收取款项的结算方式；事后结算是指旅游饭店先向游客提供各项服务，在游客离开时再统一结算的方式。一般饭店通常采取预收结算方式。

（3）客房收入的核算。

①“主营业务收入”账户的设置。

旅游饭店在“主营业务收入”总账下，可设置客房收入、餐饮收入、商品部收入、干洗部收入、美容部收入、票务收入和歌舞厅收入等二级账户进行明细分类核算。旅游饭店实现的客房业务收入，应在“主营业务收入——客房收入”账户内进行核算。

借方　　　　主营业务收入——客房收入	贷方
期末，转入“本年利润”账户的金额	当月实现的客房收入金额
	无余额

② 预收结算方式下收入的核算。

每天根据总台结账处“客房营业日记台账”编制的“客房营业收入日报表”按预收金额：

借：库存现金（或银行存款）

　　贷：预收账款——×××

每日按日报表中属于客人每天应付房费部分列作当日营业收入，并核销预收款：

借：预收账款——×××

　　贷：主营业务收入

③ 现收结算方式下收入的核算。

在每日业务结束时，财务部门根据总台提供的“客房营业收入日报表”及上缴款项：

借：库存现金（银行存款）

　贷：主营业务收入

④ 事后结算方式下收入的核算。

财务部门根据当天总台提供的“客房营业收入日报表”编制会计分录：

借：应收账款——×××

　贷：主营业务收入

事后结算房费时：

借：库存现金（或银行存款）

　贷：应收账款——×××

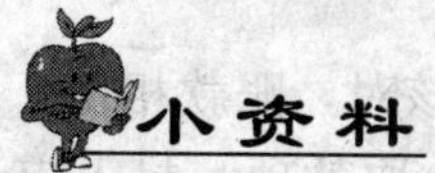

挂账的有关规定

1. 与公司订有合同的挂账。此种情况可由吧台服务员根据合同内容，对挂账人核实无误后，由挂账人签字并做好挂账记录；非合同当事人签字的，必须经合同当事人同意方可挂账。

2. 关系单位或关系的临时挂账（无挂账合同）。遇有这种情况，必须由餐厅经理（营销经理）以上管理人员同意并签字担保才能挂账，挂账总额不得超过5 000元，并由担保人负责回收，其他人无权担保挂账。

3. 其他形式的挂账。它指跑单、支票或信用卡因吧台人员工作失误造成的退票、废卡而引起的挂账等，即在当日营业结束时所造成的一切欠款形式都属此列。出现类似情况，应由收银员开具挂账单，餐厅经理以上人员签字，由当事人负责在10日内收回，否则将追究责任，并在当事人工资中扣除。

【例5－40】天华旅游饭店于2011年7月5日收到桂林旅行团预定客房订金5 000元，存入银行。编制会计分录如下：

① 预收房费时：

	借方	贷方
借：银行存款	5 000	
贷：预收账款——桂林旅行团		5 000

② 桂林旅行团于7月8日入住。住宿房费每天为2 200元，根据“客房营业收入日报表”按日入账：

	借方	贷方
借：预收账款——桂林旅行团	2 200	
贷：主营业务收入——客房收入		2 200

③ 桂林旅行团共住宿5天，应付房费11 000元，每日应做的会计分录同上：

④ 桂林旅行团离店结账时，开具“收费清单”，应补交房费6 000元：

	借方	贷方
借：银行存款	6 000	
贷：预收账款——桂林旅行团		6 000

练一练 5－1：

请你把上面例题改为现金结算和事后结算并核算收入。

3. 餐饮收入的核算

旅游饭店餐饮部是与客房部配套不可缺少的一个重要经营部门。餐饮部因投入的成本、费用所占比重较大，如果营业收入过低将会导致亏损，因此要求餐饮部门必须加强会计核算，努力降低成本，扩大餐饮营业收入。

（1）餐饮收入核算的基本要求。

① 做好销售价格的计算控制工作。设置有操作经验的专职或兼职物价员计算各类食品、菜肴的销售价格，并由财会部门稽核审查售价。

② 建立健全收款点，营业员工作岗位责任制，保证日清月结，产销核对，账款相符。

③ 每日营业终了，由收款员填报“营业收入日报表”，连同账单和收取款项，封入夜间保险柜，次日清晨由总出纳审核点收，将应收账款挂账，并将现金、支票存入银行。

（2）餐饮收入的核算。

①“主营业务收入”账户的设置。为了总括反映餐饮部门主营业务收入情况，以核算提供劳务、收到货款或收取货款的经济业务，通常设置此账户。

当企业实现主营业务收入时，应按实际价款记账：

借：银行存款

　　库存现金

　　应收账款等

　贷：主营业务收入

期末将当期营业收入转入“本年利润”账户计算利润。企业应根据自身管理的需要，对主营业务收入进行适当的分类，并设明细账户进行核算。

② 餐饮收入的核算。企业会计制度规定，餐饮业务收入一律采用权责发生制。

旅游饭店餐饮业务收入因餐饮店面大小的差异、经营方式的不同，可分为先就餐后结算、服务员开票收款、柜台统一售票和一手钱一手货等结算方式。对团餐一般采用先就餐后结算方式。

【例 5－41】 2011 年 8 月 8 日天华旅游饭店餐厅各营业部交来当日“营业收入日报表”和所收现金 4 880 元，其中餐费收入 4 000 元、服务收费 880 元，编制会计分录如下：

借：库存现金　　　　　　　　　　　　　4 880

　贷：主营业务收入——餐饮收入　　　　　　4 000

　　　　　　　　　——服务收入　　　　　　　880

练一练 5－2：

如果饭店承接宴席业务，请编写操作流程，并思考会计核算方式。

4. 商品部收入的核算

根据旅游饭店商品部经营业务的核算通常采用售价金额核算方法。

售价金额核算方法是指购进商品时，由实物保管人验收入库后，会计上按商品的销售

金额记录入账，而该商品的销售金额与进价金额之差额，通过“商品进销差价”账户加以反映的一种核算方法。

在售价金额核算方法下，商品售出时，按售价金额：

借：库存现金

　　应收账款

　贷：主营业务收入——商品部收入

【例 5-42】天华旅游饭店商场各销售组报来某日“销售日报表”、“内部缴款单”和现金，其中保健品组销售 2 000 元，纪念礼品组销售 1 600 元，编制会计分录如下：

借：库存现金　　　　　　　　　　　　　　　　3 600

　贷：主营业务收入——商品部——保健品组　　　　2 000

　　　　　　　　　　　　　　——礼品组　　　　　1 600

二、掌握旅游企业成本税费的核算

（一）旅行社成本费用的核算

1. 旅行社的经营成本构成

旅行社经营成本是旅行社收入的前期支出，与其取得的收入相对应。它包括主营业务成本和其他业务成本。主营业务成本是指直接用于接待游客并为其提供各项服务所发生的全部支出；其他业务成本是指在主营业务成本之外发生的与经营有关的支出。

旅行社经营成本按其为游客提供各项服务形式和内容的不同，可分为以下几类成本。

（1）组团外联成本指由组团社自组外联接待包价旅游团体或个人按规定开支的房费、餐费、旅游、交通、全陪及保险等费用。

（2）综合服务成本，指旅行社接待包价旅游团体或个人按规定开支的房费、餐费、旅游、交通等费用。

（3）零星服务成本，指为接待零星旅游者和办理受托代办事项而发生的支出。

（4）地游及加项成本，指接团社为旅游者提供包价之外的服务项目而发生的支出。

（5）劳务成本，指旅行社向其他旅行社提供当地或全程导游翻译人员而发生的费用。

（6）票务成本，指旅行社办理代售国际联运客票和国内客票而发生的订票手续费、包车费和退票损失等。

（7）其他服务成本，指不属于以上各项的其他服务费用。

2. 旅行社经营成本的核算

旅行社经营成本的核算，不论是组团社还是接团社都通过“主营业务成本”账户进行核算。

（1）“主营业务成本”账户的设置。

“主营业务成本”账户是根据损益类科目开设的，核算旅行社主营业务成本变化的情况。“借方”登记旅行社发生主营业务成本时实际支出金额，“贷记”登记期末转入“本年利润”账户的金额，期末结转后账户无余额。一般可按成本类型进行明细分类核算。

借方	主营业务成本 贷方
当月发生的支出金额	期末，转入“本年利润”账户的金额
无余额	

① 当旅行社发生主营业务成本支出时，应按实际价款：

借：主营业务成本

　贷：银行存款

　　　应付账款等

② 期末，将该账户余额转入“本年利润”账户：

借：本年利润

　贷：主营业务成本

(2) 组团社经营成本的核算。

组团社的经营成本在拨付支出和服务支出时形成，即在拨付给接团社综合服务费、住宿费、餐费、车费等支出，以及为组团而发生的外联费用和全陪人员的部分费用支出，形成组团社的主营业务成本。

① 当组团社即时结算费用拨款时（依据付款通知、结算单等），编制会计分录如下：

借：主营业务成本——×××

　贷：银行存款

② 如不能及时拨款造成拖欠时（依据费用结算单），编制会计分录如下：

借：主营业务成本——×××

　贷：应付账款——×××

【例 5-43】 北京天开旅行社于 8 月 15 日—8 月 20 日期间，组成 25 人梦境旅游团到秦皇岛参观游览，20 日下午旅游团结束行程离岛，结算综合服务费 30 000 元。同时，支付全陪费用 2 000 元，与各接团社联系的长途电话费等 230 元，25 日北京天开旅行社将款项拨付秦皇岛天堂旅行社。北京天开旅行社编制会计分录如下：

① 结算综合服务费：

借：主营业务成本——综合服务费——秦皇岛天堂旅行社　30 000

　贷：银行存款　30 000

② 支付全陪费用：

借：主营业务成本——劳务成本——陪同费　2 000

　贷：库存现金　2 000

③ 支付长途电话费等：

借：主营业务成本——其他服务成本——电话费　230

　贷：库存现金　230

(3) 接团社经营成本的核算。

在进行接团社经营成本核算时，一般按直接用支付游客的房费、餐费、交通费、文杂费、陪同费、劳务费、票务费、宣传费和其他直接支出等进行分类核算。房费是为游客支

付的房费、空房费、退房损失等；餐费为游客支付的餐费，风味餐费、退餐损失费、随餐酒水费用等；交通费为游客支付的各项车费、船费、机票费用以及超公里费等；文杂费为游客参加文娱活动，游览景点、参观民居、学校、工厂等支付的门票费等以及游览途中的饮料费用；陪同费即陪同人员的房费、交通费、饮食补贴、邮电费等；劳务费是指支付给借调翻译导游人员和景点、展览馆讲解人员的劳务费等；票务费指支付给交通部门的订票手续费、包车费、退票费等；宣传费是按接待游客人次提取的，上交给上级主管部门的费用；其他直接支出主要有游客的人身保险费、行李托收搬运费、机场费等。

① 按实际发生数支付时（依据费用相关凭证、付款凭证）：

借：主营业务成本——×××

　贷：银行存款（或库存现金）

如未能及时支付可通过“应付账款”账户。

② 月末结账按预计数结转时（依据费用预算表）：

借：主营业务成本——×××

　贷：应付账款——×××

③ 实际结算费用时（依据费用结算单、付款凭证）：

借：应付账款

　贷：银行存款

　　主营业务成本（多计成本冲销）

或借：主营业务成本（少计成本补记）

　　应付账款

　贷：银行存款

【例 5-44】天胜旅行社 2011 年 8 月 20 日接桂林旅行团，拟入住天华旅游饭店，支付预订客房订金 5 000 元；21 日团队客人游览景点，支付门票费 600 元，支付本日游程的交通费 320 元；23 日支付游客到江苏的车票费用 380 元，订票费用 30 元；25 日支付租借旅游服务公司导游员的劳务费 180 元，天胜旅行社编制会计分录如下：

① 20 日支付房费：

	借方	贷方
借：主营业务成本——房费	5 000	
贷：银行存款		5 000

② 21 日支付门票及交通费：

	借方	贷方
借：主营业务成本——交通费	320	
——文杂费	600	
贷：库存现金		920

③ 23 日支付车票及订票费用：

	借方	贷方
借：主营业务成本——交通费	380	
——票务费	30	
贷：库存现金		410

④ 25 日支付导游员劳务费：

	借方	贷方
借：主营业务成本——陪同费	180	

贷：库存现金　　　　　　　　　　　　　　　　180

3. 旅行社费用的范围及分类

（1）旅行社费用的范围。

旅行社费用是指企业为管理和组织经营活动所发生的活劳动和物化劳动耗费的货币表现。它们在旅行社的经营支出中占有较大比重，因此，企业严格控制费用开支，对降低消耗，提高经济效益有非常重要的意义。为正确进行费用核算、加强会计监督，必须按财务会计制度规定划清费用的范围，以此保证企业正确计算经营成果。费用的范围主要有以下内容。

① 企业经营、服务和管理人员的工资以及按规定提取的职工福利费、工会经费和职工教育经费等；

② 在经营业务过程中支付给国民经济其他部门的劳务报酬，如运杂费、水电费、广告费、公共事业费等；

③ 在经营业务过程中发生的物质资料消耗，如燃料、物料用品的消耗、固定资产的折旧、低值易耗品摊销等；

④ 支付给银行的借款利息及金融机构的手续费等；

⑤ 按规定列入费用的有关开支，如土地使用税、车船使用税、房产税、印花税等；

⑥ 经营过程中发生的各项管理费用，如咨询费、诉讼费、办公费、董事会费、劳动保险费等。

企业经营活动中，凡是不属于经营业务范围的实际耗费，同经营业务没有直接关系，或者在经营业务中非正常的耗费，都不能作为费用开支，主要包括：应作为资本性支出的各项开支；各项赞助、捐赠支出；被没收的财物、各项违约金、赔偿金、滞纳金以及其他各项罚款等；对外投资支出及分配给投资者的利润；与企业经营无关的各种支出，如固定资产盘亏、非常损失等。

（2）旅行社费用的分类。

旅行社费用按其经济内容分为销售费用、管理费用和财务费用三大类，是间接地为旅游团提供服务发生的支出和耗费。

① 销售费用是指旅行社在经营过程中，各经营部门因销售而发生的各项费用，包括邮电费、水电费、差旅费、展览费、广告宣传费、业务部门的人员工资、福利费、服务费及其他费用等；

② 管理费用是指旅行社管理部门为经营活动的顺利进行而发生的费用；

③ 财务费用是指旅游企业为筹集所需资金而发生的各项费用。

销售费用和管理费用的区别主要是依据费用发生的部门不同：销售费用是企业销售部门发生的支出；管理费用是企业管理部门发生的支出。对于公共性不易划分的支出，一般列作管理费用。

4. 旅行社费用的核算

旅行社费用的核算主要是对销售费用、管理费用和财务费用的核算。需要根据损益类科目开设相应的费用账户，核算费用发生和结转情况。费用发生时，借记“销售费用”、“管理费用”、“财务费用”账户，贷记“库存现金”、“银行存款”、“累计折旧”等账户，

期末将这三个费用账户余额转入“本年利润”账户，期末结转后账户无余额。这三个费用账户一般应按项目进行明细核算。

【例 5-45】天胜旅行社 2011 年 8 月 25 日到银行办理业务发生手续费 320 元，编制会计分录如下：

借：财务费用——手续费　　320

　贷：银行存款　　320

【例 5-46】天胜旅行社 2011 年 8 月 30 日计算出销售部门员工的工资为 42 000 元，编制会计分录如下：

(1) 30 日计算出销售部门员工的工资。

借：销售费用——工资　　42 000

　贷：应付职工薪酬　　42 000

(2) 月末结转销售费用。

借：本年利润　　42 000

　贷：销售费用　　42 000

【例 5-47】天胜旅行社 2011 年 8 月 30 日计算出管理部门员工的工资为 55 000 元，按职工工资总额的 2% 提取职工工会经费（假定该旅行社职工工资总额 138 000 元）2 760 元，编制会计分录如下：

(1) 30 日计算出管理部门员工的工资：

借：管理费用——工资　　55 000

　贷：应付职工薪酬——工资　　55 000

(2) 按规定提取职工工会经费：

借：管理费用——工会经费　　2 760

　贷：应付职工薪酬——工会经费　　2 760

(3) 月末结转管理费用共计 57 760 元：

借：本年利润　　57 760

　贷：管理费用　　62 200

练一练 5-3：

天华旅游饭店 2011 年 8 月 30 日计算出客房部和餐饮部两个部门员工的工资分别为 96 000元和 67 000 元。请你编制相关的会计分录。

(二) 旅游饭店成本费用的核算

旅游饭店的成本和费用是指旅游饭店在经营客房、餐饮、娱乐和其他服务项目中发生的各种消耗，包括经营中发生的直接成本和期间费用。直接成本主要是指旅游饭店的餐饮成本和旅游饭店经营商品的进价成本；期间费用为销售费用、管理费用和财务费用。

1. 客房成本费用的核算

由于客房建造一次性投资巨大、日常经营耗费较小，直接费用和间接费用不易划分，造成了客房营业成本的计算困难。为了简化核算，现行会计制度规定，旅游饭店客房经营不单独计算成本，客房经营中发生人工成本、固定资产折旧、能源消耗及布草物料消耗等各项费用均作为期间费用处理，分别记入“销售费用”、“管理费用”和“财务费用”账户。因此，饭店在进行客房部的会计核算时可以只设立“销售费用”账户核算其费用消耗，而不设立“主营业务成本”账户核算其成本。

需要注意的是：不核算客房部营业成本，并不等于客房部没有营业成本，而只是为了简化会计工作，将其作为费用进行核算。客房部的费用主要有工资费用、维修费用、低值易耗品摊销、物料用品消耗、洗涤费用等。

2. 餐饮成本费用的核算

从理论上讲，餐饮营业成本应该是餐饮部门加工烹制的总和，包括原材料、燃料、机器设备和人工耗费等。但是，由于餐饮业加工烹制主、副食品是边生产边销售，其生产周期短，生产费用与销售费用难以划分；同时餐饮制品品种较多，数量零星，各种餐饮制品的成本难以一一计算。因此现行制度规定：第一，餐饮业的产品成本只核算耗用的原材料成本，其他成本项目，如工资、折旧费、物料消耗和其他费用等均列入有关费用中核算；第二，餐饮业的产品成本是以全部产品为核算对象来核算综合成本的。

餐饮制品的成本包括所耗用的原材料，即组成餐饮制品的主料、配料和调料三大类。餐饮制品成本的核算，实际上就是餐饮制品耗用的原材料的核算。原材料的管理根据餐饮业规模和管理方式的不同而有所不同。

餐饮部门在领用原材料时，应填制“领料单”，办理领料手续。财务人员应定期将“领料单”汇总，编制“领料凭证汇总表”据以入账，编制相应的会计分录，借记“主营业务成本”科目，贷记“原材料”科目。

在旅游饭店经营活动中，鲜活食品是不宜实行入库管理，购入后可直接拨餐饮部门，并记入营业成本，借记“主营业务成本”科目，贷记“银行存款”或“库存现金”科目等，简化了记账的过程。

【例 5-48】天华旅游饭店 2011 年 8 月初结存原材料 3 000 元，本月共购进原材料 30 000元，月末结存原材料 1 500 元。计算 7 月耗用原材料总成本，并编制会计分录如下：

7 月耗用原材料总成本＝3 000＋30 000－1 500＝31 500（元）

借：主营业务成本　　　　31 500

　贷：原材料　　　　31 500

【例 5-49】天华旅游饭店 2011 年 8 月 10 日购进鲜虾 10 公斤，每公斤 60 元，计 600 元，以转账支票支付。鲜虾直接交西餐厅，根据有关凭证编制会计分录如下：

借：主营业务成本——西餐厅　　　　600

　贷：银行存款　　　　600

【例 5-50】天华旅游饭店 2011 年 8 月 30 日本期“领料凭证汇总表”中，中餐厅领用面粉 350 斤，价值 700 元；大米 150 斤，价值 375 元；西餐厅领用色拉油 80 斤，价值 720 元，根据有关凭证编制会计分录如下：

借：主营业务成本——中餐厅　　　　1 075

　　　　　　　　——西餐厅　　　　720

　贷：原材料——大米　　　　375

——面粉　　　　　　　　　　　　　　700

——色拉油　　　　　　　　　　　　　720

3. 商品成本费用的核算

旅游企业商品销售成本的核算与餐饮成本核算相同，都通过“主营业务成本”账户进行核算。

商品成本的核算通常采用售价金额核算法。售价金额核算法指在购进商品时，实物保管人和会计都按商品的售价记账，该商品售价与进价的差额通过“商品进销差价”账户进行核算。期末，通过计算进销差价率，将进销差价按本期进销商品份额分摊到成本中，调整为本期实际销售成本的方法。

“商品进销差价”账户在采购环节是“库存商品”的调整账户，在销售环节则是“主营业务成本”的调整账户。企业购入商品，商品进销差价增加，记入其“贷方”，月末分配商品进销差价时，由其“借方”转出，其本期贷方发生额反映的是本期商品进销差价的总额，月末结转后“贷方”余额为库存商品尚未摊销的进销差价金额。

综合差价率计算法是按全部商品的存、销比例分摊商品进销差价的一种方法。其计算公式如下：

$$综合差价率=\frac{期初库存商品进销差价+本期库存商品进销差价}{期初库存商品售价+本期购进商品售价}\times 100\%$$

已销商品应分摊的进销差价＝月末“主营业务收入”账户贷方发生额×综合差价率

【例 5－51】天华旅游饭店 2011 年 8 月 20 日商品部期初库存商品进销差价为 30 000 元，本期库存商品进销差价为 90 000 元，期初库存商品售价为 270 000 元，本期购进商品售价为 500 000 元，计算综合差价率并编制会计分录如下：

$$综合差价率=\frac{90\ 000+30\ 0000}{500\ 000+270\ 000}\times 100\%=15.6\%$$

本月已销商品的进销差价＝500 000×15.6％＝78 000（元）

借：商品进销差价——商品部　　　　　　　　78 000

　贷：主营业务成本——库存商品成本　　　　　　78 000

采用综合差价率计算确定商品的销售成本，计算手续比较简便，但只适用于商品种类较少，各种商品的进销差价比较接近的企业。

（三）旅游企业税费的核算

旅行社和旅游饭店都是法定纳税义务单位，在税制规定范围内争取企业合法权益的同时，应切实履行纳税义务，做好税金管理工作。旅行社和旅游饭店向国家缴纳的税费主要包括营业税、城市维护建设税、教育费附加及所得税费用等内容。

1.“营业税金及附加”账户的设置

“营业税金及附加”账户是根据损益类科目开设的，核算旅游企业营业税金及附加变化情况。“借方”登记旅游企业实现营业收入时按实际价款及适用税率计算应缴纳的各项税费，“贷方”登记期末转入“本年利润”账户的金额，期末结转后账户无余额。一般可按所缴税费的类型进行明细分类核算。

借方	营业税金及附加 贷方
当月计算出来的应交税额	期末，转入“本年利润”账户的金额
无余额	

① 当旅游企业实现营业收入时，需按实际价款及适用税率计算应缴纳的各项税费：

借：营业税金及附加

　贷：应交税费——应交营业税

　　　　　　——应交城市维护建设税

　　　　　　——应交教育费附加等

② 期末，将该账户余额转入“本年利润”账户：

借：本年利润

　贷：营业税金及附加

旅游企业在计算营业税的同时计算城市建设维护税和教育费附加。

2. 营业税的核算

营业税是指凡在我国境内提供服务的企业，应按其营业收入计算征收的税款。旅游企业依照国家税法规定取得营业收入必须依法缴纳营业税，并按国家统一规定执行5%的税率，其应纳税额计算如下：

营业税应纳税额＝营业收入×适用税率

【例5-52】天胜旅行社2011年8月取得营业收入为220 000元，营业税税率为5%，提取本月应交营业税为11 000元，财务部于当月30日提取应交营业税，并于9月3日按时以银行存款向税务部门缴纳了8月的营业税，应编制会计分录如下：

① 30日提取应交营业税：

借：营业税金及附加　　11 000

　贷：应交税费——应交营业税　　11 000

② 8月3日上缴营业税：

借：应交税费——应交营业税　　11 000

　贷：银行存款　　11 000

3. 城市维护建设税及教育费附加的核算

城市维护建设税是指地方政府为当地城市建设开征的税种，是以旅行社应缴纳的营业税、增值税和消费税为依据征收的税款。该税的税率根据旅行社所在地而定，市、县、镇的税率分别为7%、5%、1%。

教育费附加是国家为发展教育事业征收的附加费，是以旅行社应缴纳的营业税、增值税和消费税为计税依据征收的费用，征收率为3%。

【例5-53】天胜旅行社2011年8月按应纳税额的7%和3%分别提取城市维护建设税和教育费附加，金额分别为770元和330元，编制会计分录如下：

借：营业税金及附加　　　　　　　　　　　　　　1 100

　贷：应交税费——应交城市维护建设税　　　　　　　770

　　　应交税费——应交教育费附加　　　　　　　　　330

4. 其他应交税费的核算

除以上税种外，企业还需要缴纳房产税、土地使用税、车船使用税和印花税等。

房产税是以房屋为征税对象，按房屋的计税余值或租金收入为计税依据，向产权所有人企业或个人征收的一种财产税。根据税法规定，按房产原值一次减除30%后的余值计征，年税率为1.2%。按租金收入计征，年税率为12%。

土地使用税是国家对拥有土地使用权的单位和个人征收的一种税。

车船使用税是指对拥有并使用的车船的企业或个人征收的一种税。

印花税是指企业在经济活动和经济交往中书立、领受具有法律效力的凭证等所缴纳的税款，实行由纳税人自行计算应纳税额，购买并一次贴足印花税票的办法。

① 房产税、土地使用税和车船使用税都通过“管理费用”和“应交税费”账户进行核算，发生时编制会计分录如下：

借：管理费用

　贷：应交税费——应交房产税

　　　应交税费——应交土地使用税

　　　应交税费——应交车船使用税

② 缴纳税额时，编制会计分录如下：

借：应交税费——应交房产税

　　应交税费——应交土地使用税

　　应交税费——应交车船使用税

　贷：银行存款

③ 印花税由于自行办理纳税，通过“管理费用”和“银行存款”账户进行核算，而不需要通过“应交税费”账户核算，发生时编制会计分录如下：

借：管理费用

　贷：银行存款

练一练 5-4：

请你仿照例5-50、例5-51，并结合旅游饭店经营活动的特点，编写相关例题并进行练习。

三、熟悉旅游企业利润的核算

（一）利润形成的核算

利润是企业在一定会计期间的经营成果，表现为赢利或亏损两种情况。当本期各项收入总额大于本期各项费用时，其差额为正，表示企业赢利；反之当本期各项收入总额小于本期各项费用时，其差额为负，表示企业发生了亏损。利润的计量取决于收入减去费用后的净额、直接计入当期利润的利得和损失金额的计量。

1. 利得

利得是企业非日常活动所形成的、会导致所有者权益增加的、与所有者投入资本无关的经济利益的流入。企业非日常活动所形成的利得主要包括营业外收入和投资收益等内容。

（1）营业外收入的核算。

营业外收入是指企业非流动资产处置利得、非货币性资产交换利得、债务重组利得、政府补助、盘盈利得、捐赠利得等。

“营业外收入”账户的设置。“营业外收入”账户是根据损益类科目开设的，核算与企业经营无关形成的利得。“贷方”登记本期实际取得的营业外收入金额，“借方”登记期末转入“本年利润”账户的金额，结转后本账户无余额。一般应按收入项目进行明细核算。

借方　　　　营业外收入	贷方
期末转入“本年利润”账户的金额	实际取得的营业外收入金额
	无余额

① 取得营业外收入时，根据实际的收入数：

借：银行存款等

　贷：营业外收入

② 期末，将该账户余额转入“本年利润”账户：

借：营业外收入

　贷：本年利润

【例 5-54】　天胜旅行社 2011 年 8 月 10 日收到某公司违反合同约定，交来的违约赔偿款 6 000 元，编制会计分录如下：

借：银行存款　　　　6 000

　贷：营业外收入　　　　6 000

【例 5-55】天胜旅行社 2011 年 8 月 30 日经批准确认一项无法支付的应付账款1 500 元，编制会计分录如下：

借：应付账款　　　　1 500

　贷：营业外收入　　　　1 500

（2）投资收益的核算。

投资收益是指企业对外投资而产生的净收益，包括交易性金融资产、持有至到期投资、可供出售金融资产、长期股权投资等，按规定确认的收益或损失。

“投资收益”账户的设置。“投资收益”账户是根据损益类科目开设的，核算企业因投资而确认的收益或损失。“贷方”登记实际取得的投资收益金额，期末结转的投资净损失的金额，“借方”登记发生的投资损失金额，期末结转的投资净收益的金额，期末结转后本账户无余额。一般按投资项目或种类进行明细核算。

借方	投资收益　　　　　　　　贷方
实际发生的投资损失金额 期末结转的投资净收益的金额	实际取得的投资收益金额 期末结转的投资净损失的金额
	无余额

① 取得投资收益时：

借：银行存款

　　库存现金

　　应收利息等

　贷：投资收益

② 发生投资损失时：

借：投资收益

　贷：交易性金融资产

　　　可供出售金融资产

　　　长期股权投资等

2. 损失

损失是企业非日常活动所形成的、会导致所有者权益减少的、与所有者投入资本无关的经济利益的流出。企业非日常活动所形成的损失主要包括营业外支出和投资损失等内容。

(1) 营业外支出的核算。

营业外支出是指企业非流动资产处置损失、非货币性资产交换损失、债务重组损失、公益性捐赠性支出、非常损失、盘亏损失等。

“营业外支出”账户的设置。“营业外支出”账户是根据损益类科目开设的，核算与企业经营无关形成的损失。“借方”反映本期发生的支出，“贷方”反映期末结转发生的支出，结转后本账户无余额。一般可按支出项目进行明细核算。

借方	营业外支出　　　　　　　　贷方
实际发生的支出金额	期末转入“本年利润”账户的金额
无余额	

① 发生营业外支出时，根据实际的支出数：

借：营业外支出

　贷：银行存款等

② 期末，将该账户余额转入“本年利润”账户：

借：本年利润

　贷：营业外支出

【例 5-56】天胜旅行社 2011 年 8 月 30 日因违反有关条例的规定，支付罚款 2 000 元，编制会计分录如下：

借：营业外支出　　　　　　　　　　　　　2 000

　贷：银行存款　　　　　　　　　　　　　　　2 000

(2) 投资损失的核算。

投资损失通常通过“投资收益”账户核算，具体内容见投资收益的核算。

3. 本年利润的核算

“本年利润”账户的设置。“本年利润”账户是根据所有者权益类科目开设的，核算企业本年度实现的税前利润。“贷方”登记期末各收入收益类账户的转入金额，“借记”登记期末费用支出类账户的转入金额，期末结转后，本账户如为贷方余额，表示赢利；如为借方余额，表示亏损，即通过将所有损益类（收入收益和费用支出类）账户余额分别转入本年利润借方或贷方后，计算出的余额反映企业当期盈亏情况。

借方　　　　　　　　本年利润	贷方
当期转入的损益类（费用支出类）账户的金额	当期转入的损益类（收入收益类）账户的金额
当期亏损金额	当期赢利金额

期末，企业应将所有损益类账户的余额转入“本年利润”账户。所有损益类账户按性质可分为收入收益类和费用支出类两大类，结构相反。因此，期末将损益类账户转入“本年利润”账户时，需要分别进行结转。

① 期末，结转损益类账户中的收入收益类账户时：

借：主营业务收入

　　其他业务收入

　　投资收益

　　营业外收入等

　贷：本年利润

即将“主营业务收入”、“其他业务收入”、“营业外收入”和“投资收益”等账户余额从其账户的借方转出，转入“本年利润”账户的贷方，结转后此类账户无余额。

② 期末，结转损益类账户中费用支出类账户时：

借：本年利润

　贷：主营业务成本

　　　其他业务成本

　　　营业税金及附加

　　　销售费用

　　　管理费用

　　　财务费用

　　　营业外支出等

将"主营业务成本"、"其他业务成本"、"营业税金及附加"、"销售费用"、"管理费用"、"财务费用"和"营业外支出"等账户余额从其账户的贷方转出，转入"本年利润"账户的借方，结转后此类账户无余额。

③ 根据余额计算公式"期末贷方余额＝期初贷方余额＋本期贷方增加额－本期借方减少额"，计算"本年利润"账户余额，正数为贷方余额，表明企业当年实现的利润总额；负数为借方余额，则表明企业当年发生的亏损金额。

经计算后，若当年"本年利润"账户为贷方余额，表明企业赢利，需要根据计算出的当年实现的利润总额以及按税法规定，计算出企业应纳所得税额，以计算应交企业所得税费用金额，并将"所得税费用"账户余额从贷方转出，转入"本年利润"账户的借方，以计算当年实现的净利润。

借：本年利润

　贷：所得税费用

净利润＝利润总额－所得税费用

④ 年度终了，企业还应将"本年利润"账户的累计计算出的净利润（或亏损）的余额从借方（或贷方）转出，转入"利润分配——未分配利润"账户的贷方（或借方），结转后"本年利润"账户应无余额。

年度终了，结转本年净利润（如为亏损则作相反的分录）

借：本年利润

　贷：利润分配——未分配利润

【例 5－57】天胜旅行社 2011 年 8 月 31 日损益类账户余额，如表 5－8 所示。

表 5－8　　8 月损益类账户余额　　单位：元

损益类账户	本期发生额	
	借方	贷方
主营业务收入		230 000
投资收益		6 700
营业外收入		3 650
主营业务成本	43 500	
营业税金及附加	12 400	
销售费用	75 890	
管理费用	34 000	
财务费用	8 700	
营业外支出	2 300	

结转当月所有损益类账户，计算当月实现的利润额，并编制会计分录如下：

（1）将费用支出类账户余额结转“本年利润”账户：

借：本年利润　　176 790

　贷：主营业务成本　　43 500

　　营业税金及附加　　12 400

　　销售费用　　75 890

　　管理费用　　34 000

　　财务费用　　8 700

　　营业外支出　　2 300

（2）将收入收益类账户余额结转“本年利润”账户：

借：主营业务收入　　230 000

　投资收益　　6 700

　营业外收入　　3 650

　贷：本年利润　　240 350

（3）所有损益类账户余额全部转入“本年利润”账户，结转无余额。计算“本年利润”账户余额，240 350－176 790＝63 560（元），为正数是贷方余额表明企业月赢利。用丁字账表示如下所示。

借方	本年利润		贷方
	43 500		230 000
	12 400		6 700
	75 890		3 650
	34 000		
	8 700		
	2 300		
		本期发生额	240 350
本期发生额	176 790	期末余额	63 560

练一练 5－5：

请你仿照例 5－55，并结合旅游饭店经营活动的特点，编写相关例题并进行练习。

4. 所得税费用的核算

所得税费用是指按国家税法规定，对企业当期所得额征收的一种税，其计量依赖于企业实现的利润总额和税法规定的税率。2007 年 3 月 16 日，经第十届全国人大五次会议表决通过了最新的《企业所得税法》，所有企业的所得税税率统一为 25%，新税法从 2008 年 1 月 1 日起开始实施。

“所得税费用”账户的设置。“所得税费用”账户是根据损益类科目开设的，核算企业按规定从当期损益中扣除的所得税费用。“借方”登记当月应交的所得税费用金额，“贷方”登记期末转入“本年利润”账户的金额，期末结转后该账户无余额。一般按纳税对象

进行明细分类核算。

借方	所得税费用	贷方
当月计算出来的应缴税额		期末，转入“本年利润”账户的金额
无余额		

① 当旅游企业确定了利润总额，即税前利润后，应按税法有关规定计算出应纳税所得额，以计算所得税费用：

借：所得税费用

　贷：应交税费——应交企业所得税费用

② 期末，将该账户余额转入“本年利润”账户：

借：本年利润

　贷：所得税费用

【例 5－58】天胜旅行社 2011 年 8 月 30 日计算出应交所得税费用金额为 53 000 元，编制会计分录如下：

① 计算出应纳税所得税费用金额：

借：所得税费用　　53 000

　贷：应交税费——应交企业所得税费用　　53 000

② 期末将所得税费用转入“本年利润”账户：

借：本年利润　　53 000

　贷：所得税费用　　53 000

③ 以银行存款缴纳所得税费用：

借：应交税费——应交企业所得税费用　　74 000

　贷：银行存款　　74 000

5. 利润的形成

利润的形成依赖于收入和费用正确的确认。当收入费用已确定时，依据“收入－费用＝利润”计算出本期的利润。利润是企业经营活动的最终成果。会计中的利润由三部分组成，用公式表达为：

营业利润＝营业收入－营业成本－营业税金及附加－销售费用－管理费用－财务费用＋投资净收益＋公允价值变动损益－资产减值损失

利润总额＝营业利润＋营业外收入－营业外支出

净利润＝利润总额－所得税费用

营业利润是企业进行与生产经营有关的日常经济活动产生的利润。

利润总额是企业经营过程产生的，由企业的营业利润和营业外收支净额形成的企业赢利。营业外收支净额是由与企业经营无关的活动产生的利得和损失形成的，包括营业外收入和营业外支出。营业外收入是与企业正常生产经营活动无关的经济利益的流入，如财产物资的盘盈，无法支付的应付款项等；营业外支出是与企业正常生产经营活动无关的经济利益流出，如财产物资的盘亏、毁损、违约罚款等。

净利润是企业当年取得的利润总额扣除应交企业所得税费用后的余额。

（二）利润分配的核算

1. 企业利润分配的步骤

旅游企业取得的利润要在国家、企业和企业所有者之间进行合理分配。利润分配是指企业根据国家有关规定和企业章程、投资者协议等，对企业当年可供分配的利润所进行的分配。企业发生的亏损，也应按照规定，通过相应的途径加以弥补。

企业当年实现的净利润加上年初未分配利润（或减年初未弥补亏损）和其他转入后的余额，为可供分配的利润，企业利润分配的具体步骤如下：

（1）以税前利润弥补以前年度的亏损。旅游企业在其经营过程中发生年度亏损，根据我国财务制度规定，可用下一年度的税前利润弥补，下一年度的利润不足以弥补，可以在5年内延续弥补，如延续5年仍有未被弥补的亏损，则只能用税后利润弥补。

（2）依法计算企业缴纳所得税。

（3）缴纳所得税后的利润，除国家另有规定者外，按以下顺序进行分配。

① 支付被没收的财物损失和各项税收的滞纳金、罚款。

② 弥补以前年度的亏损（指超过用所得税税前利润抵补亏损的期限，仍未补足的亏损）。

③ 提取盈余公积金。一般按企业缴纳所得税后利润10%的比例提取。

④ 向投资者分配利润。企业赚取的净利润在提取法定盈余公积金后，剩余部分可按投资人的出资比例分配给投资人。

2. 利润分配的核算

企业通过“利润分配”账户记录利润分配过程中各项目的变化，反映企业的经营成果在国家、所有者和企业间分配的情况。

（1）“利润分配”账户的设置。

“利润分配”账户是根据所有者权益类科目开设的，核算企业利润分配各项目的具体金额以及利润分配后的余额。“贷方”登记由本年利润转入的当年赚取的净利润金额，“借方”登记由本年利润转入的当年净亏损金额，期末“贷方”余额，反映企业当年赚取的净利润金额，“借方”余额，反映企业当年亏损的利润金额。一般通过“盈余公积弥亏”、“提取法定盈余公积”、“提取任意盈余公积”、“应付利润”和“未分配利润”等明细账户进行明细核算。

借方　　　　利润分配	贷方
年末按规定分配的利润额 转入当年亏损的利润额	年末转入的全年净利润额 用盈余公积弥补的亏损额
历年累积的未弥补亏损额	历年累积的未分配利润额

（2）利润分配的核算。

旅游企业进行利润分配核算时，通过设置“利润分配”账户，反映企业利润的分配

（或亏损的弥补）和历年分配（或弥补）后的结余额。企业在年终决算后，企业应将全年实现的净利润，自“本年利润”账户借方转出，转入“利润分配——未分配利润”账户贷方。若发生亏损，则作相反的分录。

① 如企业当年赢利，编制会计分录如下：

借：本年利润

　贷：利润分配——未分配利润

② 如本年亏损，则作相反的会计记录：

由“本年利润”账户转入“利润分配——未分配利润”账户的净利润主要用于提取盈余公积金和向投资者分配利润。

③ 企业提取盈余公积时：

借：利润分配——提取法定盈余公积

　　　　　　——提取任意盈余公积

　贷：盈余公积——法定盈余公积

　　　　　　　——任意盈余公积

企业提取的法定盈余公积可用于弥补亏损、转增资本或向投资者分配利润。

④ 以盈余公积弥补亏损、转增资本或向投资者分配利润时，编制会计分录如下：

借：盈余公积

　贷：利润分配——其他转入

　　　实收资本

　　　应付利润

⑤ 企业计算出应付给投资者利润时：

借：利润分配——应付利润

　贷：应付利润

④ 实际支付利润时：

借：应付利润

　贷：库存现金（或银行存款）

【例 5－59】天胜旅行社经营 3 年累计亏损额为 35 万元，2011 年全年实现税前利润 200 万元，企业适用的所得税税率为 25%，企业按季已缴纳所得税费用 400 000 元，结转本年净利润。

借方	利润分配——未分配利润		贷方
	350 000		
期末余额	350 000		

借方	本年利润		贷方
			2 000 000
		本期发生额	2 000 000

天胜旅行社经营 3 年累计亏损额为 35 万元，按规定，未弥补亏损年限未超过 5 年，以税前利润弥补，对此不需进行会计处理，企业“本年利润”贷方余额结转入“利润分配”账户贷方时已自动抵消了该账户原亏损的借方余额数。

在计算该年应纳企业所得税时，应按弥补亏损后的利润（进行纳税调整后）和适用税率计算。

天胜旅行社应纳所得税所得额＝2 000 000－350 000＝1 650 000（元）

应纳所得税额＝1 650 000×25％＝412 500（元）

旅行社已交税 400 000 元，其实际应交所得税为 12 500 元。

① 计算应交所得税，编制会计分录如下：

借：所得税费用　　12 500

　贷：应交税费——应交所得税费用　　12 500

② 以银行存款缴纳所得税费用：

借：应交税费——应交所得税费用　　12 500

　贷：银行存款　　12 500

③ 结转所得税费用，编制会计分录如下：

借：本年利润　　12 500

　贷：所得税费用　　12 500

借方	本年利润		贷方
	12 500		2 000 000
本期发生额	12 500	本期发生额	2 000 000
		期末余额	1 987 500

④ 结转全年实现的净利润，编制会计分录如下：

借：本年利润　　1 987 500

　贷：利润分配——未分配利润　　1 987 500

借方	利润分配——未分配利润		贷方
期初余额	350 000		1 987 500
		本期发生额	1 987 500
		期末余额	1 637 500

该旅行社税后利润＝2 000 000－350 000－12 500＝1 637 500（元）

【例 5－60】 天胜旅行社全年实现的净利润 1 637 500 元，按税后利润的 10％提取盈余公积金。

旅行社提取的盈余公积金＝1 637 500×10％＝163 750（元）

编制会计分录如下：

借：利润分配——提取盈余公积　　　　163 750

　贷：盈余公积　　　　　　　　　　　　163 750

在利润分配完毕后，企业应将“本年利润”账户余额与“利润分配”账户下“提取盈余公积”和“应付利润”等明细分类账户的余额全部转入“利润分配”账户下的“未分配利润”明细分类账户。

利润分配完毕后，结转利润分配其他的明细科目时，应编制如下会计分录：

借：利润分配——未分配利润

　贷：利润分配——提取盈余公积

　　　　　　——应付利润

结转后，“利润分配”账户下的其他明细账户应无余额。“利润分配——未分配利润”明细账户若为借方余额，表示企业有未弥补的亏损，若为贷方余额，则表示企业尚有未分配的利润。

练一练 5-6：

请你根据上述例题，试一试，编写将“利润分配”账户下的其他明细账户余额转入“利润分配——未分配利润”明细账户下的会计分录。

任务实施

一、判断经济业务所引起的会计六要素的变化

（1）购买餐厅的日常用品 3 600 元。涉及餐厅资产和费用要素的变化，具体涉及的会计账户有银行存款和管理费用。

（2）支付半年的房租 30 000 元。涉及餐厅资产和费用要素的变化，具体涉及的会计账户有银行存款和管理费用。

（3）购入各种原料 30 000 元，当月领用 20 000 元的原料。涉及餐厅资产和费用要素的变化，具体涉及的会计账户有主营业务成本和原材料。

（4）分配并支付雇员的工资 7 000 元。涉及餐厅资产和负债要素的变化，具体涉及的会计账户有主营业务成本、应付职工薪酬和库存现金。

（5）支付本月的水电费 3 000 元。涉及餐厅资产和费用要素的变化，具体涉及的会计账户有银行存款和管理费用。

（6）计算并支付本月的税金 3 096 元。涉及餐厅资产和费用要素的变化，具体涉及的会计账户有营业税金及附加、银行存款和应交税费。

（7）本月取得营业收入总计 46 300 元，结转本月损益类账户以计算本月利润。涉及餐厅资产和收入要素的变化，具体涉及的会计账户有主营业务收入、银行存款和本年利润。

二、根据经济业务所引起的会计六要素的变化情况分析，进行会计核算

(1) 购买餐厅的日常用品 3 600 元：

借：管理费用　　3 600

　贷：银行存款　　3 600

(2) 支付半年的房租 30 000 元，本月房租为 5 000 元：

借：管理费用　　5 000

　贷：银行存款　　5 000

(3) 购入各种原料 30 000 元，当月领用 20 000 元的原料：

① 购入原料：

借：原材料　　30 000

　贷：银行存款　　30 000

② 当月领用原料：

借：主营业务成本　　20 000

　贷：原材料　　20 000

(4) 分配并支付雇员的工资 7 000 元：

① 分配工资：

借：主营业务成本　　7 000

　贷：应付职工薪酬　　7 000

② 支付工资：

借：应付职工薪酬　　7 000

　贷：库存现金　　7 000

(5) 支付本月的水电费 3 000 元：

借：管理费用　　3 000

　贷：银行存款　　3 000

(6) 计算并支付本月应交营业税金 3 096 元：

① 计算税金：

借：营业税金及附加　　3 096

　贷：应交税费　　3 096

② 支付税金：

借：应交税费　　3 096

　贷：银行存款　　3 096

(7) 本月取得营业收入总计 46 300 元，结转本月损益类账户：

① 本月取得收入：

借：银行存款　　46 300

　贷：主营业务收入　　46 300

② 结转损益类账户：

收入类

借：主营业务收入　　　　　　　　　　46 300
　贷：本年利润　　　　　　　　　　　　　46 300

费用类

借：本年利润　　　　　　　　　　　　34 696
　贷：主营业务成本　　　　　　　　　　　27 000
　　　管理费用　　　　　　　　　　　　　11 600
　　　营业税金及附加　　　　　　　　　　3 096

注意：收入和费用类结转前必须保证所有数据登记入账。

借方　主营业务收入　贷方

借方		贷方	
(7)	46 300	(7)	46 300
本期发生额	46 300	本期发生额	46 300
		期末余额	0

借方　主营业务成本　贷方

借方		贷方	
(3)	20 000	(7)	27 000
(4)	7 000		
本期发生额	27 000	本期发生额	27 000
期末余额	0		

借方　管理费用　贷方

借方		贷方	
(1)	3 600	(7)	11 600
(2)	5 000		
(5)	3 000		
本期发生额	11 600	本期发生额	11 600
期末余额	0		

借方　营业税金及附加　贷方

借方		贷方	
(6)	3 096	(6)	3 096
本期发生额	3 096	本期发生额	3 096
期末余额	0		

借方　本年利润　贷方

借方		贷方	
(7)	34 696	(7)	46 300
本期发生额	34 696	本期发生额	46 300
		期末余额	4 604

当月利润＝46 300－27 000－（3 600＋5 000＋3 000）－3 096＝4 604（元）

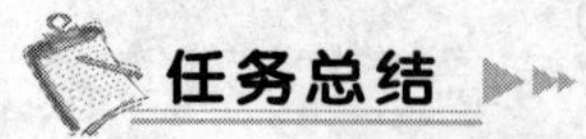

任务总结

通过任务的实施可以看到企业经营期间资金处于动态，表现为收入、费用和利润要素的变化。涉及的内容主要是企业开展经营活动而发生资金的流转。进行会计核算时，在熟悉资产、负债和所有者权益三要素的基础上，必须熟悉收入、费用和利润三要素的相关知识和有关规定，熟练掌握收入、费用和利润各账户的结构，能正确地运用。

实训项目

【实训目标】

掌握收入、费用和利润的核算。

【内容与要求】

资料 1：万达旅行社与通天旅行社签订旅游合同，承接了该社组织的 2011 年 8 月 2 日—8 月 7 日期间，30 人异想旅行团到海南参观游览。根据旅游计划收取包价费用为人民币 100 000 元。在旅行过程中，根据游客要求增加当地风味小吃品尝项目，费用为 900 元，增加参观景点项目，费用为 1 500 元，加收 10%的服务费后，由游客以现金支付。7 日下午旅游团结束行程离岛，结算综合服务费 108 500 元，其中支付交通费 87 000 元，门票费 1 500 元，住宿 15 000 元、餐费 3 000 元；导游员的劳务费 2 000 元。8 日通天旅行社将款项拨付万达旅行社，并汇来余款人民币 5 500 元。

资料 2：安心旅游饭店于 2011 年 8 月发生如下经济业务：

1 日收到异想旅行团预订客房订金 3 000 元，存入银行。于 2 日入住，住宿房费每天为 3 000 元，根据“客房营业收入日报表”按日入账。异想旅行团共住宿 5 天，应付房费 15 000 元。异想旅行团离店结账时，开具“收费清单”，应补交房费 12 000 元。

7 日餐厅各营业部交来当日“营业收入日报表”和所收现金 3 000 元，其中餐费收入 2 400元、服务收费600 元。

10 日餐厅部购入价值 3 000 元海鲜，直接交厨房使用，以现金付讫。

12 日饭店购买办公用品 3 000 元，以支票付讫。同时，到银行办理业务发生手续费 200 元。

20 日饭店商场各销售组报来某日“销售日报表”、“内部缴款单”和现金，其中特产组销售 2 600 元，纪念品组销售 2 000 元。

25 日饭店支付业务部门水电费 6 000 元，办公费 3 000 元，设备折旧费 3 500 元，其中业务部门 1 500 元，管理部门 2 000 元。

25 日客房部、餐饮部交来本月营业收入分别为 60 000 元和 30 000 元，已存入银行。

28 日饭店按 5%适用税率提取本月应交营业税，按应纳税额的 7%和 3%分别提取城市维护建设税和教育费附加。

28 日按 25%所得税率计算本月应纳所得税费用。

30 日计算出本月饭店员工工资总额 200 000 元，其中客房人员工资为 40 000 元，餐厅

人员的工资为70 000元，商品部员工工资30 000元，管理部门员工的工资为60 000元。按职工工资总额的2%提取职工工会经费3 400元。

31日结转当月所有损益类账户，计算当月实现的利润额。

次月5日以银行存款向税务部门缴纳了7月的营业税。

要求：根据资料1、2进行相关计算，并进行相关的账务处理，登记账户，结出本期发生额和期末余额，并进行结账，编制试算平衡表。

【组织与实施】

1. 在学生熟悉旅游企业经济业务的基础上，引导学生进行旅游企业业务处理。

2. 根据所给资料，分别进行旅行社企业和饭店企业业务处理，引导学生辨别经济业务中涉及的收入、费用和利润内容，正确判断业务类型，编写会计分录，编写时注意正确运用相关会计科目；根据编写无误的会计分录，开设业务中涉及会计科目的账户，并进行业务登记；月末结出本期发生额和期末余额，并进行结账；编制试算平衡表。

【评价标准】

熟悉旅游企业收入、费用和利润业务；正确判断业务类型；正确运用相关科目进行账户处理。

复习思考题

一、单项选择题

1. 下列不属于旅游经营业务特点的是（　　）。

A. 没有固定的服务场所　　B. 不需要大额资金

C. 具有生产、销售、服务三项职能　　D. 服务内容和标准不断变化和提高

2. 春华旅行社3月5日组织旅游者到国外旅游，3月6日通知出发时间，3月7日正式出发，3月15日旅游结束返回，则确认营业收入的时间是（　　）。

A. 3月15日　　B. 3月5日　　C. 3月6日　　D. 3月7日

3. 旅行社组织境外旅游者到国内旅游，确认营业收入的时间应该是（　　）。

A. 出发时　　B. 到国内时

C. 离境或离开本地时　　D. 离境或离开本地前

4. 旅行社派出翻译、导游人员或聘请兼职导游人员参加和陪同而支付的费用属于（　　）。

A. 组团外联成本　　B. 其他服务成本

C. 地游及加项成本　　D. 劳务成本

5. 旅行社的业务招待费应列入（　　）账户。

A. 营业支出　　B. 管理费用　　C. 销售费用　　D. 财务费用

6. 为旅游者提供旅游服务所支付的各项直接费用是旅行社的（　　）。

A. 营业费用　　B. 营业成本　　C. 营业外支出　　D. 管理费用

7. 客房营业收入的入账时间是（　　）。

A. 预订时　　B. 实际出租时间　　C. 住店时间　　D. 离店结账时间

8. 旅游饭店内部管理部门发生的人员工资费用应当记入（　　）。

A. 工资费用　　B. 销售费用　　C. 管理费用　　D. 财务费用

9. 旅游饭店营业成本的核算，应开设（　　）账户进行核算。

A. 营业成本　　B. 其他业务成本　　C. 生产成本　　D. 主营业务成本

10. 可记入旅游饭店营业成本项目是（　　）。

A. 厨师的工资　　B. 餐具消耗　　C. 原材料消耗　　D. 燃料费

11. "商品进销差价"账户将调整的账户是（　　）。

A. 主营业务成本　　B. 主营业务收入　　C. 其他业务收入　　D. 其他业务支出

二、多项选择题

1. 组团社的营业收入主要包括（　　）。

A. 组团外联收入　　B. 综合服务收入

C. 劳务收入与票务收入　　D. 零星服务收入

2. 接团社的营业成本主要包括（　　）。

A. 综合服务成本　　B. 组团外联成本

C. 劳务成本与票务成本　　D. 零星服务成本

3. 下列属于管理费用的有（　　）。

A. 广告宣传费　　B. 职工教育经费

C. 无形资产摊销　　D. 审计费

4. 下列属于销售费用的有（　　）。

A. 广告宣传费　　B. 导游人员的工资

C. 旅行社接送职工上下班客车的折旧费　　D. 送货车的折旧费

5. 旅行社主营业务收入有（　　）。

A. 组团外联收入　　B. 地游及加项服务

C. 零星服务收入　　D. 劳务收入

6. 旅行社的主要收款方式一般有（　　）。

A. 预收结算　　B. 预提结算　　C. 现收结算　　D. 事后结算

7. 下列对于确认主营业务收入说法正确的是（　　）。

A. 旅行社组织境外旅游者到国内旅游，应以旅游团离境（或离开本地）时确认

B. 旅行社组织国内旅游者到境外旅游，应以旅游团旅行结束返回时确认

C. 旅行社组织国内旅游者在国内旅游，应以旅游团旅行结束返回时确认

D. 旅行社组织国内旅游者到境外旅游，应以旅游团在当地解散时确认

8. 旅游饭店对外出租无形资产取得的使用费收入，属于（　　）。

A. 主营业务收入　　B. 其他业务收入

C. 让渡资产使用权收入　　D. 营业外收入

9. 餐饮业务销售货款的结算方式主要有（　　）。

A. 柜台统一售票　　B. 服务员开票收款　　C. 一手钱一手货　　D. 先就餐后结算

10. 旅游饭店的费用主要是指下列中的（　　）。

A. 营业成本　　B. 销售费用　　C. 管理费用　　D. 财务费用

11. 旅游饭店的财务费用主要包括（　　　）。

A. 利息　　B. 汇兑损益　　C. 金融机构手续费　D. 应付股利

三、判断题

（　　）1. 旅游经营业务因其特点所致，营业收入的入账时间应以收到旅游费用时为标准。

（　　）2. 旅游企业收入是与所有者投入资本有关的经济利益总流入。

（　　）3. 费用的发生最终会导致旅游企业资源的减少。

（　　）4. 客房收入中无论采取哪种结算方式，房费收入核算数据以总台提供的“营业收入日报表”等原始凭证为依据进行账务处理。

（　　）5. 待业保险费应记入销售费用。

（　　）6. 依据《企业会计准则》规定的收入确认原则，即客人办完入住手续一经迁入房间，则不论房租收到与否，都作为销售处理。

四、简答题

1. 简述旅行社收入与成本的构成。

2. 客房营业收入是如何确认的?

3. 简述餐饮收入核算的基本要求。

4. 简述商品的售价金额核算法。

五、业务题

1. 2011 年 12 月 2 日安心旅游饭店商品部期初库存商品进销差价为 10 000 元，本期库存商品进销差价为 150 000 元，期初库存商品售价为 310 000 元，本期购进商品售价为 570 000元，计算综合差价率及已销商品进销差价，并编制相关会计分录。

2. 2011 年 12 月安心旅游饭店结存原材料 1 000 元，本月共购进原材料 80 000 元，月末结存原材料 2 000 元。计算 12 月耗用原材料总成本，并编制相关的会计分录。

项目六 了解旅游企业的财产清查

◆知识目标

1. 了解财产清查的意义和分类。
2. 理解财产清查概念、内容和方法。
3. 熟悉清查前的准备工作。
4. 掌握清查方法和清查结果处理的步骤。

◆能力目标

掌握库存现金、银行存款对账，能熟练编制银行存款余额调节表；编制库存现金和固定资产盘点表，账存实存对比表，以及进行财产清查结果的账务处理。

任务一 了解财产清查

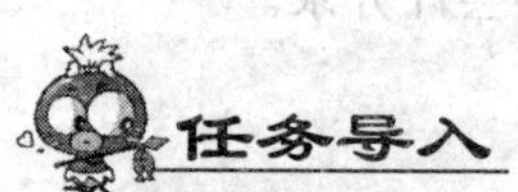

滨海饭店共有员工200人，分财务、行政、客房、餐饮、人事、工程、保安、前厅等部门。滨海饭店董事会根据市场情况，有意对另一家饭店进行收购。但董事会大多数成员对本企业财务情况不十分清楚，只有模糊印象。根据饭店财务总监提供的财务状况，初步确定以银行贷款收购另一家饭店。经过与另一家饭店为期半年的谈判，确立了收购方案。在正式进行收购前，董事会需要掌握本企业详细的资产、负债情况，借以了解偿债能力。根据董事会要求，滨海饭店决定对企业进行一次全面资产清查。

任务分析

企业进行撤销或合并，必须确定企业的资产、负债及净资产情况。如有银行贷款，还必须根据企业现有情况，分析企业偿债能力。为了确定财产物资、债权债务实有数，查明账存与实存差异及原因；查清财产物资储备及利用等情况皆需进行资产清查。滨海饭店欲对另一

家饭店进行收购，并且准备向银行进行贷款，必须对本企业的财务状况有一全面细致的了解，掌握债权债务、资产状况、偿债能力等财务数据，进行科学评估，并据此确定收购时间和金额，对贷款比例、偿还期限、偿还利息做出预测，因此必须进行一次清产核资工作。

知识准备

如果你作为一家企业的经理，你是不是很想知道这家企业的整体财务状况呢？如果你已经成长为公司董事会的成员，有机会参与了企业的经营决策，比如收购、兼并等重大决策，你是不是更想知道企业现在的资产情况，以及今后企业的偿债能力呢？这些都离不开财产清查。

一、了解财产清查的内容

财产清查顾名思义是对企业财产进行清查。企业的财产清查主要包括货币资金的清查、实物财产的清查和应收、应付款项的清查，具体如图 6－1 所示。

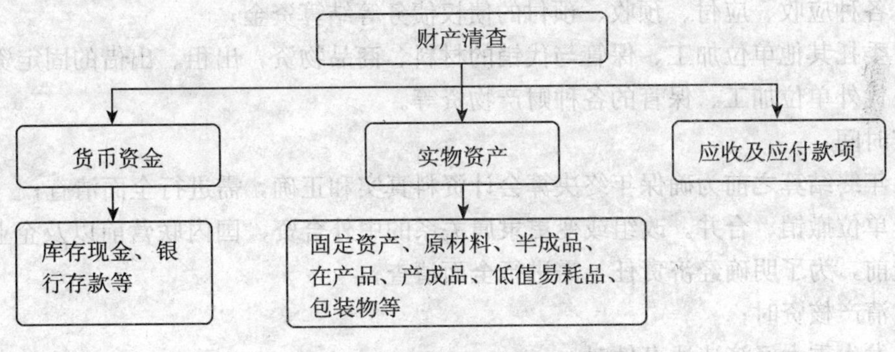

图 6－1　财产清查内容

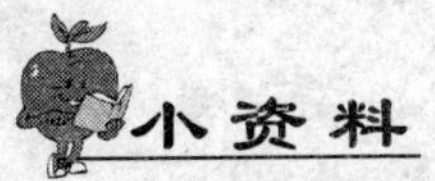

小资料

产生大量应收款项的原因

很多企业销售产品时由于各种原因不能同时收回货款，特别是在市场竞争激烈的情况下，企业为了促销，经常会采用赊销的方式销售产品，为此会产生大量应收款项。

1. 货币资金的清查。企业货币资金的清查是指对库存现金、银行存款和其他货币资金的清查。

2. 实物财产的清查。企业实物财产清查是指对具有实物形态的各种财产的清查，主要内容包括原材料、半成品、在产品、产成品、低值易耗品、包装物和固定资产等。

3. 应收、应付款项的清查。企业应收、应付款项是企业与其他企业或个人之间因往来交易而形成的各种债权和债务的款项，应该及时结清。特别是在往来款项较多的情况下，更应及时核对，保证正确。

二、熟悉财产清查的分类

财产清查可以按被清查财产的范围和时间，划分为全面清查和局部清查，定期清查和不定期清查。

（一）按被清查财产的范围分

清查财产可以分为全面清查和局部清查。

1. 全面清查

全面清查是指对企业所有财产进行盘点和核对。

清查对象：

（1）各种机器设备、房屋、建筑物等所有固定资产；

（2）原材料、在产品、半成品、产成品等流动资产；

（3）库存现金、银行存款等各种货币资金；

（4）在途材料、在途货币资金等在途资金；

（5）各种应收、应付、预收、预付的债权债务等结算资金；

（6）委托其他单位加工、保管与代销的材料、商品物资，出租、出借的固定资产；

（7）代外单位加工、保管的各种财产物资等。

清查时间：

（1）年终结算之前为确保年终决算会计资料真实和正确，需进行全面清查；

（2）单位撤销、合并。改组或变更隶属关系的中外合资、国内联营前以及企业实行股份制改造前，为了明确经济责任，需进行全面清查；

（3）清产核资时；

（4）发生重大经济违法事件时；

（5）国有单位主要负责人调离工作前。

小资料

财产清查注意事项

对一些产权属于企业而实物未在企业保管的财产应特别注意，如出租、出借资产、委托其他单位加工、保管的资产等。因其实物不在企业，很容易被忽视。

2. 局部清查

局部清查是指根据需要对某项或某部分财产进行的清查。

清查对象及时间：

（1）流动性强的物资，除年末进行清点外，年内应轮流盘点或抽查；

（2）贵重物品每月应盘点一次；

（3）库存现金（每日业务终了时清点核对）；

（4）银行存款（每月至少核对一次）；

(5) 债务（每年至少应同对方核对 1～2 次）。

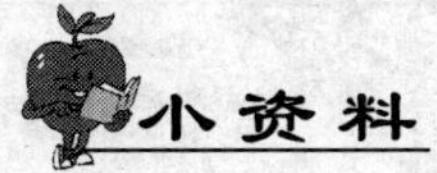

小资料

贵重物品每月盘点

大型商场黄金组，一般主要经营黄金白银首饰及玉制品，因单位价值较高，每月必须进行一次清点核对。

(二) 按清查的时间分

清查时间可以分为定期清查和不定期清查。

1. 定期清查

定期清查是指按照预先计划安排的时间对财产物资、货币资金、往来款项进行的清查。

定期清查的时间一般在月末、季末、年末进行，它既可以是对财产物资、货币资金、往来账款进行的全面清查，也可以是只对其中某些部分进行的局部清查。

2. 不定期清查

不定期清查是指事先并无具体规定清查的时间，而是根据特定的需要，对有关的财产物资、货币资金、债权债务所进行的临时清查。

不定期清查的对象和范围，应根据实际需要进行确定，可以是全面清查，也可以是局部清查。不定期清查都是为了特定的目的进行的。一般适用于以下四种情况。

(1) 有关财产物资、货币资金的保管人员变更时，要对其负责保管的财产物资、货币资金进行清查、核对，以明确各自的责任；

(2) 发生自然损失和意外损失后，要对受损财产进行清查，以查明损失情况；

(3) 上级主管单位、财政部门、银行及审计部门进行检查和审计时，应根据需要，依检查的要求进行清查，以验证会计核算资料的可靠情况性；

(4) 会计主体隶属关系改变时，要对所有财产物资、债权债务、货币资金进行清查，以摸清家底。定期和不定期清查均可以进行全面或局部的财产清查。

三、了解财产清查的意义

财产清查是对企业库存现金、银行存款、存货、固定资产、债权债务账面与实际进行核对，查明账面结存与实存数是否相符，不符须报经批准后，进行账务处理的一种专门方法。

(一) 造成各种财产账实不符的原因

(1) 在收、发各项财产过程中，由于计量、检验不准确而发生品种、数量或质量上的差错；

(2) 在财产发生增减变动时，没有填制凭证而登记入账，或者在填制凭证、登账时，发生计算上或登记上的差错；

(3) 在财产的保管过程中，受到气候等自然因素影响而发生的数量和质量上的变化；

(4) 由于保管不善或工作人员失职发生的财产残损、变质与短缺，以及货币资金、债权债务的差错；

(5) 由于不法分子营私舞弊，贪污盗窃等而造成的财产物资损失；

(6) 因未达账项或拒付而引起单位之间账账不符等。

(二) 财产清查的意义

企业在经营过程中，进行必要的财产清查，主要有以下作用。

1. 保证会计核算资料真实和可靠

确定各项财产物资、债权债务的实有数，查明账存额与实存额之间的差异以及产生差异的原因和责任，以便及时调整账面记录使账存额与实有额一致，保证会计核算资料的真实和可靠；

2. 促进财产物资的有效使用

查明各项财产物资的储备和利用情况，以便采取措施，充分挖掘财产物资的潜力，促进财产物资的有效使用；

3. 保护各项财产物资的安全和完整

查明各项财产物资有无挪用、贪污、盗窃以及有无毁损、变质和浪费等情况，以主动采取措施，加强管理，保护各项财产物资的安全和完整；

4. 自觉遵守结算纪律和制度

检查会计主体对财经纪律的遵守情况，查明各种往来结算款项的结算是否正常，及早发现长期拖欠的债权、债务，避免坏账损失的发生，并自觉遵守结算纪律和制度；

5. 促进规章制度的健全

查明财产物资的验收、保管、调拨、报废以及现金出纳、账款结算等手续制度的贯彻和落实情况，发现问题及时采取措施，建立健全有关规章制度，提高管理水平。

四、了解财产清查前的准备工作

财产清查说起来容易、做起来难，是一项复杂而又细致的工作，涉及面广，工作量大。因此，为保证财产清查工作顺利进行，财产清查之前，应做好相关的准备工作。应根据财产清查范围及企业规模确定财产清查组织机构和人员，明确职责。

(一) 成立清查领导工作小组

财产清查不是一两个人能完成的工作，涉及企业内部多个部门众多人员，各部门各人员必须积极配合才能完成。只有财务一个部门一两个人很难完成。为此清查之前需建立一套组织机构，明确职责，设立分工，统一指挥。小组应在主管负责人和总会计师的领导下，由会计、行政、业务、客服等部门相关人员组成。对小组成员首先要培训，讲明清查重要性，清查流程，各部门职责。各部门必须充分重视，并以任务形式下达各部门，明确相应责任。

小组主要职责：制订财产清查计划，确定清查范围，安排财产清查工作程序，配备财产清查工作人员，检查清查进度，监督财产清查工作流程。解决财产清查过程中的问题，总结清查工作经验教训，撰写财产清查工作总结，提出清查结果处理意见等。

成立工作有效的清查领导工作小组是做好财产清查工作的前提，领导小组要由主管领导和主要负责人组成，规模较大的企业下面可再设执行机构，如清查办公室，负责具体执行清查工作；同时各部门应设清查员，负责盘点工作，配合清查办公室。规模较小的企业执行人员可设在清查领导小组之中，盘点及填表等具体工作可由小组中的具体执行人亲自进行，这样效率会更高，避免多重环节。

（二）业务准备

会计部门在清查前应将所有的经济业务登记入账，并结出余额。财产物资管理部门要在清查前将各项财产物资的收发凭证手续资金积累齐全，需补办的补办，并结出保管账簿余额。将各种实物财产码齐排列，加注标签，以便于清点。清查小组准备好必要清查工具、器具，设计好各种盘点表格等。财产清查不仅是会计部门工作，涉及诸多相关部门。因此，各相关部门应密切配合、通力合作。尤其是生产部门、仓储等物资管理部门。

（三）财产清查工作具体流程

1. 成立清查工作领导小组
2. 组织相关人员学习有关方针政策
3. 确定清查对象、范围，明确清查任务
4. 制订清查方案
5. 进行实物盘点
6. 分析差异原因，提出处理意见
7. 撰写清查报告，完善管理制度

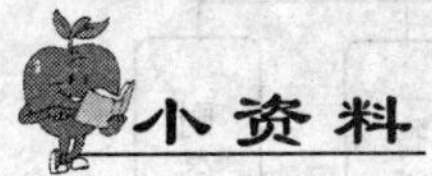

小资料

成立清查小组的注意事项

清查小组的成立，应根据企业的具体规模大小、人员多少来定，一定要精简，不宜庞大，效率要高。

任务实施

滨海饭店为进行财产清查，成立了以主管财务的副总经理为组长的财产清查领导小组，成员为各部门经理。由财务、行政、客房各抽一人组成清查办公室，负责具体实施财产清查。清查前，由财务经理牵头，对清查领导小组及清查办公室成员进行培训。各部门经理充分了解了财产清查的目的、重要性、流程，引起高度重视，并向本部门进行传达，要求本部门极力配合进行清查。在此基础上清查领导小组制订了清查计划、清查范围、清查进度等。办公室成员设计印制了清查所需的各类表格。财务人员按要求完成相应的准备工作。清查办公室成员深入现场进行各类财产物资盘点，将各类盘点表整理后送财务部与账簿核对，最后由财务部出据财产清查结果报清查领导小组。

任务总结

财产清查是一项复杂细致的工作，要充分理解财产清查的重要性，以及财产清查工作的范围、工作流程、方法。通过对财产清查工作的全面了解，学会建立财产清查组织机构、制订财产清查工作流程，对相关人员进行培训等。滨海饭店根据本单位的规模成立了以部门经

理为成员的领导小组，能够使各部门及时、全面地了解财产清查的重要性和具体内容，容易引起各部门的重视，会更好地配合财产清查。抽掉个别部门个别人具体负责实施财产清查工作，是因为财产清查是一个宏大的系统工作，需要细致入微，对盘点工作要认真对待。由小部分人负责容易培训和领导，又对其他部门的日常工作不会产生太大影响。

实训项目

【实训目标】

掌握财产清查内容、范围、分类及组织准备。

【内容与要求】

某饭店欲组织一次对本企业的全面财产清查，基本情况如下：

有员工500人，组织机构如下：

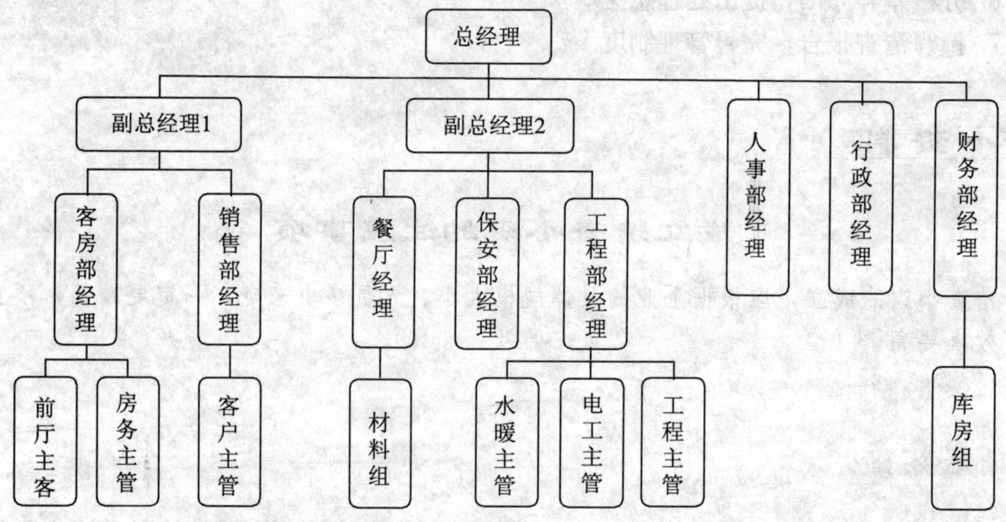

基本资产分类情况：

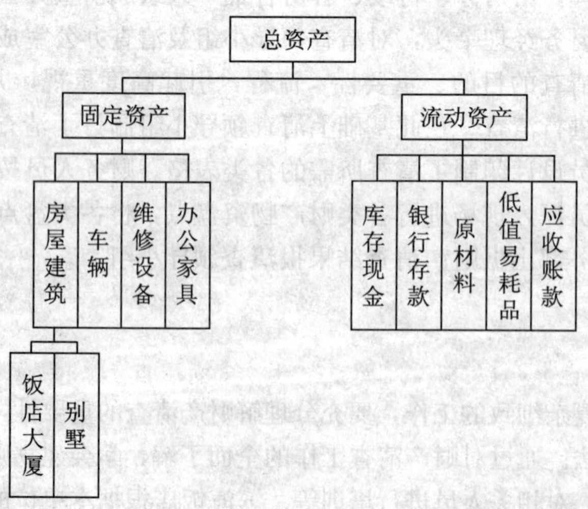

要求按照该饭店的规模、组织架构、资产分类等情况为该饭店设计一次详细财产清查方案，说明流程、进度等。

【组织与实施】

1. 了解清查对象
2. 成立清查小组
3. 明确清查责任
4. 制订清查计划
5. 做好清查准备
6. 组织清查实施
7. 进行清查结果处理

【评价标准】

能够成立有效的清查小组；进行组织成员培训，明确责任；能制订较详细的清查计划；能较全面的准备清查所需要物品和工具；能有效的组织清查；能正确地进行清查结果的处理。

复习思考题

一、填空题

1. 财产清查可以按不同的标准进行分类。按被清查的对象范围划分，可以分为________和________。

2. 财产清查按清查的时间划分，可以分为________和________。

3. 财产清查内容主要包括________、________和________。

4. 企业进行清产核算时，一般要进行____________清查。

5. 对贵重物品每月进行一次盘点，属于__________清查。

6. 企业在遭受自然灾害后，对其受损财产物资进行的清查，属于________和________。

二、单项选择题

1. 企业在遭受自然灾害后，对其受损的财产物资进行的清查，属于（　　）。

A. 局部清查和定期清查　　B. 全面清查和定期清查

C. 局部清查和不定期清查　　D. 全面清查和不定期清查

2. 企业对低值易耗品进行的清查，属于（　　）。

A. 货币资金清查　　B. 实物资产的清查

C. 应收、应付款清查　　D. 固定资产清查

3. 某单位出纳员离职，对其经管的现金及银行存款进行清查，属于（　　）。

A. 定期清查　　B. 不定期清查

C. 应收、应付款清查　　D. 全面清查

4. 企业在下面哪种情况下要进行全面清查（　　）。

A. 单位撤销、合并　　B. 一位普通职工死亡

C. 库房丢失价值 500 元物品　　D. 与某单位核对往来款项

5. 财产清查是对（　　）进行盘点和核对，确定其实存数，并查明其账存数与实存数是否相符的一种专门方法。

A. 存货　B. 固定资产　C. 货币资金　D. 各项财产

6. 某企业仓库被盗，为查明损失立即进行盘点，这种财产清查，按清查的时间分，应属于（　　）。

A. 全面清查　B. 局部清查　C. 定期清查　D. 临时清查

7. 以下情况中，宜采用局部清查的是（　　）。

A. 因水灾造成的损失　B. 年终决算前进行的清查

C. 企业改为股份制试点进行的清查　D. 企业进行清产核资进行的清查

三、多项选择题

1. 下列项目中，属于不定期并且全面清查的是（　　）。

A. 单位合并、撤销以及改变隶属关系　B. 年终决算之前

C. 企业股份制改制前　D. 单位主要领导调离时

2. 造成账实不符的原因主要有（　　）。

A. 财产物资的自然损耗、收发计量错误　B. 会计账簿漏记、重记、错记

C. 财产物资的毁损、被盗　D. 未达账项

3. 财产清查的内容包括（　　）。

A. 货币资金　B. 财产物资　C. 应收、应付款项　D. 对外投资

4. 财产清查按照清查的时间可分为（　　）。

A. 全面清查　B. 局部清查　C. 定期清查　D. 不定期清查

5. 企业进行全面清查主要发生的情况有（　　）。

A. 年终决算后　B. 清产核算时　C. 关停并转时　D. 更换现金出纳时

6. 财产清查按照清查执行的单位不同，可分为（　　）。

A. 内部清查　B. 外部清查　C. 定期清查　D. 不定期清查

7. 按清查的范围不同，可将财产清查分为（　　）。

A. 全面清查　B. 局部清查　C. 定期清查　D. 内部清查

8. 通过财产清查要求做到（　　）。

A. 账物相符　B. 账款相符　C. 账账相符　D. 账证相符

四、判断题

（　　）1. 会计部门要在财产清查之前将所有的经济业务登记入账并结出余额，保证账账相符、账证相符，为财产清查提供可靠的依据。

（　　）2. 更换财产和现金保管人员时，应进行定期全面的财产清查。

（　　）3. 财产清查的范围仅限于所有权属于企业的各种财产物资和债权债务。

（　　）4. 实地盘存制下，期末必须对财产物资进行盘点。

（　　）5. 定期清查可以局部清查，也可以是全面清查。

（　　）6. 在永续盘存制下，财产清查的目的是确定本期发出数。

五、简答题

1. 什么是财产清查？进行财产清查的意义有哪些？

2. 什么情况下要进行不定期财产清查？

3. 财产清查有哪些种类？

任务二　熟悉财产清查的方法

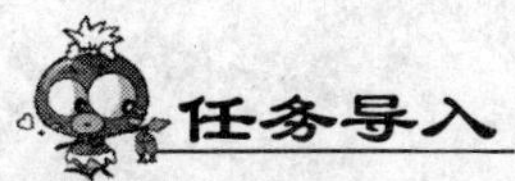

滨海饭店财产清查办公室成员对企业的如下项目进行盘点：库存现金、银行存款、固定资产。请分别指出每项清查所需方法，编制何种表格？以及如何核对？

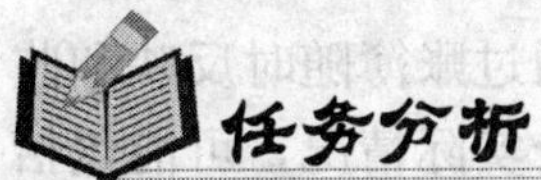

进行资产清查，不同类别的资产需用不同的清查方法，任务中的资产库存现金、银行存款和固定资产需分别采用不同清查方法进行清查，同时还需要填制必要的清查表格，并与账簿核对，找出差异。

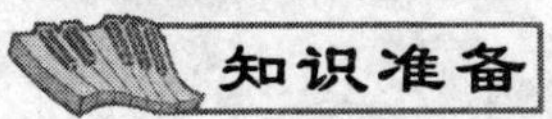

一、财产清查的方法概述

财产清查一方面对实物进行清查，另一方面也要对账面进行清查，即进行财产物资的账面结算，以便与实物核对。企业在进行财产清查时，应根据所清查财产形态和性质确定清查的方法。

（一）确定财产物资账面结存的方法

1. 永续盘存制

永续盘存制又称为账面盘存制，指平时对各项财产物资根据会计凭证连续记入有关账簿时，既要登记增加数和减少数，还要随时结出账面余额。此外，为了保证存货账面记录的正确性，企业应视具体情况进行不定期的盘点，保证每年至少应进行一次定期盘点。

永续盘存制的优点是：能在账簿中及时反映各项存货的增减变动及结存情况，并通过明细账簿可以随时了解存货的收入、发出和结存情况，有利于加强对存货的管理。缺点是：加大了存货日常核算工作量。它的适用范围是：在实际工作中，除少数特殊情况外，存货的核算一般都采用永续盘存制。

旅游饭店的存货管理一般采用永续盘存制，有专人负责存货的收、发和存货的登记。这种方法虽然手续烦琐，但材料出库有据可查，对耗费存货的成本能比较准确地进行计算，便于加强企业管理和降低成本，适用于小型企业。

小资料

贵重物品的核算

对于金银首饰等贵重物品的核算，必须用永续盘存制。

2. 实地盘存制

实地盘存制又称为定期盘存制，它不同于永续盘存制，是指平时只根据会计凭证在账簿中登记财产物资的增加数，不登记减少数，到月末，对各项财产物资进行盘点，根据实地盘点所确定的实存数，倒挤出本月各项财产物资的减少数。

实地盘存制的优点是：可以简化日常核算工作。缺点是：不能通过账簿随时反映和监督各项存货的增加、减少和结余情况；倒挤出的销售成本不一定符合实际情况，可能包括一部分损失或差错，因而不利于发挥账簿记录对存货的控制作用，不利于加强存货的管理和保护财产的安全。它的适用范围是：一般只适用于一些价值不高、品种杂、不易清点和进出频繁的财产物资。

在旅游饭店经营活动中，鲜活食品不宜实行入库管理，购入后可直接拨餐饮部门，并记入营业成本，这样可以简化记账的过程。

（二）清查财产物资的方法

1. 实地盘点

实地盘点是指在财产物资堆放现场进行逐一清点数量或用计量仪器确定实存数的一种方法。

2. 技术推算盘点

技术推算盘点是利用技术方法，如量方计尺等对财产物资的实存数进行推算的一种方法。

财产物资盘点完毕，应填制“盘存单”，其一般格式如表 6-1 所示。

表 6-1 盘 存 单

单位名称： 财产类别： 盘点时间： 存放地点： 编号：

序 号	名 称	规格型号	计量单位	数 量	单 价	金 额	备 注

盘点人： 保管人：

盘点完毕，发现某些财产物资账实不符时，应填制“实存账存对比表”（也称盘盈盘亏报告表），以确定财产物资盘盈或盘亏的金额，作为调整账面记录的原始凭证，也是分析盈亏原因，明确经济责任的重要依据。其一般格式如表 6-2 所示。

表 6－2　　　　　　　　　　　　实存账存对比表

单位名称：　　　　　　　　　　年　　月　　日　　　　　　　　　　编号：

<table>
<tr><td rowspan="3">序号</td><td rowspan="3">名　称</td><td rowspan="3">规格
型号</td><td rowspan="3">计量
单位</td><td rowspan="3">单价</td><td colspan="2">实　存</td><td colspan="2">账　存</td><td colspan="4">实存与账存对比</td><td rowspan="3">备　注</td></tr>
<tr><td rowspan="2">数量</td><td rowspan="2">金额</td><td rowspan="2">数量</td><td rowspan="2">金额</td><td colspan="2">盘　盈</td><td colspan="2">盘　亏</td></tr>
<tr><td>数量</td><td>金额</td><td>数量</td><td>金额</td></tr>
<tr><td></td><td></td><td></td><td></td><td></td><td></td><td></td><td></td><td></td><td></td><td></td><td></td><td></td><td></td></tr>
<tr><td></td><td>金额
合计</td><td></td><td></td><td></td><td></td><td></td><td></td><td></td><td></td><td></td><td></td><td></td><td></td></tr>
</table>

盘点人：　　　　　　　　　　会计：

练一练 6－1：

某企业准备进行一次财产清查，其中包括对现金及银行存款的清查，可出纳员没有按规定做到日清月结，已经有半个月没有登记现金及银行存款日记账了，也没有核对现金。请思考此时可以进行对现金及银行存款的清查吗？为什么？

二、掌握库存现金的清查

库存现金的清查采用实地盘点法。通过对库存现金进行盘点，并与现金日记账进行核对是否相符的方法。清查现金时，出纳员必须在场，并且不允许以借条、收据抵充现金。清查前应尽量先将所有凭证登记入账，若有个别原始凭证因特殊原因未记账的，也应手续完备。通过现金清查可以及时掌握现金实物与记账情况是否相符。出纳员每日工作结束前，都应进行现金盘点，并与账簿核对，做到日清月结。上级组织财产清查进行库存现金清查，还能了解出纳工作状况，检查有无挪用、冒领等行为，避免犯罪行为的发生。库存现金盘点完毕应填制"库存现金盘点表"，盘点人和出纳员要在盘点表上签字确认。库存现金盘点表格式如表 6－3 所示。

表 6－3　　　　　　　　　　　　库存现金盘点表

单位名称：　　　　　　　　　　年　　月　　日

<table>
<tr><td rowspan="2">实存金额</td><td rowspan="2">账存金额</td><td colspan="2">实存与账存对比</td><td rowspan="2">备　注</td></tr>
<tr><td>盘　盈</td><td>盘　亏</td></tr>
<tr><td></td><td></td><td></td><td></td><td></td></tr>
</table>

盘点人：　　　　　　　　出纳员：

库存现金盘点表是重要的原始凭证，如有误差，经批准后要进行账务处理。

小资料

库存现金清查时的账证核对

库存现金清查时，必须事先进行日记账与记账凭证相核对，无缺号少号现象，计算准确，确保记账凭证全部是经过审核过的合法记账凭证及原始凭证，防止有关人员事先以虚假凭证列支，造成账实相符的假象。

清查中，注意将现金支票已支取数及现金支票号与现金日记账借方数相核对，现金支票号要连续，作废的现金支票要列示出，以避免出纳员产生犯罪情况。出纳犯罪往往与管理不严有关。

小资料

私自填写现金支票的后果

某市政管理所出纳员董某私自填写现金支票，用不在单位账目记载的方式支取现金230.3万元，造成犯罪。如果该单位有一套定期库存现金和银行存款清查制度，可能就会避免此类事件发生。

三、掌握银行存款的清查

银行存款清查是通过对企业记录的银行存款日记账与银行转来的对账单逐条核对进行的清查，以查明银行存款的实有数。清查前也应确保企业银行存款日记账完整、连续，特别注意提现支票已列支的银行存款项。银行存款对账单要齐全，银行存款日记账与记账凭证已核对无误。

1. 清查方法

将银行存款日记账与银行对账单进行逐笔核对，在双方都有记录处做出核对记录，如打“√”。对只有一方有记录的要作进一步核实，分析其产生不一致原因，以便作出相应处理。在实际工作中，两者经常不一致，原因有两种：一种是双方记账错误；另一种是未达账项的存在。需及时查清原因进行相关处理。

银行存款清查出现的不符，由于企业记账错误的，企业应根据规定的方法进行更正；属于银行记账错误，企业应及时通知银行进行改正；由于未达账项造成不符的，不进行账务处理。

2. 未达账项

未达账项是指银行和企业之间，由于凭证传递时间不同导致的记账时间不一致而发生的，一方已经登记入账而另一方尚未收到凭证而尚未入账的款项。未达账项通常有以下四种情况。

（1）企业送存的银行款项，企业已作银行存款增加入账，而银行尚未办妥收款手续，未记入企业的银行存款户，即企业已收、银行未收。如收到外单位的转账支票等。

（2）企业发出支票等，企业已作银行存款减少入账，而银行尚未办妥付款手续，未减少企业的银行存款户，即企业已付、银行未付。如购物发出支票等。

（3）转入的银行款项，银行已作企业的银行存款增加入账，而企业尚未办理收款手续，未记入企业银行存款户，即银行已收、企业未收。

（4）转出的银行款项，银行已作企业银行存款的减少入账，而企业尚未办理付款手续，未记入企业银行存款户，即银行已付、企业未付。

上述四种情况又可以进一步分为未达企业和未达银行两大类。每月月末，企业将企业的“银行存款日记账”与银行转来的“银行对账单”进行核对，以检查核企业账目与银行账目的差异以及企业与银行账目的差错，对由于未达账项造成的差异，通常通过编制“银行存款余额调节表”来进行检查。

3. 银行存款余额调节表的编制

“银行存款余额调节表”是在“银行对账单余额”与“企业银行存款日记账的账面余额”的基础上，各自加上对方已收、本单位未收账项金额，减去对方已付、本单位未付账项金额，以调整双方余额使其一致的一种调节方法，用来检查企业“银行存款日记账”与银行所记录的企业“银行存款日记账”记录的一致性和正确性。其格式如表6－4所示。

表6－4　　**银行存款余额调节表**

年　月　日　　单位：元

项　目	余额	项　目	余额
企业银行存款日记账余额		银行对账单余额	
加：银行已收、企业未收		加：企业已收、银行未收	
减：银行已付、企业未付		减：企业已付、银行未付	
调节后的存款余额		调节后的存款余额	

调节后的存款余额如果相等，说明企业和银行双方记账没有错误，但不能肯定不存在问题；如果双方调节后的余额不相等，则可以肯定一方或双方记录有错误，应找出错误并予以更正。

【例6－1】天华旅游饭店2011年9月30日银行存款日记账账面余额为65 000元，银行对账单上企业存款余额为68 500元，经逐笔核对，发现以下未达账项：

① 企业开出转账支票1 500元用于购入食材，银行尚未办理转账。

② 企业商品部取得销售收入5 400元登记入账，银行尚未入账。

③ 银行代企业支付的电话费1 600元，尚未通知企业。

④ 企业委托银行代收款项9 000元银行已收款入账，但尚未通知企业。

根据以上资料编制银行存款余额调节表，如表6－5所示。

表 6-5　　银行存款余额调节表

2011 年 9 月 30 日　　单位：元

项目	金额	项目	金额
银行存款日记账余额	65 000	银行对账单余额	68 500
加：银行已收款入账，企业未入账款项	9 000	加：企业已收款入账，银行未入账款项	5 400
减：银行已付款入账，企业未入账款项	1 600	减：企业已付款入账，银行未入账款项	1 500
调节后余额	72 400	调节后余额	72 400

调节后企业与银行双方余额相等，调节后的余额为企业银行存款实际可动用的金额。

练一练 6-2：

思考什么情况下，一方或双方有错误而银行存款余额调节表的余额又相等？

四、了解其他货币资金的清查

其他货币资金包括外埠存款、银行汇票存款、银行本票存款、信用证存款、信用卡存款、外埠存款和存出投资款等。对其他货币资金主要针对账面数与票据进行认真核对，检查有无记录错误。

五、熟悉财产物资的清查

财产物资的清查是指对各种存货和固定资产等具有实物形态的物资进行盘点和核对，确定实有数，并查明是否相符。清查步骤如下：

1. 确定财产物资的账面结存数

2. 进行财产物资的实物盘点（有关财产物资的保管人员必须在场）

3. 对各项财产物资逐一如实地登记在盘存单上

盘存单是记录盘点日各项财产物资实存数量的书面证明，也是财产清查工作的原始凭证之一。

4. 盘点完毕，将盘存单中所记录实存数与账面结存数相核对

核对时，发现某些财产物资账实不符时，需填制"实存账存对比表"确定财产物资盘盈或盘亏金额。实存账存对比表是财产清查的重要报表，是调整账面记录的原始凭证，同时也是分析盘盈盘亏、明确经济责任的重要依据。

小资料

财产物资清查

财产物资清查是企业财产清查中数量最多、涉及部门最多、核对最复杂的项目。盘点时要逐一物品登记，标明规格、型号、出厂日期等详细信息，以便与资产账进行核对。

六、熟悉往来款项的清查

在企业日常经营活动中，由于各种原因会经常发生经济业务与收付款项不同的情况。应收应付款项，应按规定在账面上进行记录。由于企业往来单位或个人较多，企业内部负责业务的人员也不一定就能对每项应收、应付款项记得清清楚楚，再加上会计人员可能会更换，因此要保持应收、应付款项的准确，就必须定期地对应收、应付款项进行核对。应收、应付款项也是财产清查的重要内容。

应收、应付款的清查应由财务部门和业务经办部门共同负责，一般一年应全部核对一至两次。若企业债权债务过多或长期未能清查，应成立清理债权债务专门小组进行突击清查，以防止呆账、坏账发生。

业务部门的采购人员，须建立"物资购入、货款支付及结存"及"产品销售、货款收回及余额"等台账，逐笔登记物资购入、货款支付及产品售出、货款回收等情况，并按月与本公司财务部门、仓库部门及对方财务核对账目。财务部门必须设置清理债权债务岗位，专司债权债务清查之职。核对后的往来账，应填写"往来款项对账单"存档，格式如表 6-5 所示。

表 6-6　　往来款项对账单（询证函）

××单位：

你单位 201＊年 10 月到我单位消费 10 000 元，尚有 4 000 元款项未付，请核对后将回单联寄回。

单位：（盖章）

年　月　日

沿此虚线裁开，将以下回单联寄回！

往来款项对账单（回单联）

××单位：

你单位寄来的"往来款项对账单"已收到，经核对（无误/有误）。

误差原因（如无误差不需说明）：

单位：（盖章）

年　月　日

往来款项的清晰一般采取"询证核对法"进行清查，也就是由企业编制往来款项对账单，然后寄送到各个往来的经济单位进行核对。询证核对法的具体步骤如下：

（1）发询证函。"往来款项对账单（询证函）"是企业按每一经济往来单位编制的（一式两联，其中一联为回单联）并寄送各经济往来单位的文件。企业应把对每一经济单位的所有未结往来款项分别编制询证函，若有需要，已结款项也可询证，但要特别说明原因，以便对方配合；

（2）对方经过核对后，将核对结果在回单联上标明，加盖公章后退回，表示已经核对；

（3）企业接到询证函回单联后，应对不相符的往来款项再行核对，查明原因，直到相符。需要说明的是，在询证过程中，由于多种原因，时间可能会较长，会影响到清查进度。为此清查人员应利用多种通信手段，与对方单位进行沟通，保证清查时间进度；

（4）根据清查结果，汇总编制“往来款项清查表”，对于有争议款项以及无法收回或支付款项，应当将其情况在报表上详细说明，以便进行进一步处理。往来款项清查表格式如表 6－6 所示。

表 6－7　　往来款项清查表

总分类账		明细分类账		清查结果		核对不符及原因							备注

应收应付款项

应收应付款项就如同我们日常生活中借款一样，如果钱不多，时间长容易忘记。但在企业，本着负责的原则，每笔应收应付款项都应该清清楚楚。财务人员与业务人员必须密切配合，经常核对。

任务实施

库存现金需用实地盘点法，盘点结束应编制现金盘点报告表；银行存款清查使用对账单法，应编制银行存款余额调节表；固定资产使用实地盘点法，盘点结束后应编制盘存单和实存账存对比表。

企业进行财产清查，通过编制库存现金盘点表等表格，可以清楚地了解企业财产现状，便于进行比较和核对，找出差异，便于对清查结果进行处理。

实训项目

【实训目标】

掌握银行存款余额调节表编制。

【内容与要求】

滨海饭店 2011 年 11 月 30 日银行存日记账余额 653 200 元，银行对账单余额为 587 265元，通过对银行存款日记账与银行对账单进行逐笔核对，发现有以下未达账项：

1. 11 月 10 日滨海饭店委托银行收款 58 000 元银行入账，滨海饭店未入账。

2. 11 月 12 日收到销售收入 55 000 元支票，已存入银行，而银行尚未列入账单。

3. 11 月 30 日银行借款利息 3 000 元，银行已划转，滨海饭店尚未入账。

4. 11 月 30 日滨海饭店购买原材料 65 935 元，已签发转账支票，而银行尚未记入对账单。

根据以上资料编制滨海饭店 11 月 30 日的银行存款余额调节表。

【组织与实施】

对所给经济业务进行分析，判断未达账项的类型。通过账目核对，在确定企业银行存款日记账余额和银行对账单余额的基础上，分别加减银行已收、企业未收，企业已收、银行未收；银行已付、企业未付，企业已付、银行未付款项，得到调节后相等的存款余额。

【评价标准】

企业银行存款日记账余额和银行对账单余额填写正确，企业与银行双方存在的未达账项填写正确，计算正确，经过调整后余额相等。

复习思考题

一、填空题

1. 确定财产物资账面结存的方法有__________和__________。

2. 未达账项是指银行和企业之间，由于__________不同导致的记录时间不一致而发生的，一方已经登记入账而另一方尚未收到凭证而尚未入账的款项。

3. 银行存款清查出现的不符，由于企业记账错误的，企业应根据规定的__________；属于银行记账错误，企业应及时通知银行进行改正；由于未达账项造成不符的，__________账务处理。

4. 清查现金时出纳员必须在场，并且不允许以__________、__________抵充现金。

5. 清查财产物资的方法有__________和__________。

6. 企业应将把对每一经济单位的所有__________分别编制询证函，若有需要，__________也可询证但要特别说明原因，以便对方配合。

二、单项选择题

1. 盘存单是实物盘点结果的书面证明，是由（　）填制的。

A. 财会人员　　B. 实物保管人员　　C. 清查人员　　D. 企业管理人员

2. 银行存款清查中发现未达账项，应通过编制（　）来检查调整后的账面余额是

否相符。

A. 实存账存对比表　　　　B. 对账单

C. 盘存单　　　　D. 银行存款余额调节表

3. 结算往来款项清查一般采用（　　）。

A. 实地盘点法　　B. 函证核对法　　C. 技术推算盘点法　　D. 实地盘存制

4. 银行存款的清查，主要是将（　　）进行核对。

A. 银行存款日记账与总分类账

B. 银行存款日记账与银行存款收、付款凭证

C. 总分类账银行存款账户与银行存款收、付款凭证

D. 银行存款日记账与开户银行的对账单

5. 对于大量成堆、难于清点的财产物资，应采用的清查方法是（　　）。

A. 实地盘点法　　B. 抽样盘点法　　C. 查询核对法　　D. 技术核算盘点法

6. 在记账无误的情况下，造成银行对账单和银行存款日记账不一致的原因是（　　）。

A. 应付账款　　B. 应收账款　　C. 未达账项　　D. 外埠存款

7. 实存账存对比表是调整账面记录的（　　）。

A. 记账凭证　　B. 转账凭证　　C. 原始凭证　　D. 累计凭证

三、多项选择题

1. 财产物资的盘存制度有（　　）。

A. 收付实现制　　B. 权责发生制　　C. 永续盘存制　　D. 实地盘存制

2. 财产清查按照清查的时间可分为（　　）。

A. 全面清查　　B. 局部清查　　C. 定期清查　　D. 不定期清查

3. 常用的实物财产清查的方法包括（　　）。

A. 实地盘存法　　B. 技术推算法　　C. 函证核对法　　D. 抽样盘点法

4. 采用实地盘点法进行清查的项目有（　　）。

A. 固定资产　　B. 库存商品　　C. 银行存款　　D. 库存现金

5. 企业银行存款日记账余额大于银行对账单余额的原因包括（　　）。

A. 企业账簿记录有错　　　　B. 银行账簿记录有差错

C. 企业已作收入入账　　　　D. 银行已作支出入账

四、判断题

（　　）1. 在现金清查过程中，应注意是否遵守现金管理制度规定，有无具有法律效力的借条、收据、白条抵充现金等情况。

（　　）2. 更换财产和现金保管人员时，应进行定期全面的财产清查。

（　　）3. 企业在进行财产清查时，发现企业银行存款的期末余额少于银行对账单的余额，这种现象即是盘亏。

（　　）4. 在银行存款清查时出现的未达账项，可编制银行存款余额调节表来调整，编制好的银行存款余额调节表是调节账面余额的原始凭证。

（　　）5. 未达账项是指在企业和银行之间，由于凭证的传递时间不同，而导致了记账时间不一致，即一方已接到有关结算凭证已经登记入账，而另一方由于尚未接到有关结

算凭证尚未入账的款项。

(　　) 6. 企业与其开户银行对账时所编制的“银行存款余额调节表”是企业进行该存款账实不符时进行会计核算的原始凭证。

(　　) 7. 在永续盘存制下，财产清查的目的是确定本期收入数。

(　　) 8. 不定期清查都是全面清查，不可以是局部清查。

(　　) 9. 采用实地盘存制，对于存货实地盘点的结果应当编制实存账存对比表。

(　　) 10. 采用永续盘存制的企业，对财产物资一般不需要进行实地盘点。

(　　) 11. 如果银行对账单与企业银行存款账面余额不相符，说明其中一方记账有误。

(　　) 12. 全面清查是定期清查，局部清查是不定期清查。

(　　) 13. 未达账项是由于企业、事业单位的财会人员不及时登账所造成的。

(　　) 14. 银行存款清查，主要是将银行存款日记账与总账进行核对。

五、简答题

1. 怎样进行现金和银行存款的清查?

2. 什么是未达账项？如何编制银行存款余额调节表?

任务三　熟悉财产清查结果的处理

滨海饭店通过财产清查，清查出如下问题：(1) 库存现金短款 500 元；(2) 盘盈原材料 700 元；(3) 未达账项银行已付材料款 3 000 元，企业未记账。请问对上述问题应如何处理?

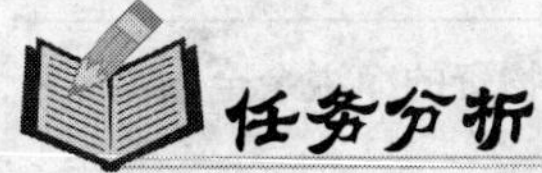

清查出问题后，首先要对问题产生的原因进行分析，并据以提出处理意见。有些问题在报经批准处理前后要分别编制会计分录，有的则无须进行账务处理。

知识准备

一、了解财产清查结果及其处理

进行财产清查结束后，如果各种财产的账存数与实存数相符，则不必进行账务处理；如果账存数与实存数之间存在差异，账实不符，则会计部门应根据实际情况，经批准后进行账务处理，调整账面记录，及时在账簿中反映实际差异，做到账实相符。各项财产的账实不符有两种情况：一是实存数大于账面数，称盘盈；二是实存数小于账面数，称为盘亏。一般情况下，财产清查的结果做如下处理：

(1) 根据“库存现金盘点表”、“往来款项清查表”和“实存账存对比表”等已经核对完毕的数据资料，对盘盈、盘亏数据记入待处理事项，将实存数与账面数调整一致，做到账实相符。

（2）将盘盈、盘亏情况汇总，根据企业管理权限及财务管理规定将清查结果及处理意见送上级机构审批。

（3）对应收而收不回来的应收款项，应付而无法支付的应付款项，批准前不进行账务处理。

（4）根据审批意见，进行差异处理，编制记账凭证，将待处理事项进行核销。

二、熟悉财产清查的账务处理

对于盘盈、盘亏和毁损的财产，由于处理意见自上报到审批可能会经过很长一段时间，为了及时真实反映财产物资的情况，需将盘盈及盘亏的财产记入“待处理财产损溢”科目。而将账面数与实存数调整一致，并为此编制会计凭证。因此应设置“待处理财产损溢”账户。

1.“待处理财产损溢”账户的设置

“待处理财产损溢”账户是根据资产类科目开设的，核算企业在清查财产过程中已经查明的各种财产物资的盘盈、盘亏和毁损。“借方”登记资产盘亏减少的金额，“贷方”登记资产处理后转销的金额，期末“借方”余额，反映尚未处理的各种财产物资的净损失；“贷方”余额，反映尚未处理的各种财产物资的净溢余。一般通过“待处理流动资产损溢”和“待处理固定资产损溢”两个账户进行明细核算。

借方　　　　　　　　　　待处理财产损溢　　　　　　　　　　贷方

借方	贷方
财产物资盘亏减少的金额； 财产物资盘盈转销的金额	财产物资盘盈增加的金额； 财产盘亏处理后转销的金额
尚未处理的各种财产物资的净损失金额	尚未处理的各种财产物资的净溢余金额

待处理财产损溢是过渡性账户，在未报经批准前与资产直接相关，在报经批准后与当期损益直接相关。一般期末无余额，其余额都转入了当期损益类账户，如管理费用、营业外收入等。当流动资产盘盈时冲减管理费用，当固定资产盘盈时增加营业外收入。

2. 处理财产损益的入账依据

（1）各种资产盘盈，盘亏和毁损明细表及批件。

（2）各种流动资产报废清单和批件。

三、掌握待处理财产损溢的核算

盘盈的流动资产，借记“待处理财产损溢”账户，贷记“管理费用”账户。

盘亏、毁损的各种材料、库存产品、固定资产等，借记“待处理财产损溢、累计折旧”等账户，贷记“原材料、产成品、固定资产”等账户；各种盘亏和毁损的财产物资，按照规定程序经批准转销时，对盘亏、毁损的财产物资，应先扣除残料价值和可收回的保

险赔偿及过失人赔偿，即借记“原材料、其他应收款”等账户，贷记“待处理财产损溢”账户；再按照扣除后的净损失转销，即流动资产的盘亏、毁损，借记“管理费用”账户，贷记“待处理财产损溢”账户。

（一）库存现金清查结果的处理

企业对于库存现金的清查结果，若是现金长款、短款现象，应及时查明原因，报经批准后进行账务处理。出现现金长款时，借记“库存现金”科目，贷记“待处理财产损溢——待处理流动资产损溢”科目，报经批准后借记“待处理财产损溢——待处理流动资产损溢”，贷方视具体情况，查不出原因的，贷记“营业外收入”；属于应付未付的，贷记“其他应付款”。出现现金短款时，借记“待处理财产损溢——待处理流动资产损溢”，贷记“库存现金”科目；查明原因报经批准后，属出纳员责任的，借记“其他应收款——出纳员”，贷记“待处理财产损溢”；无法查明原因的，借记“管理费用”，贷记“待处理财产损溢——待处理流动资产损溢”。

【例 6－2】滨海饭店 2011 年 9 月 31 日通过财产清查，对库存现金进行清查后发现，库存现金长款 600 元。经反复核查，未能查明原因，报经批准后转作营业外收入处理。编制会计分录如下：

1. 批准前会计分录

借：库存现金　　600

　贷：待处理财产损溢——待处理流动资产损溢　　600

2. 批准后会计分录

借：待处理财产损溢——待处理流动资产损溢　　600

　贷：营业外收入　　600

【例 6－3】滨海饭店在 2011 年 9 月 31 日对库存现金的清查结果是库存现金短款 800 元，经核查属于出纳员王明的责任，应由其赔偿。编制会计分录如下：

1. 批准前会计分录

借：待处理财产损溢——待处理流动资产损溢　　800

　贷：库存现金　　800

2. 批准后会计分录

借：其他应收款——王明　　800

　贷：待处理财产损溢——待处理流动资产损溢　　800

若经核查不属于出纳员王明的责任，经批准转作“管理费用”，则作如下会计分录：

借：管理费用　　800

　贷：待处理财产损溢——待处理流动资产损溢　　800

（二）银行存款清查结果的处理

银行存款清查出现的不符，由于企业记账错误的，企业应根据规定的方法进行更正；属于银行记账错误，企业应及时通知银行进行改正；由于未达账项造成不符的，无须进行账务处理。

（三）存货清查结果的处理

对于存货清查的结果，在查明原因后，报经批准进行处理：

（1）存货盘盈，借记“原材料”、“库存商品”等账户，贷记“待处理财产损溢——待处理流动资产损溢”；批准后，借记“待处理财产损溢——待处理流动资产损溢”，贷记“管理费用”。

（2）存货盘亏，借记“待处理财产损溢——待处理流动资产损溢”，贷记“原材料”、“库存商品”等科目，批准后分情况处理：

①由于保管不善由过失人赔偿或由保险公司赔偿的，借记“其他应收款”；

②合理自然损耗或无法查明原因，借记“管理费用”；

③残料价值，借记“原材料”等；

④扣除过失人赔偿或保险公司赔偿后的损失，借记“管理费用”，非常损失部分，借记“营业外支出”，最后贷记“待处理财产损溢——待处理流动资产损溢”；

⑤材料、物品在运输途中发生的短缺和损耗，属于合理的损耗，应记入材料、物品的采购成本；能确定由过失人负责的，应自“材料采购”账户转入“应付账款、其他应收款”等账户；尚待查明原因和需经批准才能转销的损失，先通过“待处理财产损溢——待处理流动资产损溢”核算，查明原因后，再分别处理：

A. 属于应由供应单位、运输机构、保险公司或其他过失人负责赔偿的损失，借记“应付账款、其他应收款”账户，贷记“待处理财产损溢——待处理流动资产损溢”账户；

B. 属于自然灾害等非常原因造成的损失，应报经批准后，将扣除残料价值、过失人和保险公司赔款后的净损失区别情况处理：用于其他经营的，借记“营业外支出——非常损失”账户，贷记“待处理财产损溢——待处理流动资产损溢”账户；属于定额内短缺和其他损失，借记“管理费用”账户，贷记“待处理财产损溢——待处理流动资产损溢”账户。

【例6－4】滨海饭店在2011年9月财产清查中，盘亏账面原材料6 000元，其中运输途中缩水1 000元，应由供应单位负责赔偿1 000元，采购员刘力个人赔偿1 000元，正常原因损耗2 000元，编制会计分录如下：

1. 批准前

借：待处理财产损溢——待处理流动资产损溢　　5 000
　　材料采购　　1 000
　贷：原材料　　6 000

2. 批准后，物资在运输途中的短缺与损耗

（1）属于应由供应单位、运输机构、保险公司或其他过失人刘力负责赔偿的损失：

借：应付账款　　1 000
　　其他应收款——刘力　　1 000
　贷：待处理财产损溢——待处理流动资产损溢　　2 000

（2）属于无法收回的其他损失，报经批准：

借：管理费用　　2 000
　贷：待处理财产损溢——待处理流动资产损溢　　2 000

（3）属于自然灾害等非常原因造成的损失，应将扣除残料价值和过失人、保险公司赔款后的净损失：

借：营业外支出——非常损失　　1 000
　贷：待处理财产损溢——待处理流动资产损溢　　1 000

【例 6-5】滨海饭店 2011 年 9 月 31 日，通过财产清查，盘盈餐厅用饮品价值 800 元，经批准冲减管理费用。编制会计分录如下：

1. 批准前

借：原材料　　800

　贷：待处理财产损溢——待处理流动资产损溢　　800

2. 批准后

借：待处理财产损溢　　800

　贷：管理费用　　800

【例 6-6】滨海饭店 2011 年 9 月 31 日，通过财产清查，盘亏客房部床单 10 床，价值 1 000 元。经查，由于保管员保管不善丢失 3 床，价值 300 元，由保管员李明赔偿；自然损耗 4 床，价值 400 元；另有 3 床，价值 300 元属非常损失。编制会计分录如下：

1. 批准前

借：待处理财产损溢——待处理流动资产损溢　　1 000

　贷：低值易耗品　　1 000

2. 批准后

借：其他应收款——李明　　300

　　管理费用　　400

　　营业外支出　　300

　贷：待处理财产损溢——待处理流动资产损溢　　1 000

（四）固定资产清查结果的处理

固定资产在企业资产中所占比例一般较大，单位价值也较大。因此，对固定资产清查更要仔细认真，对清查结果要仔细核对，认真分析，根据规定对清查结果的盘盈、盘亏情况进行账务处理。特别需要说明的是：盘盈固定资产不通过“待处理财产损溢”账户，而是作为前期差错调整，通过“以前年度损溢调整”账户核算，借记“固定资产”，贷记“以前年度损溢调整”。盘亏固定资产，应将固定资产净值记入“待处理财产损溢——待处理固定资产损溢”借方，已提折旧记入“累计折旧”借方，贷记“固定资产”。批准处理后，对于有保险公司或过失人赔偿的，借记“其他应收款”；有部分残料入库或变卖的，借记“原材料”或“库存现金”；扣除残料价值、保险公司和个人赔偿后的部分，借记“营业外支出”，贷记“待处理财产损溢”。

【例 6-7】滨海饭店在 2011 年 9 月财产清查中盘盈账外清洗设备一台，估计市场价格为 6 000 元。不考虑所得税，编制会计分录如下：

借：固定资产　　6 000

　贷：以前年度损溢调整　　6 000

【例 6-8】滨海饭店在 2011 年 9 月财产清查中盘亏一台账面原值为 8 000 元的设备，已提折旧 4 000 元。经查确认由保管人员张年赔偿 1 000 元。编制如下会计分录：

1. 批准前

借：待处理财产损溢——待处理固定资产损溢　　4 000

累计折旧　　　　4 000

贷：固定资产　　　　8 000

2. 批准后

借：其他应收款——张年　　　　1 000

营业外支出　　　　3 000

贷：待处理财产损溢——待处理固定资产损溢　　　　4 000

（五）往来款项清查结果的处理

对往来款项平时应及时核算、积极核对、及时收款和支付。对长期不能收回的应收款项，应加紧催收；对应偿还账款要及时支付；对长期未能收的应收账款，要查明原因，避免出现挪用、贪污等情况。

在财产清查后，根据对往来款项的不同情况应进行不同账务处理。对于经确认确实无法收回的应收款项，作为坏账损失予以转销。在批准转销前不作账务处理，按规定的程序批准转销后再作账务处理，借记“坏账准备”，贷记“应收账款”。对于确实无法支付的应付款项，也应报经批准后作账务处理。借记“应付账款”，贷记“营业外收入”。

【例 6－9】 滨海饭店于 2011 年 9 月进行财产清查，查出应收昆仑公司会议费 9 000 元，因昆仑公司破产已无法收回。经批准后，编制会计分录如下：

借：坏账准备　　　　9 000

贷：应收账款——昆仑公司　　　　9 000

【例 6－10】 滨海饭店 2011 年 9 月财产清查，查出应付绿民公司购货款 8 000 元，因绿民公司破产，已无法支付，报经批准作为营业外收入处理。编制会计分录如下：

借：应付账款——绿民公司　　　　8 000

贷：营业外收入　　　　8 000

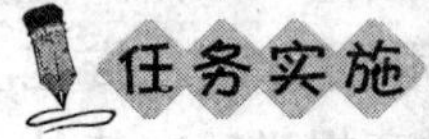

任务实施

经核实：

1. 现金短款是由于出纳员吴某工作失误所致，由其进行赔偿，编制会计分录如下：

（1）批准前：

借：待处理财产损溢——待处理流动资产损溢　　　　500

贷：库存现金　　　　500

（2）批准后：

借：其他应收款——吴某　　　　500

贷：待处理财产损溢——待处理流动资产损溢　　　　500

2. 盘盈材料系计量误差所致，编制会计分录如下：

（1）批准前：

借：原材料　　　　700

贷：待处理财产损溢——待处理流动资产损溢　　　　700

（2）批准后：

借：待处理财产损溢——待处理流动资产损溢　　　　700

　贷：管理费用　　　　　　　　　　　　　　　　　　700

3. 属正常情况，无须进行账务处理。

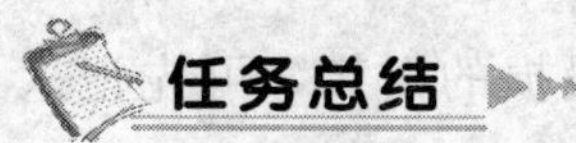

任务总结

对财产清查结果进行处理，应根据清查出的问题，进行分析，找出账实不符的原因，并依据规定提出了处理意见。有些事项要进行批准前和批准后的账务处理，如任务中的第1项和第2项在批准处理前分别借记和贷记“待处理财产损溢——待处理流动资产损溢”，在批准处理后分别进行转销，“待处理财产损溢”余额为零。有些事项则不需要进行账务处理，如本任务中第3项“未达账项”，按规定则无须进行账务处理。

实训项目

【实训目标】

练习对财产清查结果的账务处理。

【内容与要求】

资料1：深大公司在财产清查中，发现以下问题：

(1) 一台账外机器，重值完全价值60 000元，估计八成新；

(2) 盘亏设备一台，账面原价30 000元，已提折旧12 000元。

(3) 甲材料账存6 000元，实存5 000元，系保管员责任。

(4) 乙材料账存6 000元，实存8 000元，系收发计量不准确造成。

(5) 丙材料账存18 000元，实存15 000元，系自然灾害造成，保险公司应给予2 000元赔偿，暂未收到款。

(6) 发现盘盈A材料3 200吨。经查明是由于计量上的错误所造成的，按计划成本每吨2元入账。

(7) 发现盘亏B材料100吨，单价200元。经查明，属于定额内合理的损耗有5吨，计1 000元；属于过失人造成的由责任人赔偿40吨，计8 000元；属于自然灾害造成的损失为55吨，计11 000元，但由保险公司赔偿6 000元。要求进行批准前和批准后的账务处理。

(8) 发现盘盈机器设备一台，估计原值为300 000元，估计已提折旧额为50 000元。

(9) 发现盘亏机器设备一台，账面原值为280 000元，已提折旧额为100 000元。

要求：对上述业务进行批准前和批准后的相关账务处理。

【组织与实施】

针对资料中清查出的问题，分析问题产生的原因，据以提出处理意见，并分别进行报经批准处理前后的账务处理。

【评价标准】

能够正确分析问题，提出处理意见，并进行流动资产、固定资产盘盈及盘亏的账务处理。

复习思考题

一、填空题

1. 为了及时反映财产物资的真实情况，对于盘盈、盘亏和毁损的财产，可先记入__________账户。

2. 企业对于库存现金的清查结果，若是现金长款、短款现象查不出原因的，贷记__________科目。

3. 流动资产盘盈是冲减__________账户，固定资产盘盈是记入__________账户。

二、单项选择题

1. 财产清查中，发现材料亏损，属于定额内的损耗应作为（　　）处理。

A. 销售费用　B. 管理费用　C. 营业外支出　D. 保管人员赔偿

2. 对于财产清查中盘亏的存货，在批准处理前，应记入（　　）科目。

A. 管理费用　B. 营业外支出　C. 待处理财产损溢　D. 其他应收款

3. 对于经确认无法收回的应收账款，在报经批准后，应作为坏账损失（　　）。

A. 记入管理费用　B. 记入生产成本　C. 冲减所有者权益　D. 冲减应交税费

4. “待处理财产损溢”账户转销的借方余额表示（　　）。

A. 尚待处理的盘盈数　B. 尚待处理的盘亏和毁损数

C. 已处理的盘盈数　D. 已处理的盘亏和毁损数

5. 对于盘亏固定资产的净值经批准后借记的会计科目是（　　）。

A. 营业外收入　B. 营业外支出　C. 管理费用　D. 待处理财产损溢

6. 企业对于无法收回的应收账款应借记的会计科目是（　　）。

A. 财务费用　B. 营业外支出　C. 坏账准备　D. 管理费用

7. 核销存货的盘盈时，应贷记的会计科目是（　　）。

A. 管理费用　B. 营业外收入　C. 待处理财产损溢　D. 其他业务收入

8. 对于债权债务的清查应采用的方法是（　　）。

A. 询证核对法　B. 实地盘点法　C. 技术推算盘点法　D. 抽样盘存法

9. 企业采用备抵法核算坏账损失时，应设置（　　）账户。

A. 应收账款减值准备　B. 坏账准备

C. 跌价准备　D. 坏账损失

10. 对确实无法支付的应付款项，在报经批准后将其转为（　　）处理。

A. 营业外收入　B. 营业外支出　C. 盈余公积　D. 资本公积

三、多项选择题

1. 对于盘亏的财产物资，经批准后进行账务处理，可能涉及的借方账户有（　　）。

A 管理费用　B. 营业外支出　C. 营业外收入　D. 待处理财产损溢

2. 关于“待处理财产损溢”账户，下列说法正确的是（　　）。

A. 借方登记各项财产物资的盘亏或毁损金额

B. 借方登记已批准处理财产物资盘盈转销数

C. 贷方登记各项财产物资的盘盈金额及各项财产物资盘亏和毁损报经批准后的转销数

D. 期末余额在借方，反映尚未处理的各项财产物资的净损失和净溢余。

3. 对于盘亏及毁损的存货，在报经批准后，分别不同情况进行财务处理时，可能记入借方账户的有（　　）。

A. 管理费用　　B. 其他应收款　　C. 待处理财产损溢　D. 营业外支出

4. 对财产清查中发生的盘盈、盘亏和毁损等问题，其处理的步骤包括（　　）。

A. 核准数字，查明原因　　B. 调整账簿，做到账实相符

C. 调整凭证，更正错账　　D. 报经批准，进行相应的转账处理

四、判断题

（　　）1. 为了反映和监督各单位在财产清查过程中查明的各种资产的盈亏或毁损及报废的转销金额，应设置“待处理财产损溢”账户，该账户属于资产类性质账户。

（　　）2. 无论哪个单位，凡是属于财产清查的会计事项，其账务处理都要通过“待处理财产损溢”账户。

（　　）3. 对于现金的清查，一般采用实地盘点法。

（　　）4. 进行财产清查，如发现账存数小于实存数，即为盘亏。

（　　）5. 存货的盘亏、毁损和报废，在报批后均应记入“管理费用”科目。

（　　）6. 企业财产清查结果的账务处理都必须通过“待处理财产损溢”账户进行。

（　　）7. 对于盘盈的存货，在报经批准后，一般贷记“管理费用”账户。

（　　）8. 报经批准后，按盘亏固定资产价值扣除过失人及保险公司赔偿金额后的差额（即净值）借记“营业外支出”账户。

任务四　了解软件系统下的财产清查

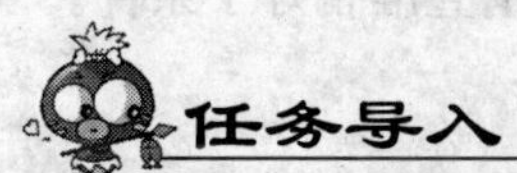

目前大部分单位都已经安装了会计软件系统，有的单位甚至使用了ERP管理软件系统，使得会计已经脱离手工，实现了电算化操作，那么在软件系统下如何进行财产清查呢？

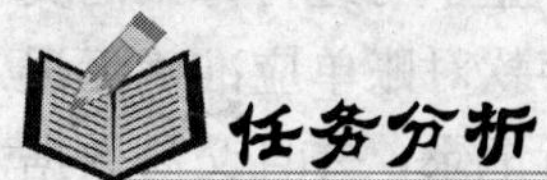

在软件系统下进行财产清查，首先应区分软件的类型。虽然很多企业都实现了电算化操作，但水平却不一样：有的企业使用的单一的会计软件；有的企业却实现了整体上通过软件系统来管理。清查时需要区别不同情况进行。

知识准备

一、了解我国企业会计电算化和管理信息系统

目前，我国现阶段应用的电算化系统主要分为单一模式会计软件、核算型会计软件和管理型会计软件等，与会计相关的主流管理软件主要是 ERP 管理信息系统。

（一）单一模式会计软件

单一模式软件一般只有账务、出纳、固定资产等基本模块，只是单纯把以前会计人员手工记账内容移入计算机内，改手工记账为录入会计凭证，缺乏利用计算机辅助管理系统。在我国一些中小企业多应用此类软件。此种软件以国内企业开发居多。

（二）核算型会计软件

随着电算化的普及，财务软件也从账务、工资等单项处理，过渡到全面的会计核算，如往来、存货、成本等，形成了以核算为体系的会计软件，此类软件以核算为主，同样缺乏利用计算机辅助管理的功能，很难与企业管理信息系统（MIS）融为一体。

（三）管理型会计软件

为适应经济发展和提高企业自身管理水平，企业迫切需要会计软件能具有资金管理、核算、项目管理核算、财务分析、辅助决策的功能，这就形成了管理型会计软件，管理型会计软件突破了会计软件只局限于会计核算的界限，向全面参与管理决策发展。

（四）ERP 管理软件

ERP 管理软件是一个以管理会计为核心的实时信息系统，也称为企业资源计划。它是指建立在信息技术基础上，以系统化的管理思想，把所有资源整合在一起，对采购、生产、成本、库存、分销、运输、财务、人力资源进行规划，从而达到最佳资源组合，取得最佳效益。实现了企业内部物流、资金流与信息流的一体化管理，实现管理与决策有机统一。

企业软件系统的应用趋势是不可逆转的，目前企业越来越重视信息化系统建设，重视企业整体的软件系统应用与管理，企业软件系统环境已逐步形成，为财产清查准备好了条件。

二、了解电算化环境下的财产清查

企业应用软件系统进行管理，进行财产清查需要注意以下几点。

(1) 财务软件的资产管理模块应与清查所需要的环境或实物管理的环境相匹配，口径一致。

(2) 各经营活动事项的实物账数据处理人员要依据电算化标准作业手册进行每天的交易数据处理工作，日结作业与月结作业按规定标准执行。比如银行存款对账单应准确无误输入财务系统；实物管理人员应随时将实物的出库、入库等情况进行记录，并且交易数据完整，保证实物与电算系统相一致。

(3) 审计轨迹要完整。审计轨迹是指在经济业务和会计制度核算中通过编码、交叉索引和连接账户余额与原始交易数据的书面资料所提供的一连串的信息。企业的会计系统应为每笔业务、每项经济活动提供一个完整的审计轨迹。审计轨迹对企业管理当局和审计人员都很重要，企业管理当局可使用审计轨迹来答复客户对有关资料的询问或质疑，审计人员可使用审计轨迹来验证和追查经济活动。没有审计轨迹，审计工作将难以开展。在电算

化环境下进行财产清查类似一项专项审计，很多清查中的工作都需要在电脑上进行，为了使清查工作准确、真实，确保审计轨迹完整是至关重要的。

（4）软件系统中稽核的一般控制与管理控制落实执行。企业软件系统管理下的系统内部，应严格权限控制，建立严密的审核、审批程序，岗位与岗位之间、部门与部门之间应有严格的稽核及控制关系，任何人不能越权操作。

三、了解电算化环境下财产清查流程

电算化环境下财产清查流程如图 6－2 所示。

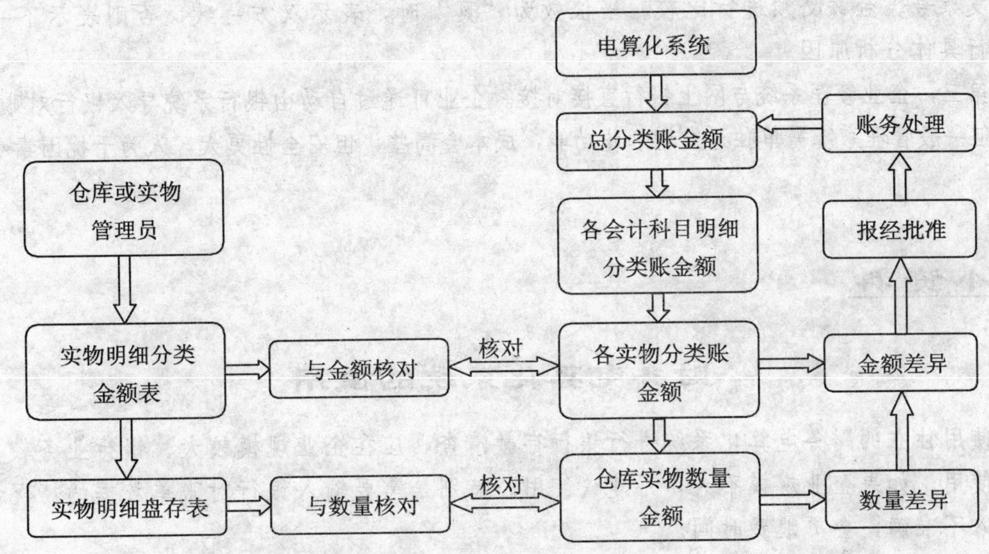

图 6－2　电算化环境财产清查流程

1. 库存现金的清查

库存现金的清查与前述清查操作基本一致，只不过库存现金的账面结存数是由财务软件中结出，由清查人员盘点库存现金实存数与账面结存数相核对，其他要求与上述一致。

2. 银行存款的清查

电算化环境下银行存款的清查与手工情况下有所不同。手工记账条件下是在手工记的银行存款日记账与银行提供的银行存款对账单上画记号核对，而在电算化条件下，有以下几种对账方法。

第一，将银行存款对账单输入到财务软件中，即可自动完成对账工作。在输入银行对账单时，注意应尽量使输入的数据至少保持一项关键项与财务软件的银行存款日记账是一致的，比如支票号码，否则可能会导致已达账项成为未达状态的情况。核对结束后，账务系统自动形成银行存款余额调节表。理论上财务系统编制的银行存款余额调节表永远是相等的，所以出表后一定要进一步进行核对，注意校对关键项的一致。此外，需要特别注意保证银行对账单余额输入时的准确性，否则永远无法核对正确。

第二，应用 ERP 系统的企业，可以分别将企业的银行存款日记账以 Excel 表格输出，银行存款对账单则可以通过网上银行系统输出 Excel 表格形式，将分别输出的 Excel 表核对，即可查出未达账项。此法缺点是可能会有人为因素干扰。

运用 Excel 表进行银行对账

运用此功能需认真学习 Excel 表中比较功能。可使用其中比较单元格内容的功能，首先将支票号作为两表的关键字进行排序，使两表顺序一致，然后比较两表各单元格，特别注意支票号、金额必须进行比较。当值数为“真”时，表示双方一致，否则表示不一致，要进行具体分析原因。

第三，企业管理系统与网上银行直接对接。企业可通过自动由银行系统导入银行对账单数据。但一般管理系统需单独开发增加此功能，成本会高些，但安全性更大，人为干扰因素小。

财务电算化系统的使用

使用独立的财务电算化系统进行银行存款清查，应在企业规模较大、银行业务较多情况下使用。如果企业规模不大，不建议使用。特别是需要输入银行对账单数据的情况，如果输入不准确，会更浪费时间。

3. 实物资产的清查

在软件系统下实物资产也全部实现了电算化管理，如企业已经实现 ERP 管理，实物变动账务也已随之完成，实物管理人员和财务人员都同时掌握着实物账的情况。由管理人员或财务人员从管理系统上打印出实物明细单盘存单。清查人员应用实物明细表与实物进行核对，即可直接查明差异。在此条件下应特别强调企业收货、发货的内部控制环节管理。

4. 往来款项的清查

往来款项一般与企业的收发货物有关。在 ERP 管理环境下，实物与账款实现了实时核对，如在记录“库存商品”金额的同时，也同时记录了数量、规格、型号、序列号、厂家、保质期、保修期限等重要信息。往来款项不仅记载了金额，还记载了上述等信息，核对起来更加方便、详细。在核对往来款项金额的同时，就能同时将往来款项发生的具体内容，详细列明，如产品的收发货地址、数量、规格等。此外，在软件系统下进行往来款项清查，除了要按上述方法向往来单位发询证函进行询证外，还可以根据电算化系统生成往来款项的账龄情况，据此进行账龄分析，对账龄较长的可进行重点核查，分析有无坏账、呆账，确实无法收回或支付的款项报经批准后进行账务处理。

5. 清查结果的账务处理

在电算化环境下的财产清查结果，与普通条件下财产清查结果的处理程序是一样的，也是将清查结果，提出处理意见，报经批准后进行账务处理。

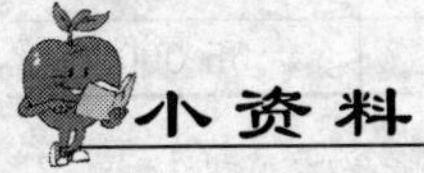

小资料

往来款项的清查

对往来款项应定期进行清查，时间不宜间隔过长，一般以一个月左右为宜。时间过长，可能由于人员的更换使有些情况无法核实。

任务实施

企业利用软件系统，直接由实物管理人员列出明细表，由清查人员与实物管理人员一起盘点实物，直接查明有无差异，无须再与账簿核对。因为平时实物管理人员管理着实物，随着出入库等实物资产的移动，已经在管理系统上进行了登记，同时也进行了账务处理，实现了实物记账与财务账簿的同步，即实物资产实时管理功能的加强，误差出现的概率降低了，因此提高了财产清查工作的效率。

任务总结

企业使用软件系统管理，即信息化管理比单纯财务应用的功能强大了许多，实现了对人、财、物实时的同步管理，提高了财产清查的效率。

实训项目

【实训目标】

练习在电算化环境下进行银行存款清查。

【内容与要求】

资料：某公司在工作中财务实现了电算化，其中有关银行存款记账功能模块有：公司可以在财务软件中进行银行存款日记账登记，并可导出 Excel 表格；公司已实现网上银行，并可随时将银行情况以 Excel 表格形式导出。某年 1 月公司及银行存款记账情况如下表所示。

公司银行存款日记账　　单位：元

日期	凭证号	支票号	摘要	收入	支出	余额
			上月余额			50 000
1月1日	001	3001	货款	5 000		55 000
1月10日	002	1003	货款	10 000		65 000

续 表

日期	凭证号	支票号	摘要	收入	支出	余额
1月20日	003	2001	材料款		2 000	63 000
1月26日	004	2002	电费		3 000	60 000
1月31日	005	2004	水费		5 000	55 000

银行对账单

单位：元

日期		支票号	摘要	收入	支出	余额
			上月余额			40 000
1月2日		1001		10 000		50 000
1月3日		1003		10 000		60 000
1月4日		2001			2 000	58 000
1月23日		2002			3 000	55 000
1月30日		2004			5 000	50 000

要求：进行银行存款对账，编制银行存款余额调节表。

【组织与实施】

分别将某公司银行日记账和银行对账单导入Excel表格，并按支票号排序；运用Excel比较功能进行两表间收入和支出比较；编制银行存款余额调节表。

【评价标准】

能够灵活运用电算化系统完成银行存款清查，并正确编制银行存款余额调节表。

复习思考题

简述企业在ERP管理系统下如何进行实物资产的清查方法。

参考文献

[1] 吕福智．会计岗位实务［M］．上海：华东师范大学出版社，2007.

[2] 陈宾，周伟．会计基础与实务［M］．北京：电子工业出版社，2007.

[3] 宋振春．现代旅游管理学［M］．青岛：青岛出版社，2005.

[4] 马洪元．旅游学基础［M］．南京：东南大学出版社，2007.

[5] 伍建海．旅行社经营管理［M］．北京：中国轻工出版社，2010.

[6] 严伟．旅游企业战备管理［M］．上海：上海交通大学出版社，2009.

[7] 吴鸿．旅游饭店管理［M］．北京：对外经济贸易大学出版社，2008.

[8] 董正秀，朱晔．旅行社管理实务［M］．南京：东南大学出版社，2007.

[9] 张振乾，刘来福．第三产业营销指南［M］．北京：改革出版社，1993.

[10] 王永强．旅行社经营管理［M］．北京：对外经济贸易大学出版社，2008.

[11] 倪慧丽．旅行社经营管理实务［M］．北京：人民邮电出版社，2006.

[12] 杜怡萍．财会基础知识（非会计专业）［M］．北京：高等教育出版社，2007.

[13] 谢诗芬．高级财务会计学［M］．长沙：湖南出版社，1993.

[14] 冯文龙．基础会计［M］．成都：西南交通大学出版社，2009.

[15] 赵锦爱．旅游企业财会基础教程［M］．北京：中国旅游出版社，2007.

[16] 李亚利，范英杰，潘群，等．旅游会计基础［M］．北京：清华大学出版社，2008.

[17] 侯颖．旅游企业会计［M］．大连：大连理工出版社，2008.

[18] 王学宝．旅游企业财会基础［M］．北京：电子工业出版社，2009.

[19] 王学宝．旅游企业会计［M］．上海：上海交通大学出版社，2009.

[20] 陈玉菁，李艳．饭店会计实务直达车［M］．上海：立信会计出版社，2009.

[21] 卢德湖，王美玉．旅游企业会计实务［M］．大连：东北财经大学出版社，2010.

[22] 马桂顺．旅游企业会计［M］．沈阳：东北大学出版社，2010.

[23] 赵治纲．最新企业会计核算实用指南［M］．北京：经济科学出版社，2007.

[24] 陈国辉，迟旭升．基础会计［M］．大连：东北财经大学出版社，2007.

[25] 财政部．企业会计准则 2006［M］．北京：经济科学出版社，2006.

[26] 吕小兰，李明．新编餐饮旅游服务业会计基础及实务图解［M］．北京：北京工业大学出版社，2005.

[27] 赵治纲．最新企业会计核算实用指南［M］．北京：经济科学出版社，2007.

[28] 葛军．会计学原理［M］．北京：高等教育出版社，2004.

[29] 财政部会计司编写组．企业会计准则讲解 2008［M］．北京：人民出版

社，2007.

［30］王建刚，周萍华．会计学基础［M］．北京：经济管理出版社，2006.

［31］会计从业资格考试辅导教材编写组．会计基础［M］．北京：中国财政经济出版社，2008.

［32］陈宏桥，黄汉奎．会计基础与财务报表分析［M］．武汉：武汉大学出版社，2009.

［33］旅行社条例［EB/OL］. http：//www. cnta. gov. cn/html/2009 - 2/2009 - 2 - 27 - 8 - 40 - 40562 - 1. html.

［34］基础会计学案例［EB/OL］. http：//www. dlnu. edu. cn/jingpin/extra/col166/1198635462. doc.

［35］会计法律法规体系［EB/OL］. http：//wenku. baidu. com/view/337d866b561252d380eb6e90. html.

［36］2009 年全国通用会计从业资格考试——财经法规与会计职称道德重点讲解汇总［EB/OL］. http：//club. topsage. com/ viewthread. php？ tid＝334500.